John F. Schumaker

Das manipulierte Glück

John F. Schumaker

# Das manipulierte Glück

## Von den trügerischen Verheißungen der Konsumwelt

Aus dem Englischen
von Sebastian Vogel

wjs

1. Auflage


Schutzumschlag: Dorén + Köster, Berlin
Satz: Dorén + Köster, Berlin
Druck und Bindung: fgb, freiburger graphische betriebe
Printed in Germany

ISBN: 9-783-937989-49-5

www.wjs-verlag.de

# Inhalt

# Vorwort

Die meisten Bücher über das Glück betrachten das Thema aus dem Blickwinkel des Einzelnen. Häufig wird darin beschrieben, wie ein Mensch vor dem Hintergrund seiner persönlichen Lebensumstände möglichst viel Glück finden kann. Das vorliegende Buch dagegen ist nicht in erster Linie ein Ratgeber oder eine Selbsthilfeanleitung, auch wenn es viele Elemente davon enthält. Es soll sich aber auch nicht auf die wissenschaftliche Forschung beschränken, die das Glück zunehmend zu ihrem Thema macht, und ebenso soll es nicht nur die verschiedenen philosophischen Vorstellungen von Glück zusammenfassen. Stattdessen wollte ich gewissermaßen biografisch über das Glück schreiben und das Thema in einem breiten historischen und kulturellen Zusammenhang untersuchen. Es ist ein sehr vielschichtiger Ansatz, und er bedient sich aus vielen unterschiedlichen Informationsquellen, so aus der Psychologie, Soziologie, Anthropologie, Evolutionsbiologie, Philosophie, Wirtschaftswissenschaft und Religionsforschung. Ich versuche zu definieren, was Glück in verschiedenen Phasen unserer Vergangenheit bedeutete, wozu es heute geworden ist und wie es sich durch die großen Kräfte, die unserem Leben seine Richtung geben, weiterentwickeln wird. Mehrere Kapitel beschäftigen sich mit einzelnen Entwicklungen der modernen Zeit, die das Glück neu definiert und sein Erleben anders geprägt haben. Ich gehe sogar das Wagnis ein, in eigenen Kapiteln das Glück in prähistorischer Zeit und in der Zukunft zu behandeln.

Eines muss ich gestehen: Wenn ich mich umschaue, sehe ich keine besonders glückliche Welt, und das trotz der allgemeinen Versessenheit auf Glück und alles, was die Menschen glücklicher macht. Offenbar leben die meisten Menschen auch heute so, dass es dem Glück nicht gerade zuträglich ist. In diesem Punkt wird manch einer anderer Meinung sein und darauf hinweisen, dass ein hoher Prozentsatz der Bevölkerung sich selbst als glücklich bezeichnet. Aber nach meiner Überzeugung sollten wir weitaus sozialer, spiritueller, liebevoller und geistig engagierter sein, als es uns von der modernen Konsumkultur suggeriert wird. Das macht es sehr schwierig, zu einem sinnvollen Glückszustand zu gelangen.

An vielen Stellen in diesem Buch beschreibe ich mit Worten wie »echt«, »authentisch« oder »tief empfunden« jene höheren Zustände des Glücks, die in krassem Gegensatz zu den oberflächlicheren, aus der heutigen Konsumgesellschaft erwachsenden Formen stehen. Ich weise darauf hin, dass viele Menschen ständig einer Form des Glücks hinterherjagen, die ihnen für die tiefsten Grundlagen ihres Daseins nichts nützt. Dabei verlieren viele moderne Menschen ihr Leben und ihre Beziehungen aus dem Blick oder übersehen wichtige Aspekte davon. Das werden all jene bestreiten, nach deren Ansicht alle Formen des Glücks die gleiche Qualität und Dauerhaftigkeit haben, oder die glauben, es spiele keine Rolle, auf welchen Wegen man zum Glück gelangt.

Ich wollte nicht, dass mein Buch über das Glück am Ende deprimierend wirkt, aber nach meinem Eindruck ist die Geschichte über Leben und Tod des Glücks tatsächlich traurig. Deshalb entschloss ich mich, auch einige Themen zu behandeln, die allgemeingültige Wahrheiten und Einsichten über das Glück darstellen. Dazu wählte ich die Form der »Schlüssel zum Glück«, die sich über das ganze Buch verteilen. In einigen Fällen dienen sie mir als Ausrede, um schnell das Thema zu wechseln und heutige Wege zum Glück in ihrer Wirksamkeit mit solchen aus anderen Zeiten oder Kulturen zu vergleichen. Wie sehr schnell deutlich werden wird, sind meine wichtigsten Aussagen und Erkenntnisse über das Glück die Folge meiner Begegnungen mit Menschen aus vielfältigen Kulturkreisen. Ich hatte das Glück, dass ich nicht nur in meiner nordamerikanischen Heimat leben und arbeiten durfte, sondern auch in verschiedenen Ländern Afrikas, Asiens, Europas und Australiens. Deshalb habe ich mir erlaubt, manche Themen mit Berichten über persönliche Erfahrungen zu verdeutlichen. Zu diesen Erfahrungen gehören auch Kontakte mit den Angehörigen »glücklicher Gesellschaften«, wie ich sie gerne nenne.

Obwohl ich die moderne Glücksformel mit kritischem Blick betrachte, möchte ich damit nicht den Eindruck erwecken, als würde ich unsere Aussichten auf ein glückliches Leben pauschal diskreditieren. Ich habe nicht aus den Augen verloren, in welch ungeheurem Umfang Menschen in der Lage sind, sich aus bedrohlichen Situationen zu befreien, in diesem Fall aus kulturellen und wirtschaftlichen Systemen, die für viele Bedürfnisse der Menschen das reine Gift sind. Ich prophezeie dem Glück keine ausschließlich düstere Zukunft, und meine Hoffnung wurde noch größer, als ich während der Arbeit an diesem Buch zahlreiche Visionäre kennenlernte, die sich aktiv darum bemühen, sinnvollere Wege zum Glück zu ebnen.

Besonders zu Dank verpflichtet bin ich Finlay MacDonald von Penguin Books, der mir die Gelegenheit zum Schreiben dieses Buches gab und mich in Zeiten des Selbstzweifels immer wieder ermutigte. Mein Dank gilt auch Alison Brook von Penguin Books für ihre wertvollen redaktionellen, technischen und kreativen Beiträge. Unzählige Menschen halfen mir mit ihrer Klugheit und neuen Erkenntnissen, meine Gedanken über dieses sehr schwer fassbare Thema zu festigen. Besondere Erwähnung verdienen Catherine O'Brien, Charles Hayes, Reverend Sa'ai u Ale Palelei, Ben Schumaker und The Wizard of New Zealand. Tiefe Dankbarkeit empfinde ich auch gegenüber Charles Sontag und Mack H. Singleton, zwei früheren Lehrern an der University of Wisconsin, die mir eine bessere Zukunft ermöglichten. Vor allem aber gilt mein tiefster Dank meiner Frau Cheryl. Ohne ihre großzügige Unterstützung und Inspiration hätte dieses Buch niemals Wirklichkeit werden können.

KAPITEL 1

# Verrückt nach Glück

Wenn die Archäologen der Zukunft sich durch die Schichten mit den Überbleibseln unserer Zeit graben, werden sie vermutlich über die vielen glücklichen Gesichter den Kopf schütteln. Sie werden knallgelbe, lachende Gesichter auf Ansteckbuttons und Abziehbildern finden, auf Magneten für die Kühlschranktür, auf Kappen für Bleistifte und Kugelschreiber. Glückliche Gesichter auf Krawatten, Kaffeebechern, Tapeten, Briefpapier und Autoaufklebern. Vielleicht entdecken sie sogar eine der »Happy-Face«-Briefmarken, die die US-Postverwaltung 1999 herausbrachte.

Das wird sicher Diskussionen auslösen, denn die Menschen standen nie in dem Ruf, besonders glückliche Lebewesen zu sein. Delfine vielleicht oder Papageien, aber doch nicht die Menschen. Manche werden uns vielleicht als *Homo happilus* bezeichnen und die Theorie aufstellen, wir hätten in einer Art Idealwelt gelebt, in der alle ständig lächelten. Skeptiker werden uns das Etikett *Homo miserabilis* anhängen und die gegenteilige Ansicht vertreten: Danach waren wir eine zutiefst trübsinnige Spezies, und die fröhlichen Gesichter waren das Einzige, was uns vor der Verzweiflung bewahrte. Irgendwelche schlauen Archäologen sehen in dem fröhlichen Gesicht vielleicht das Symbol für eine weltweite Religion der guten Nachrichten. Der Musterschüler unter ihnen findet dann möglicherweise heraus, dass wir zuerst unsere Wälder und Tiere zugrunde richteten, dann das Meer, dann die Luft, die wir geatmet haben, und am Ende unsere eigenen Gefühle.

Glück rangiert heute höher als Liebe, Gesundheit, Familie, Gott, Weisheit und Ehrlichkeit. Werde glücklich! Wenn in

Meinungsumfragen nach »dem Wichtigsten im Leben« gefragt wird, ist Glück die bei Weitem häufigste Antwort. Erkundigt man sich, was die Menschen sich mehr als alles andere wünschen, steht »Glück« haushoch über sämtlichen sonstigen Idealen. Fragt man Eltern, was sie ihren Kindern wünschen, erhält man die gleiche Antwort: »Sie sollen glücklich werden.«

Für schlechte Nachrichten bleibt so gut wie kein Spielraum. Bücher mit negativ klingenden Begriffen im Titel verkaufen sich nicht gut. Auf Kontaktanzeigen, in denen sich jemand als nüchtern und sozial engagiert bezeichnet, kommen nur wenige Antworten. Selbst im Angesicht katastrophaler Albträume eine positive Einstellung zu bewahren, ist derart modern, dass Pessimisten und Realisten nahezu jegliche Anziehungskraft verloren haben.

Dass wir das Glück heutzutage sehr ernst nehmen, steht außer Zweifel. Das Streben nach Glück ist zu einer kulturellen Besessenheit geworden. Nie zuvor hat unsere Gesellschaft sich so stark mit Fragen des Glücks beschäftigt, und nie haben wir uns mehr davor gefürchtet, dass wir vielleicht nicht so glücklich sein könnten, wie es möglich wäre. Im Gegensatz zu einer verbreiteten Ansicht stimmt es nicht, dass Menschen das Glück von Natur aus als wichtigstes Lebensziel betrachten oder als höchsten Wert, der unser Dasein bestimmt. Individuelles Glück als Ziel, das über alle anderen Werte und Ziele hinausgeht, ist eine relativ neue Erfindung.

Eine ganze Reihe bemerkenswerter Persönlichkeiten hat das Streben nach Glück verurteilt. Albert Einstein sagte einmal: »Glück war für mich nie ein absolutes Ziel. Ich neige sogar dazu, solche moralischen Ziele mit dem Ehrgeiz eines Schweins zu vergleichen.« Manchmal wird behauptet, der Vergleich mit Schweinen am Trog sei für die Art, wie Menschen heute das Glück in sich hineinschlürfen wollen, durchaus zutreffend. George Bernard Shaw behauptete 1903 in seinem Schauspiel *Mensch und Übermensch*: »Ein lebenslängliches Glück! Kein lebender Mensch würde das ertragen: Es wäre die Hölle auf Erden.« Der Romancier Joseph Heller schrieb einmal im *Ob-*

*server*: »Die Vorstellung, immerzu glückselig zu sein, ist beängstigend.« Er stellte sich ein solches hypothetisches Glücksgeschöpf als eine Art lächelnden Kohlkopf vor. Wahrscheinlich könnte ein Staat, dessen Menschen aussehen wie die auf den Titelbildern der Zeitschrift *Happiness Across America*, tatsächlich von einer kleinen Ameisenarmee erobert werden.

Der Journalist Jeremy Seabrook benannte kürzlich die Gründe, warum er sich gegen das ganze Glücksgetue wendet. Im *Guardian* schrieb er unter der Überschrift »For People Like Me, This Era of Insistent Jolly Is a Trial« (»Für Menschen wie mich ist dieses Zeitalter der hartnäckigen Fröhlichkeit eine Qual«) über die Opfer des verlogenen Glücks, zu denen er auch sich selbst zählt. Sein eigenes Temperament bezeichnet er als »melancholisch«, aber nicht depressiv; es sei, so schreibt er, einfach seine Art, die Welt in ihrer weiter gefassten Realität mit Verlust, Verfall und Unglück zu betrachten. Um sich herum beobachtet er aber ständig Menschen, die solche Realitäten aus ihrem Erfahrungsbereich ausblenden und sich stattdessen in einen Mantel von Fröhlichkeit hüllen: »Ich habe es als Gewalttat empfunden, dass sich eine Kultur der industrialisierten Zwangsfröhlichkeit entwickelte, die das Konsumdenken begleitet.« Wie nicht anders zu erwarten, wurde Seabrooks Artikel sofort von verärgerten Glücksanhängern verhöhnt. Ein Kritiker warf ihm vor, er habe eine »verkrampfte, freudlose Sichtweise«, die das Elend verherrliche und den Menschen das Recht auf Spaß abspreche. Wer es wagt, die Gründe für das Glück in Zweifel zu ziehen, muss sicher mit heftigem Gegenwind rechnen.

Die Glücksmanie zeigt sich auf vielerlei Weise. Eine endlose Flut von Selbsthilfebüchern, Zeitschriftenartikeln, Wohlfühlgurus, Fernseh- und Rundfunksendungen, Workshops, Werbevideos und DVDs, Internet-Dikussionsforen und so weiter geht auf uns nieder, und alle versprechen sie, uns auf diese oder jene Weise im Schnellgang das höchste Glück zu verschaffen. Um der Nachfrage gerecht zu werden, erfindet man neue Berufe wie Glücksberatung, Glückscoaching, Lebensgefühlberatung und Fröhlichkeitstraining. Sehr beliebt ist seit einiger Zeit die

Lachtherapie. Ihre Befürworter führen häufig Studien an, wonach die Menschen heute um fast 70 Prozent weniger lachen als noch vor fünfzig Jahren. Lachclubs nach dem Motto »tu so als ob, bis du es tust« schießen wie Pilze aus dem Boden.

Das Glück wurde in den Rang eines obligatorischen Gemütszustandes erhoben, und alle wollen es verkaufen: Filmunternehmen, Pharmakonzerne, Spielzeughersteller, die florierende Körperumbaubranche, Themenparks und Fastfoodrestaurants. Teure Happiness-Ferienlager und Happiness-Hotels sollen die wachsende Nachfrage befriedigen. Unser ungeheures Streben nach allem, was »happy« heißt, macht das Gefühl zu einem »Markenzeichen«; so erklären sich Seltsamkeiten wie die »Happy Meals« bei McDonald's, die offizielle Bezeichnung von Disneyland als »The Happiest Place on Earth« und die Kosmetiklinie »Pink Happiness« von Revlon. Der Spielzeughersteller Fisher-Price macht Werbung mit dem Motto »Happiness is a dream of Fisher-price« (»Glück ist ein Traum von Fisher-Price«). Der große Lebensmittel-Handelskonzern Wal-Mart, berühmt wegen der Smiley-Butterkekse und berüchtigt wegen der Zerstörung lokaler Lebensgemeinschaften, übernahm das Happyface in Form einer boshaften Elfe, die in den Werbespots herumgeistert und die Preise in Grund und Boden schlägt.

Das Glück wird bis zum Tod vermarktet. Sex? Vergessen Sie's. Glück ist das, was die Werbeleute mit ihren Produkten in Verbindung bringen wollen. Auf der Glückswelle schwimmen Unternehmen jeglicher Couleur. Bei einer Rundfahrt durch Los Angeles, das manchmal als die Wohlfühlhauptstadt des Universums bezeichnet wird, treffen wir auf Happy Donuts, Happy Liquor, Happy World Baby Clothes, Happy Day Care, Happy Shoes, Happy Trails Pet Services, Happy Couple Marriage Centre, Happy Dental Centre und Hunderte weitere »glückliche« Firmen. Natürlich gilt das nicht nur für Los Angeles. In der Schweiz beispielsweise heißt der neueste und größte Vergnügungspark »Happyland New«.

Manche Zweifler sehen in dem Aufstieg des »alles glücklich« nur eine von vielen »Blasen«, wie sie immer wieder in einer

Gesellschaft aufsteigen, die zwischen Extremen hin und her schwankt. Dann würde es in gewisser Hinsicht der Finanz- und Immobilienkrise ähneln, die wir vor kurzem erlebt haben. Nach Ansicht solcher Beobachter ist es nur eine Frage der Zeit, bis die emotionale Blase platzt und wir wieder zu freudlosen Verbrauchern werden. Aber der irrationale Überschwang, der die Glücklichkeitswelle umgibt, scheint mehr zu sein als nur eine emotionale Entsprechung zu Hula-Hoop-Reifen oder Jeanshosen mit Schlag. Große kulturelle Verschiebungen haben stattgefunden und das Glück neu definiert; sie haben ihm eine neue Bedeutung und eine neue Rolle im Leben der Menschen zugewiesen.

Mittlerweile greifen immer mehr Wissenschaftler das Thema auf und tragen dazu bei, die kulturelle Tändelei mit dem Glück zu rechtfertigen. In der Psychologie ist ein eigenes Fachgebiet namens »Happiness Studies« entstanden, und 1999 wurde das Fachblatt *Journal of Happiness Studies* gegründet. Wissenschaftler aus der ganzen Welt veröffentlichen ihre Arbeiten nicht nur in dieser Zeitschrift, sondern auch in vielen anderen wissenschaftlichen Publikationen, die das Thema noch vor zehn Jahren nicht angerührt hätten. Seminare mit Bezeichnungen wie »Psychologie des Glücks« und »Glückwissenschaft« werden an den Universitäten und Weiterbildungseinrichtungen der ganzen Welt immer häufiger angekündigt.

Private Glücksinstitute werden zu einem guten Geschäft. Geleitet werden sie häufig von positiv denkenden Psychologen, die zwangsläufig den Spitznamen »Dr. Happy« auf sich ziehen und für ihre verschiedenen »Glücksdienste« hohe Honorare fordern können. Manche von ihnen behaupten, das Glück habe eine so große Durchschlagskraft, dass es moderne Leiden wie Depressionen, Fettsucht, Stress und Schlaflosigkeit lindern könne. Die meisten derartigen Institute haben enge Verbindungen zur Industrie und versprechen, Glück könne den geschäftlichen Erfolg verstärken und die Zufriedenheit der Mitarbeiter verbessern.

Glück ist zur beherrschenden Illusion unserer Zeit geworden. Selbst wenn die Menschen wissen, was sie glücklich macht, plagen sie sich meist mit Selbstzweifeln. Ihre Glückserwartungen sind immer größer geworden. Sie wissen nicht mehr, wie viel eigentlich genug ist. Nachdem der Glücklichkeitskreuzzug heute hektische Formen annimmt, kann man leicht den Eindruck gewinnen, dass nichts, aber auch gar nichts uns das Glück in einem ganz großen oder sogar himmlischen Maßstab verwehren kann.

Aber so glücklich zu werden, wie wir anscheinend sein können, ist ein schwieriges Unterfangen. So bedarf es beispielsweise echter Entschlossenheit, sich durch ein Werk wie das *Feeling Good-Handbuch* von David Burns mit seinen 732 Seiten hindurchzukämpfen, einen Bestseller, der sich über zwei Millionen Mal verkauft hat. Die Innenseite des vorderen Buchdeckels ziert eine Litanei begeisterter Rezensionen von Lesern, darunter eine mit der Formulierung »Das hier ist meine Bibel«. Sie zeigen, dass manche Menschen tatsächlich viel Mühe auf sich nehmen, um ihr Glücksziel zu erreichen. Auch viele Käufer der mechanischen »Schritt-für-Schritt-Ratgeber« zum Thema Glück sind bereit, sich mit täglichen Stimmungsdiagrammen, Tagebüchern über glückliche Gedanken und der Aufzeichnung guter Gefühle herumzuärgern, solange sie damit ihrem Traum vom Glück näher kommen. Wenn es ums Glück geht, denken die Menschen wirklich in großen Maßstäben.

Wir haben unbekanntes Gefühlsgelände betreten. Nur eines ist sicher: Wir reden hier nicht mehr über das normale Glück, das von Natur aus die Gefühlswelt der Menschen akzentuiert, wenn sie ihr Leben bewältigen. Stattdessen richtet sich der Blick auf ein überladenes Glück. Unsere Hoffnungen werden ständig höher geschraubt, und man verspricht uns überschäumendes Glück als alleinige Lebensweise.

Bücher mit Titeln wie *Fühl dich gut, Glückstraining, Wege zum Glück* oder *Das Geheimnis des Glücks* gibt es in Hülle und Fülle. Mittlerweile ist der Punkt erreicht, an dem die Frage »Glauben Sie an das Glück?« völlig normal ist – ein Zeichen, dass das Glück auf der gleichen Stufe steht wie Weihnachtsmann und

Osterhase. Das Sprichwort »man kann nie zu reich oder zu schlank sein« wurde anscheinend mittlerweile durch »man kann nie zu glücklich sein« ergänzt. Oder kann man doch?

Tatsächlich zeigt die wissenschaftliche Forschung, dass Menschen, die das Glück in explosiven Wellen erleben, auch in der anderen Richtung zu Stimmungsumschwüngen neigen. Offenbar verhindert das gesunde Gehirn, dass Stimmungen sich in der einen oder anderen Richtung zu weit steigern, und das macht die von der Glücksindustrie propagierte Lüge vom »unbegrenzten Glück« zur Farce. Aber mittlerweile wird dem Glücksbegriff derart gehuldigt, dass er fast einem Kult oder Religionsersatz ähnelt. Was manche Leute über die Bedeutung des Glücks sagen, klingt tatsächlich stark nach Religion, und der glückliche Mensch wird dabei häufig so dargestellt, als habe er eine Art Allmacht erlangt. Manche Glücksanhänger verfallen in eine sektiererische Mentalität des »wir« kontra »die«; Glück ist dann die Erlösung, die einem zuteil wird, wenn man die Sünde des Unglücklichseins eingesteht und sich den Regeln der Vergebung unterwirft, die von den auserwählten (das heißt glücklichen) Menschen aufgestellt wurden.

Glück wird sogar zu dem Stoff, aus dem die Wunder sind. Eine Glückstrainerin führte die dramatische Besserung ihrer zuvor nicht behandelbaren grünen Starerkrankung auf den Glückszustand zurück, den sie durch ihr spezielles Trainingsprogramm erlangt hatte. Zu der wachsenden Schar der Glückstrainer gehören viele, die sich in dieser oder jener Form als spirituelle Führungsgestalten anbieten. Eine professionelle Glückstrainerin wirbt beispielsweise folgendermaßen für ihr Angebot:

Ich bin positive Psychologin und Glückstrainerin. Was wollen wir alle? MEHR GLÜCK, BITTE! Und wie wollen wir es erlangen? Wir erlangen es, indem wir unser VERZAUBERTES ICH entdecken. Dabei kann ich Ihnen helfen.

Wie sie im weiteren Verlauf erklärt, ist das verzauberte Ich kein realer Ort, und doch kann es die Menschen abheben lassen, wenn man ihm nur genügend Nahrung gibt: »Dieser

Ort – dieser Geist/Körper/Herz in uns selbst – birgt alle Tore zum Glück, die wir jemals brauchen werden.« Eine solche Mischung aus Glückspsychologie und Spiritualität verkauft sich ausgezeichnet. Viele Trainer vermarkten auch einen ständigen Glückliches-Leben-Service, der dem Kunden den Eindruck vermittelt, der Trainer sei eine Art Glückswächter. Ein Trainer aus Kalifornien bietet für einen Aufpreis von 250 Dollar im Monat Glücks-»Diagnosepakete«; die Leistung besteht dabei in mehreren halbstündigen Telefongesprächen und einer begrenzten Beratung per E-Mail. Für weitere 500 Dollar pro Monat erhält man dann den eigentlichen Glücksplan: Er »begleitet die Menschen auf jedem Schritt des Weges«, was konkret bedeutet, dass man jeden zweiten Tag ein Telefongespräch von 15 Minuten führen und unbegrenzt E-Mails schreiben darf. Was wir hier miterleben, ist die Entstehung professioneller »Glücksengel«.

Die Wohlfühlgesellschaft hat den Glücksbegriff also in schwindelnde Höhen getrieben; manche Kritiker machen sich deshalb Sorgen, er könne Wirklichkeit werden, und dann hätten wir am Ende Heerscharen von Menschen, die glücklicher sind, als es ihnen selbst oder der Gesellschaft guttut. Der Gedanke, jemand könne zu glücklich sein, erscheint auf den ersten Blick absurd, aber man muss sich fragen, wie glücklich die heutigen Glückssucher eigentlich werden wollen. Werden sie irgendwann der »Glückstretmühle« entkommen, wie jemand es einmal formulierte, und wenn ja, wann?

In den vergangenen Jahren führen uns mehrere neu erschienene Bücher am Beispiel »extrem glücklicher« Menschen an die Grenzen der Glückssphäre. Sie betonen, man könne extremes Glück erlangen, wenn man sich auf die eigenen Ziele konzentriert, eine Traumliste aufstellt, die eigenen Bedürfnisse zu erkennen lernt, Möglichkeiten ausprobiert, die »Erfolgsintelligenz« kultiviert, kommunizieren lernt und herausfindet, wie man von jedem Tag so viel wie möglich profitiert. Das alles scheint nicht besonders schwierig zu sein, und deshalb sagt uns die Logik, dass eine Gesellschaft mit extrem glücklichen Menschen kein reines Fantasieprodukt sein muss.

Manche Menschen machen sich Sorgen, das Glück könne uns völlig aus den Händen gleiten, und bezeichnen ein solches extremes Glück als schwer wiegende gesellschaftliche Krankheit. Nach ihren Überlegungen gibt es ein optimales Glücksniveau, und Übertreibungen fordern ihren Tribut bei kritischem Denken, Urteilsvermögen und Wissbegier. An den äußersten Grenzen des Glücks, so sagen sie, leidet sogar unsere Überlebensfähigkeit.

In einem *Journal of Happines Studies* stellten Elisha Tarlow Friedman und ihre Kollegen unter der Überschrift »Are the Very Happy Too Happy?« (»Sind die sehr Glücklichen zu glücklich?«) die Frage: »Gibt es irgendwo einen Punkt, jenseits dessen die Energie, die Begeisterung und die Aufgeschlossenheit, die man normalerweise mit Glück in Verbindung bringt, einer aalglatten Selbstzufriedenheit, unangenehmen Arroganz und Motivationsmangel Platz machen?« Die Autoren fügen hinzu: »Die Feststellung, dass zu viel Glück schädlich für uns ist, könnte in einer Zeit, in der das Glücksniveau in den meisten Kulturkreisen sehr hoch ist, beunruhigende gesellschaftliche Folgen haben.«

Stehen wir also vor einer Epidemie der positiv-emotionalen Fettsucht? Die genannten Wissenschafter untersuchten in einer aufwendigen Studie zum Geisteszustand (*State of Mind*, SOM), ob Menschen mit »übermäßig positiver« Einstellung unter bestimmten experimentellen Bedingungen Schwierigkeiten mit der Problemlösung haben. Am Ende gelangten sie zu dem Schluss: »Am hohen Glücksniveau in der heutigen Gesellschaft ist nichts auszusetzen.« Allerdings warnen sie davor, mit der Wachsamkeit nachzulassen, denn »bisher ist nicht gesichert, wie viel Glück zu viel ist«.

Selbsthilfebücher und Presse vermitteln uns in der Regel den Eindruck, wir seien nicht glücklich genug und könnten noch viel tun, um glücklicher zu werden. Zur Unterstützung werden wir mit statistischen Angaben bombardiert. Wie sich beispielsweise in einer umfangreichen Studie des National Opinion Research Centre der University of Chicago herausstellte, sank der Anteil der Amerikaner, die sich selbst als »sehr glücklich« bezeichneten, zwischen 1957 und 1988 von 35 auf 30 Prozent. Das hört sich nicht gut an. Soziologen bezeichnen den kollektiven Gemütszustand unserer Zeit mittlerweile sogar als »unglückliches Bewusstsein«. Die meisten Menschen sind überzeugt, Glück werde immer seltener. Deshalb erschließt sich nicht ohne Weiteres, warum manche Wissenschaftler behaupten, wir seien heute nicht nur glücklich, sondern wir stünden sogar kurz davor, in eine Glücksduselei abzugleiten.

Um das alles zu erklären, haben manche Autoren behauptet, die moderne westliche Gesellschaft mache die Menschen glücklicher und unglücklicher zugleich. Vielleicht bringt sie in einem oder mehreren Lebensbereichen eine Art von Glück hervor, die in anderen Bereichen die Aussichten, glücklich zu werden, untergräbt. So herrscht beispielsweise in vielen »glücklichen« westlichen Gesellschaften ein recht geringes Maß an zwischenmenschlichem Glück, und das könnte seine Ursache in dem großen Umfang des egozentrischen, materiellen Glücks haben. Ebenso könnte ein hohes Maß an unmoralischem, hedonistischem Glück auf Kosten des spirituellen Glücks gehen.

Bei näherer Betrachtung der Glücksstatistik zeigt sich, dass in einem gewissen Sinn eine Menge Glück herrscht. In den Vereinigten Staaten zum Beispiel, die nicht gerade zu den glücklichsten Ländern der Welt gehören, bezeichnen sich nur acht Prozent der Menschen als »nicht sehr glücklich« oder »überhaupt nicht glücklich«; die Frage lautete: »Wie würden sie sich bezeichnen, wenn Sie alles zusammennehmen: als sehr glücklich, einigermaßen glücklich, nicht sehr glücklich oder überhaupt nicht glücklich?«

Man kann das Glück auch als »Zufriedenheit mit dem Leben« messen: Bittet man die Befragten, diese auf einer Skala von 0 bis 10 zu bewerten, liegen nur zwei Prozent aller Amerikaner unter dem neutralen Mittelwert von 5. Der Durchschnittswert beträgt 7,5, und am häufigsten wird der Wert 8 vergeben.

Aufgrund solcher Befunde vollzogen manche Glücksforscher den intellektuellen Sprung zu der Schlussfolgerung, die meisten Menschen seien meistens glücklich. Vielleicht gibt es keine Epidemie des Unglücklichseins, sondern einen Überfluss an Glück. Jedenfalls scheint eine ganze Menge Glück zu herrschen, zumindest Glück in der Form, wie wir es heutzutage messen. Wenn wir kurz davor stehen, zu glücklich zu werden, müssen die Heerscharen der Glückshelfer diese Möglichkeit aus dem Weg räumen; erst dann können sie ihre Bemühungen, uns noch glücklicher zu machen, fortsetzen. Oder erfassen solche Statistiken vielleicht gar nicht das eigentliche Glück, sondern etwas anderes?

KAPITEL 2

# Glück – was ist das eigentlich?

Dass das Glück einen so hohen kulturellen Stellenwert genießt, ist eigentlich seltsam angesichts der Tatsache, dass wir der schrillen Zurschaustellung des Glücks anderer häufig sehr intolerant begegnen. Häufig sehen wir in übermäßigem Glück sogar ein Anzeichen für Verrücktheit. Alte Filmarchive sind voll von Darstellungen von Geistesgestörten, deren wichtigste Symptome unaufhörliches Lachen und ständige Fröhlichkeit sind. Wohl jeder hat schon Begriffe wie »hysterisches Lachen« oder »hysterische Glückseligkeit« gehört, und die meisten Menschen sind vermutlich schon einmal Zeuge gewesen, wie Lachsalven bei jemandem sich allmählich in Tränen auflösten.

Worte wie »glücklich« oder »happy« legen manchmal sogar den Verdacht nahe, dass jemand nicht mehr auf dem Boden der Realität steht. Kürzlich hörte ich beispielsweise auf eine Cocktailparty den Satz: »Sie ist ganz schön happy mit ihren Kollagenspritzen.« Offensichtlich besitzt unsere Spezies eine angeborene Fähigkeit, bei anderen eine Form des Glücks zu bemerken, die angesichts der Umstände ein wenig aus dem Lot geraten zu sein scheint. Eine prähistorische Jagdgesellschaft, die gerade ein Mastodon angreifen will und gleichzeitig nach Säbelzahntigern Ausschau halten muss, würde einen unaufhörlich lächelnden Mitstreiter wahrscheinlich nach Hause in die Höhle schicken. Kein potenzieller Arbeitgeber würde einen Bewerber einstellen, der während des gesamten Vorstellungsgesprächs ständig ein Grinsen auf dem Gesicht trägt.

Interessant ist das Phänomen des Glücks auch angesichts der extrem starken, immer schlimmer werdenden Welle von

Depressionserkrankungen in den Industrieländern. Die Frage, ob es sich dabei um einen Teil einer kollektiven Vertuschungskampagne handelt, wäre sicher verzeihlich. Manchmal spricht man von »lächelnden Depressionen« und meint damit die Art, wie Menschen sich der Glückssignale wie Lächeln oder falsches Lachen bedienen, um ihre tiefer liegenden Depressionen zu tarnen. Der Anschein des Glücks kann uns ein völlig falsches Bild vom Innenleben eines Menschen vermitteln. Was wie Glück aussieht, ist vielleicht überhaupt keines, sondern es erinnert uns unter Umständen nur daran, dass wir immer tiefer ins Zeitalter der Depressionen eintauchen.

Depressionen sind eine der düstersten Entwicklungen in der westlichen Welt. Die Häufigkeit dieser Krankheit hat sich in den vergangenen fünfzig Jahren verzehnfacht. Einen ähnlichen Anstieg gab es auch bei den »subklinischen Depressionen«, bei denen ebenfalls eindeutige Anzeichen der Krankheit zu erkennen sind, ohne dass sich aber das klinische Bild schon vollständig ausgeprägt hätte. Der Anteil der Menschen, die an klinischen oder subklinischen Depressionen leiden, wird auf 15 bis 30 Prozent geschätzt; die Zahlen sind dabei für die meisten modernen Industrieländer mehr oder weniger die gleichen. Schlagzeilen machte kürzlich eine umfangreiche Studie aus Neuseeland: Sie zeigte, dass 42 Prozent aller Frauen entweder an klinischen Depressionen litten oder schon einmal deshalb behandelt worden waren. Ähnliche Befunde aus anderen Ländern weckten die Befürchtung, dass die Epidemie sich immer stärker beschleunigt und dass Depressionen in einigen Jahrzehnten zum gesellschaftlichen Normalfall werden könnten.

In der Regel unterstellen wir, dass Depressionen das Gegenteil von Glück sind und dass depressive Menschen sich selbst nicht als glücklich bezeichnen würden. Bis zu einem gewissen Grade stimmt das. Auch die kulturellen Bedingungen, die den Nährboden für Depressionen bilden, disponieren geradezu zum Unglücklichsein. Aber das Bild wird immer unklarer, und darin spiegeln sich gewisse Unterschiede zwischen Unglücklichsein und Depressionen wider. Depressive Menschen sagen insbesondere im akuten Stadium der Erkrankung häufig, sie seien unglücklich. Wer beispielsweise am Rande des Selbstmordes steht, wird sich selbst sicher nicht als glücklich bezeichnen. Eine Ausnahme bildet dabei allerdings jenes paradoxe Glück, das einen Menschen überkommt, wenn er sich endgültig entschieden hat, seinem Leben ein Ende zu setzen – dies ist sogar ein Anzeichen, nach dem man bei stark suizidgefährdeten Personen Ausschau hält. Sieht man davon einmal ab, gibt es mehr depressive als unglückliche Menschen.

Die statistischen Befunde zu Depressionen passen ganz offensichtlich nicht zu den Umfragen zum Thema Glück. Besonders groß ist die Diskrepanz in manchen »glücklichen« Ländern. In Schweden geben zum Beispiel nur vier Prozent der Befragten an, sie seien »nicht besonders glücklich« oder »überhaupt nicht glücklich«. Gleichzeitig hat Schweden aber wie andere Industriestaaten mit der Seuche der Depressionen zu kämpfen, und die Selbstmordrate ist fast doppelt so hoch wie der weltweite Durchschnitt.

Man hat auch mit mehreren anderen Theorien zu erklären versucht, wie Depressionen und Glück nebeneinander existieren können. Eine davon besagt: Glück und Depression sind zwei Seiten derselben Medaille, und die glücklichen, aber gleichzeitig depressiven Menschen sind einfach weniger glücklich, als ihnen klar ist oder als sie zugeben wollen. Sich in unserer Wohlfühlgesellschaft zum Unglücklichsein zu bekennen, ist gleichbedeutend mit dem Eingeständnis, ein Verlierertyp zu sein. Fragt man die Menschen, ob sie glücklich sind, stößt man auf die gleiche Abwehrreaktion als wenn man fragt: »Hatten Sie einen schönen Urlaub?« Der Urlaub war vielleicht schrecklich, aber das zuzugeben, fällt schwer, und die meisten Menschen verbiegen am Ende die Wahrheit. Die Bemerkung »Sie wirken aber nicht sehr glücklich« löst das gleiche Entsetzen aus, als wenn man jemanden auf seinen Mundgeruch anspricht. Heute scheuen wir keine Mühen, um jeden Anschein von Unglück sogar vor uns selbst zu verbergen.

Da das Glück einen so starken kulturellen Ballast mit sich trägt, unterliegen die Antworten auf die Frage »Sind Sie glücklich?« den gleichen statistischen Gesetzmäßigkeiten wie die auf die Frage »Sind Sie intelligent?« Wenn Menschen in Umfragen ihre eigene Intelligenz bewerten sollen, stufen nur zwei Prozent der Befragten sich als unterdurchschnittlich ein. Insbesondere Amerikaner empfinden einen starken Druck, »gut« zu sagen, wenn sie nach ihrem Befinden gefragt werden, ganz gleich, wie schlecht es ihnen vielleicht gerade geht. Wir wollen nicht, dass andere oder auch wir selbst uns für unglücklich halten. Um uns herum besagen die Signale und Hinweise ständig, wir müssten glücklich sein, damit wir gesellschaftlich anerkannt werden. Dieser Verfälschungseffekt wird häufig nicht berücksichtigt, wenn Wissenschaftler zu dem Schluss gelangen, die meisten Menschen besäßen ein »überneutrales« Glücksniveau.

Wahrscheinlich gibt es für unsere Fähigkeit, Unglück zu verbergen, auch eine biologische Erklärung. Wie sich in wissenschaftlichen Untersuchungen gezeigt hat, neigt unser Gehirn ganz automatisch dazu, unglückliche Ereignisse schneller zu vergessen als glückliche. Dies hat zur Folge, dass ein Mensch sich zu jedem beliebigen Zeitpunkt an Unglück weniger erinnert als an Glück. Daraus könnte die Illusion erwachsen, dass jemand glücklicher ist, als man es bei einer gleichmäßigen Verteilung glücklicher und unglücklicher Komponenten erwarten würde. Eine solche Fähigkeit ist eine nützliche Vorbeugung gegen das Anhäufen negativer Gefühle, und sie versetzt den Menschen in die Lage, auch in einer nicht gerade optimalen Umwelt zurechtzukommen.

Die »vergessenen« Inhalte, die ansonsten zum Gefühl des Unglücklichseins beitragen würden, sind allerdings nicht völlig ausgemerzt. Vermutlich sind sie nur abgespalten, das heißt, die Informationen sind noch vorhanden, wurden aber in den Bereich außerhalb der bewussten Wahrnehmung abgeschoben. Daraus ergibt sich der faszinierende Gedanke, dass man unglücklich sein kann, ohne es richtig zu wissen. Eine solche Sichtweise könnte erklären, warum so viele Menschen, die unter deprimierenden Bedingungen leben und sogar auf der Schwelle zu einer schwerwiegenden Depression stehen, sich selbst weiterhin als glücklich wahrnehmen können.

Die Vertreter der Ansicht, Depressionen seien nicht das negative Ende der Glücksskala, weisen manchmal darauf hin, dass Frauen doppelt so häufig an Depressionen leiden wie Männer, während sie, was das Maß des Glücks angeht, den Männern ebenbürtig sind. Das ist einer der Gründe, warum manche Mediziner schwere Depressionen mit der Genetik erklären wollen. Ein weiterer ist der mäßig starke Zusammenhang zwischen Depressionserkrankungen eineiiger Zwillinge. Das Gen 5-HTT wurde sogar als »Depressionsgen« bezeichnet.

Viele Glücksforscher ziehen aus den genetischen Befunden zur Depression sehr schnell allgemeine Schlüsse und äußern die Vermutung, unser Glücksniveau werde vorwiegend von unseren Genen bestimmt. Manchen Spekulationen zufolge sollen bis zu 80 Prozent unseres Glücks genetische Ursachen haben. Aber so überzeugend die genetischen Argumente bei oberflächlicher Betrachtung auch erscheinen mögen, sie verlieren schnell an Plausibilität, wenn man sich verschiedene Kulturkreise ansieht und dabei große Unterscheide bemerkt, die sich nur gesellschaftlich erklären lassen. So ist beispielsweise die Magersucht (Anorexia nervosa) in vielen Gesellschaften völlig unbekannt, eine Tatsache, die einer rein genetischen Erklärung für diese Krankheit den Todesstoß versetzt. Mehrere Anthropologen haben auch die Depressionen in verschiedenen Kulturkreisen untersucht und sind zu dem Schluss gelangt, dass es sich um ein kulturgebundenes Krankheitsbild handelt, das sich vorwiegend auf die westlichen Industriegesellschaften beschränkt. Auch das weckt Zweifel an rein biologischen Theorien. Wie in diesem Buch deutlich werden wird, hat das Glück eine viel zu große soziokulturelle Komponente, als dass man es vorwiegend unter den Gesichtspunkten von Genetik und Biologie betrachten könnte. Unsere Kultur ist unser Schicksal, und das in einem viel größeren Maße, als die meisten Menschen wahrnehmen können.

Ein anderer Grund, warum Depressionen und Glück nebeneinander existieren können, dürfte in den Folgen der Modernisierung und dem wachsenden Wohlstand zu suchen sein. Seelische Probleme einschließlich der Depressionen scheinen aus verschiedenen Gründen eine unausweichliche Folge solcher Entwicklungen zu sein, obwohl diese für große Teile der Gesellschaft eine Ursache des Glücks sind. Manchmal spricht man in diesem Zusammenhang vom »Syndrom des modernen Menschen«. Es wäre aber auch denkbar, dass die Form von Glück, die im Rahmen eines wachsenden Wohlstandes hergestellt wird, die Menschen letztlich immer weiter von eher grundlegenden, natürlichen Quellen des Glücks entfernt.

Man muss daran denken, dass die wachsende Beschäftigung mit dem individuellen Glück sich mit jener Selbstbezogenheit verbindet, die heute die Identität der Menschen und ihre Vorstellung von Wohlbefinden prägt. Je stärker die Menschen sich in sich selbst zurückzogen, desto mehr wurde das Glück in der Art, wie es definiert und erlebt wird, ein wenig autistisch. Es wurde zunehmend zur Privatangelegenheit. Dabei haben viele Dinge, deretwegen man sich durch direktes Engagement in der Außenwelt wohlfühlen kann, ihre Verbindung zum Glück verloren. So können sich zum Beispiel Staunen, Verehrung, Faszination und Mitgefühl äußerst gut anfühlen. Aber das alles sind interaktive oder gemeinsam erlebte Gefühle. Häufig haben wir nicht mehr das Gefühl, dass es sich dabei um Glückserlebnisse handelt, denn unter Glück versteht man heute etwas, das uns und nur uns allein gehört.

Es mag seltsam klingen, aber das heute vorhandene, hohe Maß an selbstbezogenem Glück könnte die Menschen durchaus verrückt machen und bis zu einem gewissen Grad einem verborgenen Unglücklichsein Vorschub leisten. Repression und Depression sind eng miteinander verwandt. Auf einer ganz grundlegenden Ebene besteht Glück im Einssein mit dem eigenen Wesen, mit der eigenen sozialen und spirituellen Natur. Möglicherweise erfordert die entmenschlichte Form des Glücks, der die Menschen heute in der Konsumkultur nachjagen, die Unterdrückung gewisser Gefühle und grundlegender menschlicher Neigungen, sodass diese Form von Glück zu etwas Deprimierendem wird. Das wiederum könnte dazu führen, dass zusammen mit dem Glück auch Depressionen entstehen. Wenn es so ist, ergibt sich die seltsame Möglichkeit, dass manche Formen des Glücks für den Einzelnen und vielleicht sogar für die Gesamtgesellschaft emotional unangenehm sind.

Versucht man, Glück zu definieren, so stellt man fest, dass das Wort ganz verschiedene Bedeutungen haben kann. Man kann sich ihm von verschiedenen Standpunkten aus nähern. Dazu gehören die Zufriedenheit mit dem Leben, geistige Gesundheit, subjektives Wohlbefinden, Lebensqualität, Dynamik, Sinn, Optimismus, Begeisterung, Erfolg, Selbstbewusstsein, hedonistisches Vergnügen, Selbstverwirklichung und so weiter. Viele dieser Aspekte überschneiden sich, und manche widersprechen einander auch.

Es ist auch nicht gerade hilfreich, dass die Wörter »glücklich« und »Glück« – und noch mehr ihre englischen Entsprechungen »happy« und »happiness« – so überstrapaziert und banalisiert wurden, dass man den Begriff heute kaum noch abgrenzen kann. Sie sind in die banale Welt der Waren, Dienstleistungen, Geschmacksrichtungen und Vorlieben übergegangen. Das Gleiche ist mit anderen Begriffen wie »Liebe« und »Kompetenz« geschehen. Genau wie wir keine Schwierigkeiten damit haben, eine Aussage wie »ich liebe mein Auto« für selbstverständlich zu halten, so rebellieren wir auch nicht gegen die Formulierung »ich bin mit meinem Handy sehr glücklich«.

In der Wissenschaft kursieren derzeit ungefähr zwanzig Definitionen für Glück. Eine ganze Reihe von Fachleuten hat sich dafür entschieden, Glück als »die umfassende Freude über das eigene Leben als Ganzes« zu definieren. Anderen wiederum erscheint der Begriff der Freude nicht gerade als die ideale Leinwand, auf der man ein Bild des menschlichen Glücks zeichnen sollte. Die Vertreter einer tiefer gehenden Wertschätzung des Glücks behaupten, ein Begriff der Freude könne viele

Kernelemente, die zu den am stärksten bereichernden Formen von Glück führen, nicht einfangen.

Die »Skala der Lebenszufriedenheit« ist eines der am häufigsten gebrauchten wissenschaftlichen Maßsysteme für Glück. Die Menschen werden in fünf Punkten nach dem Umfang ihrer Zustimmung gefragt: In welchem Umfang haben Sie wichtige Dinge in Ihrem Leben erreicht? Wenn Sie alles noch einmal tun könnten: würden Sie dann fast alles wieder genauso machen? Leben Sie unter ausgezeichneten Bedingungen? Kommt das Leben Ihrem Ideal sehr nahe? Zuletzt werden die Menschen geradeheraus gefragt, ob sie mit dem Leben zufrieden sind.

Aber die Vorstellung, Glück sei gleichbedeutend mit Zufriedenheit, widerspricht der historischen Erkenntnis, dass Zufriedenheit ihre Grenzen haben muss, wenn man die Grundlagen für Glück legen will. Mit anderen Worten: Man kann zu glücklich sein, und das bekommt einem nicht. Zu viel kann zu Abstumpfung und Unsensibilität führen; das könnte der Grund gewesen sein, warum der spanische Maler Salvador Dali klagte: »An manchen Tagen glaube ich, ich müsste an einer Überdosis Zufriedenheit sterben.« Rezepte für Lebenskunst sprechen oft von der Notwendigkeit, die Zufriedenheit zu rationieren, um lebendig zu bleiben und aufgeschlossen für das Glück zu sein.

### Schlüssel zum Glück

Glück ist immer eine Zwischenstation
Zwischen zu wenig und zu viel.
*Channing Pollock*

Wir tragen in uns eine stets gegenwärtige Neigung, linear die Faktoren zu betrachten, die uns glücklich machen sollen. Wenn etwas mich glücklich macht, müsste mehr von diesem Etwas mich doch noch glücklicher machen. Aber nach den weisen Worten von Channing Pollock, die er in seinem 1928 erschienenen Theaterstück *Mr Moneypenny* schrieb, liegt das Glück eher in der »Zwischenstation« oder dem Umsteigebahnhof zwischen zu wenig und zu viel, wo die Wahrnehmung über die Grenzlinie zwischen Mangel und Zufriedenheit hin- und herpendelt. Dass der Wert für die »Lebenszufriedenheit« in Gesellschaften mit dem höchsten Prozentsatz an »sehr glücklichen« Menschen eher im mittleren Bereich liegt, ist kein Zufall. Wie wichtig es ist, die Zufriedenheit zu rationieren, wusste schon Äsop, der griechische Fabeldichter aus dem sechsten Jahrhundert v. Chr., der einmal schrieb: »Oft wären wir traurig, wenn unsere Wünsche in Erfüllung gingen.« Wünsche machen uns in den meisten Fällen glücklicher, wenn sie Wünsche bleiben.

Die Vorstellung von extremer Zufriedenheit beschwört sogar Bilder von Traurigkeit herauf. Das englische Wort »sad« (traurig) geht auf die gleiche indoeuropäische Wurzel zurück wie »satisfaction« (Zufriedenheit). Im Mittelenglischen bezeichnete »sad« einen Zustand der Übersättigung, Zufriedenheit und Erschöpfung. Zufrieden zu sein, bedeutete in einem gewissen Sinn, dass man traurig oder zumindest durch die Befriedigung ermüdet war, und das ist meilenweit entfernt von den meisten Bedeutungen des Wortes »Glück«. Das alte lateinische Sprichwort *post coitum omne animal triste est* – nach dem Geschlechtsverkehr ist jedes Tier traurig – soll das Gefühl des In-Sich-Zusammenfallens vermitteln, das aus der Erfüllung jeglicher Begierde erwächst. Unbefriedigt zu sein – was nicht das Gleiche ist wie Unzufriedenheit – regt, wie man schon seit langen weiß, das Glücksgefühl an.

Heute stiftet das Wort »Zufriedenheit« selbst dann Verwirrung, wenn man damit nicht meint, dass Glück auf diese oder jene Form eines vollen Bauches zurückzuführen ist. Es beinhaltet eine Vervollkommnung und lässt an jemanden denken, der irgendwo angekommen ist, sei es an einem zufriedenstellenden Ort, auf einer Ebene oder bei einer Geisteshaltung. Manchmal sieht man darin einen unveränderlichen Zustand, der mit dem unaufhörlichen Wachstum und der Entwicklung eines Menschen in Konflikt gerät.

Oft sprechen wir von »Bedürfnissen«, die im Wesen des Menschen begründet liegen, und damit haben wir sicher recht.

Aber die Annahme, die vollständige Befriedigung dieser Bedürfnisse sei eine Voraussetzung für das Glück, wäre ein Fehler. Beispielsweise wäre die Behauptung, das Bedürfnis eines Menschen nach geistiger Anregung sei vollständig befriedigt, geradezu lächerlich. Dagegen trägt es tatsächlich zum Glück bei, wenn man den Intellekt trainiert und im Einklang mit diesem Bedürfnis lebt. Zwischen dem Hegen und der Befriedigung der eigenen Bedürfnisse besteht ein großer Unterschied. Das ist der Grund, warum der Anthropologe Jean-Jacques Rousseau das gute Leben als »Dasein entsprechend den inneren Möglichkeiten des eigenen Wesens« definierte. Die vollständige Befriedigung unserer Bedürfnisse kann sogar ein großes Hindernis auf dem Weg zum Glück sein.

Ein anderes Problem im Zusammenhang mit dem Glück als Zustand der Zufriedenheit ist die Frage, was eigentlich befriedigt wird. Die Konsumkultur versteht es, die Menschen mit falschen Bedürfnissen vollzustopfen und sie gleichzeitig von echten Bedürfnissen, die wahrem Glück viel eher dienlich wären, abzukoppeln. Diese falschen Bedürfnisse erfahren vielleicht völlige Befriedigung, und das kann dazu führen, dass die betreffende Person sich selbst als zufrieden bezeichnet. Aber eine solche Befriedigung verschafft uns kein echtes Glück, sondern kann den Zugang dazu sogar versperren. Auch mehrere andere Faktoren, die wir mit Glück in Verbindung bringen, können in übergroßer Menge Schaden anrichten. Wie wir später noch genauer erfahren werden, gehören dazu Erfolg, Selbstwertgefühl, Ehrgeiz und persönliche Macht.

Unsere heutigen Gedanken über das Glück sind vom Relativismus beherrscht. Oder anders ausgedrückt: Wir fällen kein Urteil über das mutmaßliche Glück eines anderen Menschen oder darüber, wie dieser Mensch überhaupt zum Glück gelangt ist. Solange jemand »ich bin glücklich« sagt, spielt es keine Rolle, wie die betreffende Person glücklich geworden ist: durch Bekämpfung von Armut, Verkauf von Babyrobbenpelzen, Sammeln von Schlümpfen oder die Führung einer Skinheadbande. Tatsächlich gibt es Glück in vielen Farben, Formen und Größen. Manche Arten sind zerbrechlich und zerrinnen einem leicht zwischen den Fingern, andere sind tiefer verwurzelt, sodass sie länger anhalten und tiefer empfunden werden.

Alle Formen des Glücks sind eine Ausweitung der persönlichen Wertvorstellungen eines Menschen. Nur im Verhältnis zu diesen Werten und den Idealen, die sich daraus ergeben, kann man das Glück verstehen. So betrachtet, stammt eine der besten Definitionen für das Glück von dem Romanschriftsteller Ayn Rand: »Glück ist der Bewusstseinzustand, der sich ergibt, wenn man den eigenen Werten gerecht wird.« Damit verwandelt sich die Frage »Was macht dich glücklich?« in »Welches sind deine Werte?« Wenn Menschen nach ihrem Glück gefragt werden, lassen sie die Antwort automatisch durch den Filter der Werte laufen, die ihnen durch ihr Kultur eingepflanzt wurden.

Manchmal offenbaren sich die Werte einer Gesellschaft wie auch die wichtigsten Mittel zum Glücklichwerden in den Grüßen und guten Wünschen, die Menschen einander mit auf den Weg geben. In der traditionellen mongolischen Gesellschaft zum Beispiel sagen die Menschen zueinander: »Deine Tiere werden aber schön fett«, oder man verabschiedet sich mit dem Wunsch, die Tiere des anderen mögen fett werden. In vielen Gesellschaften der nordamerikanischen Ureinwohner wünscht man sich gegenseitig Schönheit. Das Gegenstück zu »schönen Tag noch« ist bei ihnen »mögest du immer in Schönheit wandeln«. Wenn es um die Kunst ging, in Schönheit zu leben, galten die Europäer bei den Ureinwohnern immer als besonders armselig. Die Lebensweise der Europäer erschien diesen Menschen hässlich und unnötig destruktiv, insbesondere im Hinblick auf ihr Verhältnis zur Natur. Sie stand in diametralem Gegensatz zu allem, was sie über ein schönes Leben wussten.

## Schlüssel zum Glück

Wir reisen durchs Leben
Auf der Suche nach dem Schönen,
Doch wenn wir es nicht schon in uns tragen,
Werden wir es niemals finden.
*Ralph Waldo Emerson*

Diese Worte von Emerson sind kostbar, und das aus mehreren Gründen. Sie bezeichnen die Suche nach dem Schönen als idealen Wert, an dem man sein Leben ausrichten kann. Und was noch wichtiger ist: Emerson zielt auf den Kern dessen, was man braucht, um Schönheit und auch Glück zu finden. Es reicht nicht, wenn wir auf unserem Weg durchs Leben die schönen Dinge, die uns begegnen, pflücken und dann wieder wegwerfen. Wir müssen das Schöne in uns aufnehmen, mit dem Schönen gehen und das Schöne werden. Wir werden keine Schönheit finden, wenn wir nicht selbst schön werden.

Das Volk der Navajo im Südwesten der USA bezeichnet die Schönheit, die in ihrer Gesellschaft oberste Priorität genießt, als Hózhó. Aber Hózhó geht weit über das passive Erkennen der Schönheit in der Außenwelt hinaus. Die Navajo verstehen darunter die höchste Form des Bewusstseins und das letzte Ziel der menschlichen Bestimmung. Hózhó hat die zusätzliche Bedeutung von Harmonie, Ordnung, Gleichgewicht und Ausgewogenheit, alles Dinge, die als unentbehrliche Elemente von Glück und allgemeinem Wohlbefinden gelten. Für die Navajo kann man Schönheit ebenso wenig finden, wie man Glück finden kann. Man tritt in die Schönheit ein, indem man sie zuerst schafft und sie dann in das eigene Ich aufnimmt. Ganz ähnlich wie in den Zeilen von Emerson gelangt man zur Schönheit, indem man schön wird. Der Navajo würde auch sagen: Man kann nur glücklich werden, wenn man selbst zum Glück wird. Es ist ein aktiver Prozess, und er setzt voraus, dass der Einzelne sich in vollem Umfang entwickelt, dass jeder zu einem Quell wird, aus dem das Glück hinaus in die übrige Welt fließt.

Dass Glück so stark kulturell und weniger biologisch geprägt ist, liegt daran, dass die dem Glück zugrunde liegenden Werte im Wesentlichen ein Nebenprodukt des kulturellen Lernens sind. Sie unterscheiden sich in den verschiedenen Kulturkreisen gewaltig, teilweise allerdings mit Ausnahme universeller kultureller Werte wie Religion, Ehe und Familie. Die meisten Angehörigen einer Gesellschaft handeln nach den kulturell verwurzelten Werten, ohne sie in nennenswertem Umfang infrage zu stellen. In jeder Gesellschaft hält die große Mehrzahl der Menschen sich für glücklich, wenn ihr Leben im Einklang mit den Werten steht, die das Produkt ihrer kulturellen Prägung sind.

Umgekehrt erfahren die Menschen auch von kulturellen Tabus, die sie nach ihrer eigenen Auffassung vom Glück abhalten und die deshalb für die Gesellschaft untragbar sind. Luftgepolsterte Nike-Schuhe und Designerjeans in limitierter Auflage sind völliger Unsinn für den höchst glücklichen buddhistischen Lama, der auf seinem Lebensweg allen irdischen Besitztümern abgeschworen hat. Und goldene Brocken der Weisheit sind nutzlose Munition für den Materialisten, der auf der Jagd nach dem Glück des Konsumenten ist.

Im Westen ist es ein wichtiger Wert, der Erste zu sein. Als Letzter zu kommen, gilt als gleichbedeutend mit Unglücklichsein. Deshalb sind Erfahrungsberichte über das Glück stets auch dadurch geprägt, inwieweit jemand das Gefühl hat, anderen voraus zu sein oder hinterherzuhinken. Die traditionellen afrikanischen und asiatischen Kulturen dagegen legen viel Wert auf soziale Verantwortung und Kooperation. Wie sich herausstellt, ist das Bestreben, der Erste zu ein, die wichtigste Ursache der zwischenmenschlichen Entfremdung, die heute für die rapide abnehmende seelische Gesundheit der Menschen in den modernen Industriestaaten verantwortlich gemacht wird.

Im Zusammenhang mit den kranken Werten, die in der Konsumgesellschaft im Umlauf sind, wird manchmal von »Vergiftung der Werte« gesprochen. Sind die Werte zu stark vergiftet, wird der Mensch sehr leicht zu einem minderwertigen, unsicheren, flüchtigen Glück verdammt, das sich nur deshalb nach Glück anfühlt, weil es in irgendeiner Form mit den gerade herrschenden Werten des jeweiligen Kulturkreises zusammenpasst. In der Regel betrachten wir Kulturen nicht unter dem Gesichtspunkt ihrer Lebensfähigkeit. Aber in Kulturen können sich katastrophale Schwachpunkte entwickeln, darunter auch solche, die sich auf das Glück der Menschen in dieser Kultur auswirken. Blickt man dann hinter die Fassade des glücklichen Gesichts, so erkennt man sehr schnell, dass wir heute in einer Kultur des Unglücklichseins leben. Wer in dieser Kultur glücklich ist, hat keine Gewähr, dass es sich dabei um eine gesunde Form des Glücks handelt.

Der Psychologe Erich Fromm wurde mit seiner Theorie bekannt, wonach Kulturen »angepasste« Menschen hervorbringen können, die auf einer zutiefst menschlichen Ebene alles andere als angepasst sind. Vor diesem Hintergrund können wir sagen: In einer Gesellschaft, die unter dem Gesichtspunkt des grundlegenden menschlichen Wesens völlig gestört ist, besteht eine große Wahrscheinlichkeit, dass eine kulturell konformistische »glückliche« Person sich in ihrem Innersten zutiefst elend fühlt. In einem Buch *Wege aus einer kranken Gesellschaft* schreibt Fromm, Glück und Anpassung des modernen, unreifen Konsumenten seien höchst fragil. Bei näherem Hinsehen, so Fromm, erkenne man eine Gesellschaft aus ständig unglücklichen, einsamen, ängstlichen, depressiven, destruktiven, unmündigen Menschen, die froh sind, wenn sie die eingesparte Zeit totgeschlagen haben. Im weiteren Verlauf beschreibt Fromm eine andere Gesellschaftsordnung, die – im Gegensatz zur Konsumkultur, welche Gift für alle unsere existenziellen Kernbedürfnisse ist – uns wieder dazu ermutigt, in Übereinstimmung mit unserem menschlichen Wesen zu leben. Nach seinem Eindruck fühlen sich sogar die gesündesten Menschen in einer Gesellschaft, die so krank ist wie in den heutigen westlichen Industrienationen, meist unglücklich und anormal. Seine größte Besorgnis gilt den sogenannten »glücklichen Menschen«.

Manchmal scheint das Glück alle Regeln zu brechen. Es kann sogar in Dingen wohnen, die das größte Leidenspotenzial bergen. Mir verschafft kaum eine andere Beschäftigung so viel Glück wie das Schreiben. In gleichem Umfang bringt es aber auch Qualen und Frustrationen mit sich. Das schreckt mich nicht ab; letztlich macht es den Vorgang nur umso reizvoller. Am bewegendsten sind häufig Tätigkeiten, die dem Menschen auf einer grundsätzlicheren, heute meist gar nicht als Glück empfundenen Ebene nützen. Manche Formen des Glücks – und zwar möglicherweise jene, die uns am tiefsten befriedigen – sind nicht von positiven Einstellungen, Fröhlichkeit oder Sorgenfreiheit abhängig.

Wenn wir davon ausgehen, dass es verschiedene Arten von Glück gibt, verstehen wir auch viel besser, was sich heute mit der ganzen Glücksbesessenheit eigentlich abspielt; wir begreifen, warum Glück und Depression dicht beieinander liegen und warum die Gier nach der derzeitigen Form von Glück oftmals zwanghaft und unersättlich ist. Manchmal hört man den Ausdruck »glücklich verliebt«, und das kann man so deuten, dass das Bedürfnis des Menschen nach Liebe erfüllt wird. Ebenso kann man von »materiellem Glück« sprechen und meint damit, dass die materiellen Wünsche effizient zufriedengestellt werden. Man könnte sogar sagen: Es gibt so viele Formen von Glück, wie die Menschen Bedürfnisse haben. Dann können wir auch von spirituellem Glück sprechen, von intellektuellem Glück, zwischenmenschlichem Glück, sexuellem Glück und so weiter.

Daraus erwächst die Frage, inwieweit die Menschen in ihren verschiedenen Lebensbereichen ein ausgewogenes Verhältnis von Glück empfinden. Sind sie im Hinblick auf das ganze Spektrum ihrer Bedürfnisse glücklich? Oder ist eines so beherrschend, dass es andere ausschließt, wie es angeblich häufig in der Konsumgesellschaft der Fall ist, in der sich Glück viel zu sehr auf den Bereich der Objekte und des Hedonismus konzentriert? Raymond Belliotti spricht in seinem Buch *Happines in Overrated* vom »lohnenden Glück«; dieses ist reiner als das »maschinell erzeugte Glück« unserer Zeit, in dem wir auf einen sinnentleerten Klumpen von Empfindungen reduziert werden. Mit lohnendem Glück meint er das dauerhafte Empfinden, das »eine positive Einschätzung, wonach wir ein sinnvolles, wertvolles Leben führen« begleitet, weil wir über unser eigenes Ich hinaus wertvolle Vorhaben und Tätigkeiten verfolgen. Dies ist etwas ganz anders als jene flüchtigen Gefühle, die viele moderne Konsumenten heute mit Glück gleichsetzen.

Jede Schlussfolgerung über das Glück muss zunächst einmal in Betracht ziehen, in welchem Zustand das Glück sich in einer Gesellschaft befindet und wie gesund es ist. Das Gleiche gilt, wenn man andere Aspekte beurteilen will. Ein gutes Beispiel ist die Religion. Ungefähr 95 Prozent aller US-Amerikaner geben an, sie glaubten an Gott, und ein hoher Prozentsatz bezeichnet sich als »ziemlich religiös« oder »sehr religiös«. Würden wir diese Aussagen für bare Münze nehmen, müssten wir zu dem einfachen Schluss gelangen, dass die Vereinigten Staaten ein sehr religiöses Land sind. In Wirklichkeit ist die Stärke der religiösen Überzeugungen dort in den vergangenen Jahrzehnten aber drastisch zurückgegangen, und im Vergleich zu vielen anderen nicht abendländischen Gesellschaften liegt sie heute ziemlich niedrig. Wenn ein Amerikaner sich als »ziemlich religiös« bezeichnet, bedeutet das unter Umständen nichts anderes, als dass er gelegentlich in die Kirche geht und auf Nachfragen ein vernunftmäßiges Bekenntnis zur Existenz Gottes abgibt. Und selbst jemand, der nach eigenen Angaben »sehr religiös« ist, wäre im Vergleich zu einem »sehr religiösen« Bewohner Indiens oder Westafrikas, wo die Religion noch viel tiefer verwurzelt ist, nur halbherzig religiös.

Auch mit der Verliebtheit verhält es sich angesichts der Tatsache, dass die Liebe zu anderen Menschen vielfach der Selbstbezogenheit Platz gemacht hat, ganz ähnlich: Die Aussage, jemand sei in einen Partner oder eine Partnerin »ziemlich verliebt« oder »sehr verliebt«, bedeutet häufig nicht viel. Viele Menschen durchleben nicht nur die Religion, sondern auch die Empfindungen der Liebe ohne große Überzeugung oder Engagement. »Verliebte« Menschen sind in ihrer Mehrzahl heute froh darüber, wenn sie sich regelmäßig treffen können, und noch glücklicher fühlen sie sich, wenn sich eine Trennung vermeiden lässt.

Glück existiert heute wie Religion und Liebe in einer verwässerten Form, und vor dem Hintergrund dieses Niederganges muss man sie begreifen. Der moderne Mensch hat Schwierigkeiten damit, irgendwelche Gefühle auf einer sehr tiefen Ebene zu erleben. Das Gefühl, glücklich zu sein, ist in den meisten Fällen falsch und künstlich. Unter dem Gesichtspunkt eines echten, lohnenden Glücksgefühls bedeutet die Aussage »ich bin ziemlich glücklich« im derzeitigen emotionalen Klima häufig fast überhaupt nichts.

Es ist kein Zufall, dass die meisten Menschen in den westlichen Ländern heute offensichtlich nicht glücklich sind, genau wie Verliebte nicht mehr viel Liebe zeigen und religiöse Menschen nicht viel Religion in sich haben. Glück ist nicht mehr, was es einmal war und was es sein könnte. »Sehr glücklich« zu sein, hält viele Menschen nicht einmal davon ab, auch sehr beunruhigt zu sein. Manche Gesellschaftskritiker sprechen von einem »negativen Glück«, das offensichtlich aus den Klauen der Konsumgesellschaft kommt. Man kann mit Fug und Recht die Frage stellen, ob diese Form von Glück für manche Menschen nicht zur Quelle von Unglück und sogar Depressionen wird.

Das heutige Streben nach Glück hat etwas Verzweifeltes. Schon seine Größe und Heftigkeit lassen darauf schließen, dass die Menschen damit eine gewaltige Leere füllen wollen. Die vorhandenen schnellen Lösungen erfüllen ihre Aufgabe offenbar nicht. Wenn man verstehen will, wozu das Glück geworden ist und was für einer Form von Glück die Menschen heute nachjagen, ist es sehr hilfreich, das Ganze einmal aus historischer Sicht zu betrachten. Nur so können wir uns ansatzweise ein Bild davon machen, in welches komplexe gesellschaftliche, kulturelle, körperliche und spirituelle Umfeld echtes Glück eingebunden ist.

KAPITEL 3

# Geplantes Glück

In Kalifornien fand vor kurzem ein faszinierendes Gerichtsverfahren statt. Es ging um das Glück der Kühe. Die kalifornischen Molkereien hatten eine Werbekampagne mit »glücklichen Kühen« gestartet; darin sah man, wie geschniegelte Rinder fröhlich in einer üppig grünen Wiesenlandschaft grasten. In dem zugehörigen Werbetext hieß es: »Guter Käse kommt von glücklichen Kühen. Glückliche Kühe kommen aus Kalifornien.« Da Milchkühe in Wirklichkeit in ekelhaften Gehegen voller Schlamm, Urin und Kot gehalten werden, ohne dass weit und breit auch nur ein einziger Grashalm oder sonstige natürliche Vegetation in Sicht wäre, strengten die PETA (People for the Ethical Treatment of Animals) gegen den kalifornischen Staat einen Prozess wegen irreführender Werbung an. Sie behaupteten, die Kühe seien in Wirklichkeit sehr unglücklich. Die Klage wurde am Ende abgewiesen, und zwar mit der Begründung, dass das Verbot irreführender Werbung nicht für staatliche Stellen gilt. Der Richter räumte aber ein, die Kühe seien unter solchen Lebensbedingungen höchstwahrscheinlich unglücklich.

Glück ist nicht auf uns Menschen beschränkt, und Glück als solches setzt auch keine große Intelligenz voraus. Unter günstigen Umständen lassen viele Tiere offenkundige Anzeichen von Glück erkennen. Wer leugnet, dass ein Hund glücklich sein kann, hat entweder nie einen besessen oder ihn schlecht behandelt. Ein junges Nashorn tritt in freier Wildbahn sogar vor offensichtlicher Freude mit den Hinterbeinen aus oder springt in die Höhe. Am Leben zu sein, ist ein schönes Gefühl. In das Glück viel Gehirnschmalz zu investieren, kann höchstens dazu führen, dass man es vertreibt. Bevor uns das Bedürfnis überkam, das Glück zu kategorisieren, waren wir vermutlich glücklich. Es war ein Teil unseres Daseins.

Schlüssel zum Glück
Wenn du glücklich sein willst, sei es.
*Leo Tolstoi*

Glück sollte eigentlich weder eine Hebamme noch künstliche Anregung brauchen. Wenn man versucht, künstlich einen Zustand des Glücks zu erzwingen, bleibt am Ende in der Regel auch nur künstliches Glück übrig. Wie Tolstoi schon sagte: Der Zustand des Seins als solcher umfasst alle Eigenschaften, die spontanes Glück hervorbringen können, »inneres Glück« oder »ursprüngliches Glück«, wie es manchmal genannt wird. Die beliebte Behauptung, Glück sei ein kompliziertes Puzzle, dessen Lösung und Vollendung große Mühe erfordere, hat kaum etwas für sich. Viele Lebewesen auf der Erde erleben Glück, solange es ihnen gestattet ist, ihr Wesen zu entfalten. Umgekehrt wäre Glück kaum möglich für einen Gepard, der keinen Platz zum Laufen hat, für einen Rhesusaffen ohne andere Rhesusaffen oder für ein Murmeltier ohne Erdboden, wie man es in manchen grausigen Zoos erlebt.

Wenn wir mehr über unser eigenes Glück wissen wollen, liegt der Ausgangspunkt in der Frage, ob wir im Einklang mit unserer natürlichen Konstruktion leben. Oder befinden wir uns in einem Zoo? Vor einigen Jahren kam auf einer Cocktailparty eine meiner Psychologenkolleginnen zu mir und meinte, ich sähe ein wenig lustlos aus. Bevor ich mich noch gegen diesen Vorwurf des emotionalen Hochverrats zur Wehr setzen konnte, platzte sie heraus: »Du musst wieder Kontakt zu dem Tier in dir bekommen.« Aber das Tier ist unter Umständen so tief vergraben, dass man es kaum noch ans Licht holen kann.

Vielleicht beginnt wahres Glück immer mit einem ganz grundlegenden, animalischen Glück, bei dem das Tier – auch das Tier der Spezies Mensch – seine wirkliche, artspezifische

Gestaltung ausleben kann. Aber mit unserer Arroganz waren wir vielfach versucht, die Vorstellung, wir hätten eine animalische Natur, zurückzuweisen. Unter der philosophischen Herrschaft des Behaviorismus war dieser Gedanke insbesondere in der zweiten Hälfte des zwanzigsten Jahrhunderts mehr oder weniger tabu. In den vergangenen Jahren hat er jedoch ein Comeback erlebt, und heute beeinflusst er neuere theoretische Betrachtungen des Glücks. Neue Forschungsrichtungen liefern neue Erkenntnisse über Geist und Gefühle der Frühmenschen. Auch das hilft uns, unser Wesen in einer möglichst langfristigen historischen Perspektive zu betrachten und auf diese Weise besser zu verstehen.

In der Regel stellt man sich das Leben unserer Vorfahren so gefährlich und schwierig vor, dass es kaum Spielraum für Glück bot. Filme und andere Medien zeichnen unsere Urahnen als angestrengte, brutale Geschöpfe mit glasigem Blick und unersättlichem Hunger. In den vergangenen zwanzig Jahren jedoch hat sich durch neue Entdeckungen und bessere Forschungsmethoden ein ganz anderes Bild herauskristallisiert. Vor Beginn der Zivilisation lebten unsere Vorfahren in Gruppen von fünfzig bis hundert Individuen, eine Zahl, die offenbar die bestmöglichen Überlebensaussichten bot. Die Mitglieder einer solchen Gruppe waren eng verwandt, und ein tragfähiges Netzwerk der Kooperation und gegenseitigen Unterstützung war lebensnotwendig. Sie waren leistungsfähig und gut an ihre Umwelt angepasst. Eine besondere Vorstellung von Glück brauchten sie nicht.

Heute hat sich allgemein die Ansicht durchgesetzt, dass die prähistorischen Jäger und Sammler gut ernährt, gesund, intelligent und erfindungsreich waren. Was die Ernährung angeht, so malen wir uns in der Regel aus, die Steinzeitmenschen seien kleinwüchsig und geistig minderbemittelt gewesen, weil ihre Ernährung entweder nicht ausreichte oder nicht die erforderlichen Nährstoffe enthielt. Aber die Fossilfunde sprechen eine ganz andere Sprache. Danach ernährten die Menschen sich damals so, wie es ihrer biologischen Konstitution entsprach. Ihre Nahrung war so gesund, dass sie wahrscheinlich positive Auswirkungen auf die körperliche und geistige Gesundheit hatte. Außerdem hatten sie durch ihre Alltagstätigkeiten viel körperliche Bewegung, die nicht durch moderne Annehmlichkeiten und Technik vermindert wurde.

Dass Ernährung und Bewegung zu dem Potenzial für das Erleben positiver Gefühle beitragen, steht außer Zweifel. Viele Ernährungswissenschaftler predigen uns, dass die moderne Ernährung sich nicht nur auf den Körper, sondern auch auf den Geist negativ auswirkt. Dass die Menschen der Ernährung als Weg zum inneren Wohlbefinden wachsende Bedeutung beimessen, erkennt man an dem stetigen Strom von Büchern und Zeitschriftenartikeln über »Glücksrezepte« und Tipps nach dem Motto »Essen Sie sich gesund und glücklich«.

Dabei ist vor allem eines interessant: Mittlerweile haben viele Ernährungswissenschaftler erkannt, dass keine andere Ernährung so gesund ist wie die unserer Steinzeitvorfahren. Zahlreiche gesundheitsbewusste Menschen gehen heute zu verschiedenen »Paläo-Diäten« und »Steinzeiternährung« über. Die steinzeitliche Ernährung war unter anderem ungeheuer vielseitig. Anders als man früher glaubte, waren die Jäger und Sammler nicht in erster Linie Fleischfresser. Zu ihrer Ernährung gehörten achtzig bis hundert Arten von Wildpflanzen, Früchten und Gemüse. Angesichts des großen pflanzlichen Anteils an ihrer Ernährung halten manche Historiker es für zutreffender, wenn man diese Frühmenschen nicht als Jäger und Sammler, sondern als Sammler und Jäger bezeichnet. In jedem Fall hatten sie in ihrer Ernährung ein besseres Rezept für das Glück als die heutigen Verbraucher mit ihrem verarbeiteten, konservierten, künstlichen Fraß.

Unsere erweiterten Kenntnisse über das Steinzeitleben ließen die Vorstellung von den »glücklichen Wilden« wieder aufleben, nur wird dabei das abwertende Wort »Wilde« nicht benutzt. Zahlreiche Fachleute spekulieren sogar darüber, dass die prähistorischen Menschen möglicherweise von Grund auf glücklicher waren als die heutigen Bewohner der

»toten Zone der Zivilisation«, wie der Primitivist John Zerzan sie nennt.

Als Primitivismus bezeichnet man eine radikale Denkrichtung, in der Zivilisation und »Fortschritt« die wichtigsten Ursachen für die meisten gesellschaftlichen, psychischen und ökologischen Übel unserer zeitgenössischen Welt sind. Bisher beschränkt er sich noch auf die Ränder der Gesellschaft, aber nachdem der Ökoprimitivismus immer mehr an Beliebtheit gewann, erregte diese Denkschule in den vergangenen Jahren größere Aufmerksamkeit.

Nach Ansicht der Ökoprimitivisten gibt es nur einen einzigen Ausweg aus dem ökologischen Wahnsinn der modernen Gesellschaftssysteme: Man muss auf eine »tiefe Ökologie« drängen, das heißt auf eine Rückkehr zur ökologisch nachhaltigen Lebensweise der zivilisationsfernen Stammeskulturen. Diese Aussage ist nur in seltenen Fällen wörtlich gemeint; gewünscht wird meist die Abschaffung der besonders schädlichen gesellschaftlichen Strukturen. Was das Glück angeht, so vertreten die Ökoprimitivisten die Ansicht, dass man nicht glücklich sein kann oder sein sollte, wenn man an einer umfassenden Zerstörung der Natur mitwirkt. In ihren Augen ist Glück, das im Geist der Menschen seinen Widerhall findet, nur vor dem Hintergrund eines harmonischen Lebens in der Natur möglich. Nichts, was zur Zerstörung von Leben beiträgt, hat den Namen Glück verdient. Jedes wahre Glück unterstützt das Lebendige.

Die klassische Form des Primitivismus ist sozialistisch. Sie verabscheut die Zivilisation, weil diese die Menschen ihrer Gleichheit, Freiheit und Gemeinschaft beraubt. Nach Ansicht ihrer Vertreter tötet die Zivilisation die natürlichen Neigungen zu Empfindsamkeit, Gemeinschaftsgefühl, Friedfertigkeit, Spieltrieb und Verehrung der Natur. Viele Primitivisten haben sich zwar damit abgefunden, dass wir heute in der Zivilisation gefangen sind, sie sehen aber viele Wege, wie wir dem Vorbild unserer jagenden und sammelnden Vorfahren folgen und so die körperliche, geistige und ökologische Gesundheit verbessern können.

Man ist leicht versucht, primitivistische Ansichten abzutun, wenn man hört, dass dabei von Anarchie und dem Rückzug aus der Zivilisaation, wie wir sie kennen, die Rede ist. In Wirklichkeit ist der Primitivismus aber vor allem eine Antwort auf die gewaltigen Krisen, denen die Menschheit gegenübersteht. Deshalb lohnt es durchaus, seine Kritik an der modernen Kultur und manche der angebotenen Lösungen genauer zu betrachten. Die primitivistische Behauptung, dass echtes, von Herzen kommendes Glück nicht möglich ist, wenn die Menschen nach dem Maßstab ihres eigenen Wesens krank geworden sind und verrückte Einstellungen gegenüber dem Planeten haben, auf den sie selbst und auf den die nachfolgenden Generationen zum Überleben angewiesen sind, hat sicher etwas für sich.

In seinem Aufsatz »Feral« beschreibt Zerzan, wie unsere Kenntnisse über die steinzeitliche Welt auf den Kopf gestellt wurden, und zollt dieser Welt mit folgenden Worten Tribut: »Bevor es die Landwirtschaft gab, lebten die Menschen in einem Zustand der Anmut, Leichtigkeit und Einheit mit der Natur, wie wir es uns heute kaum vorstellen können.« Im Vergleich dazu, so schreibt er weiter, leben wir heute »in einer auf den Kopf gestellten Landschaft, in der das echte Leben ständig durch entwürdigende Arbeit, den hohlen Kreislauf des Konsums und die Leere der Technikabhängigkeit aufgezehrt wird.«

So anstrengend das Leben damals auch gewesen sein mag, es stand im Einklang mit unserem neurologischen und physiologischen Erbe. Diesen Gedanken erläutert Bjørn Grinde in seinem Buch *Darwinian Happiness*. Darin spricht er von den engen Parallelen zwischen der biologischen Ausstattung und den Lebensbedingungen der prähistorischen Menschen. Nach Grindes Ansicht vermindert eine gute Übereinstimmung zwischen biologischen Eigenschaften und Umwelt den Stress, während die Aussichten auf Belohnung und Genuss größer werden. Unter »passenden« Bedingungen entfaltet sich demnach unser Glückspotenzial ganz von selbst, und der größte

Dämpfer für das Glück ist das, was er als »Dissonanzen« bezeichnet.

Manchmal bezeichnet man die Bedingungen, an die sich unsere Genetik angepasst hat, als »Umwelt der entwicklungsgeschichtlichen Anpassung« oder UEA. Nach einer allgemein verbreiteten Ansicht handelt es sich bei der UEA der Menschen um die Umwelt im mittleren und späten Paläolithikum, also zu der Zeit vor rund 200 000 Jahren bis zum Beginn der Landwirtschaft vor 15 000 bis 10 000 Jahren. Eine Dissonanz ist dann einfach eine Situation oder eine Reihe von Anforderungen, die die Menschen zwingen, außerhalb ihrer UEA zu leben.

Nicht alle Dissonanzen müssen zwangsläufig negative Auswirkungen auf das Gefühlsleben haben, aber zwischen unserer biologischen Gestaltung und der modernen Umwelt bestehen zahlreiche Diskrepanzen, die das Glück vermindern. Wir leben in einer »Gesellschaft der Dissonanzen«, wie Grinde sie nennt. Mit ihrer Gestaltung zwängt sie die Menschen in Situationen, die im Gehirn die Schaltkreise für schlechte Stimmungen anregen, und das führt zu einer Epidemie von Depressionen, Ängsten und grundloser Beunruhigung. Er bezeichnet uns als »Steinzeitmenschen auf der Überholspur«, und nach seiner Ansicht wären wir viel glücklicher, wenn wir einige Dissonanzen, die uns quälen, auflösen könnten. Eine der größten Dissonanzen, die einem echten darwinistischen Glück im Weg stehen, ist aus Grindes Sicht die Art, wie Menschen heute aufwachsen: ohne angemessene elterliche Fürsorge, ausreichende emotionale Nahrung und zwischenmenschliche Beziehungen. Diese und andere Faktoren nagen stark an unserem Gefühl der Selbstbestimmung, der Fähigkeit zum Ertragen von Unannehmlichkeiten und der Qualität unserer Beziehungen. Auch das Immunsystem nimmt durch extreme Dissonanzen Schaden.

Andere Autoren haben ebenfalls die Ansicht vertreten, dass Glück heute nicht einfach zu erlangen ist, weil wir nicht so leben, wie es unsere fernen Vorfahren taten. Der Psychologe David Buss beschreibt in einem Aufsatz in der Zeitschrift

*American Psychologist* unter der Überschrift »Die Evolution des Glücks«, wie viele Diskrepanzen unsere heutige Lebensweise von dem Leben trennen, auf das wir als Tiere biologisch programmiert sind. Auch er weckt Hoffnung: Wenn wir über die Diskrepanzen Bescheid wissen, so Buss, können wir bewusst unsere Lebensweise, Vorlieben und Ziele ändern, um so zu einer natürlicheren Form des Glücks zu gelangen. Er nennt zum Beispiel einige entscheidende Wege, auf denen wir die Lücke zwischen modernen und früheren Lebensformen schließen können, wodurch wir das Glück verstärken und die Wahrscheinlichkeit von Depressionen vermindern.

Buss behauptet zwar nicht, wir könnten genau wie Steinzeitmenschen leben, aber nach seiner Überzeugung können wir die Welt unserer frühen Vorfahren nachahmen, indem wir mehr Nähe zu unseren entfernten Verwandten pflegen. Damit ist sowohl körperliche als auch emotionale Nähe gemeint. Ebenso können wir echte Freundschaften aufbauen, wie sie vor der Zeit der heute vorherrschenden »Schönwetterfreundschaften« üblich waren. Außerdem kann man die Verbindung zum echten Glück herstellen, indem man wieder stärker darauf achtet, welche Geschenke der Natur die Quellen von Schönheit, Staunen und Kraft sind.

Manchmal hört man den Begriff des »moralischen Netzes«: Damit ist gemeint, dass die Menschen das größtmögliche soziale und emotionale Wohlbefinden erleben, wenn sie sich im Einklang mit ihrer grundlegenden menschlichen Natur befinden. Wie Raoul Naroll in seinem Buch *The Moral Order* erläutert, bezeichnet der Begriff »moralisches Netz« keine Einzelpersonen, die sich durch Befriedigung ihrer persönlichen Bedürfnisse Wohlbefinden verschaffen, sondern er bezieht sich auf den Zustand einer ganzen Kultur im Hinblick auf unversehrte Überzeugungen, soziale Institutionen, Ethik- und Verhaltensrichtlinien, rituelle und zeremonielle Traditionen, Initiationsmethoden zur Einordnung des Einzelnen in die Gruppe und Tätigkeiten, die Kooperation und Eintracht begünstigen.

Das Wort »moralisch« wird hier in einem denkbar weit gefassten Sinn verwendet. Es ist ein Maß für die Fähigkeit einer Kultur, grundlegende Bedürfnisse der Menschen zu befriedigen, beispielsweise das Bedürfnis nach Zugehörigkeit, Transzendenz, Identität, Anerkennung, geistiger Anregung und körperlicher Entfaltung. Das »moralische Netz« ist dann ein Rahmen, der den Menschen ein Gefühl von Sinn und Ziel vermittelt. Es legt ein existenzielles Fundament, das die Menschen in Geburt, Tod und allem, was dazwischenliegt, einen Sinn erkennen lässt.

Das »moralische Netz« spielt die entscheidende Rolle, wenn es darum geht, die Voraussetzungen für das Glück der Menschen zu schaffen. Eine Fülle anthropologischer Forschungsergebnisse aus vielen Jahren macht deutlich, dass eine Schwächung des »moralischen Netzes« die entscheidende Ursache für häufige Probleme wie Depressionen, Ängste, Drogen- und Alkoholmissbrauch, Ehescheidungen, psychosomatische Erkrankungen, Schlafstörungen und Kriminalität darstellt. Die allgemeine Aussage der Befunde lautet: Modernisierung hat zur Folge, dass immer tiefer in das »moralische Netz« eingeschnitten wird und dass die Menschen auf allen Ebenen stärker gefährdet sind. Nimmt man alle Beobachtungen zusammen, so scheint die Modernisierung, was die emotionale Gesundheit angeht, eher ein Rückschritt zu sein.

Logischerweise sollte man annehmen, dass eine Kultur mit intaktem »moralischem Netz« ihren Mitgliedern im Hinblick auf das Glück beträchtliche Vorteile bietet. Aber diese Vermutung zu überprüfen, hat sich als äußerst schwierig erwiesen, weil fast alle kleinen Gesellschaften der Welt durch den Kontakt mit dem Westen mehr oder weniger zerstört wurden. Um heute noch intakte Gesellschaften zu finden, muss man sich in die abgelegensten Winkel des Globus begeben. Manche dieser Gruppen leben in gewisser Hinsicht ähnlich wie ihre Vorfahren vor Jahrtausenden, und deshalb steht zu erwarten, dass wir von ihnen eine Menge über die Geschichte des Glücks erfahren können.

Im Jahr 1977 wohnte ich einen Monat lang in zwei abgelegenen Langhäusern der Iban am Oberlauf des Flusses Rejang auf Borneo. Es war kurz vor dem tragischen kulturellen Zusammenbruch, der sich mit der Ankunft geldgieriger japanischer und amerikanischer Holzkonzerne abspielte, und auch vor Beginn des »Kulturtourismus« mit seinen schäbigen »Zu den Kopfjägern Borneos«-Rundreisen. Aber schon damals hatten Kontakte zur Industriegesellschaft die Lebensweise der Iban ein wenig verwässert, und ihre Glaubensüberzeugungen, Wertvorstellungen und traditionellen Bekleidungssitten waren durch Missionare bereits stark beschädigt. Außerdem wurde es zu einem wachsenden Trend, dass junge Erwachsene die Langhäuser verließen und anderswo Ausbildung oder Arbeit suchten. Ein kleiner Teil von ihnen kehrte zurück, und mit ihnen hielten auch neu erworbene moderne Einstellungen und Gegenstände Einzug. Ich kann mich noch gut an einen jungen Mann erinnern, der zwei Jahre in Singapur gewesen war und jetzt zurückkehrte. Er fiel mit seinem verlorenen Blick und dem Coca-Cola-T-Shirt sofort auf – es war, als wäre er zwischen zwei so gegensätzlichen Welten auf unangenehme Weise gefangen.

Trotz alledem gewann ich den Eindruck, dass ich es hier mit viel glücklicheren Menschen zu tun hatte als da, wo ich herkam. Die Iban waren verblüffend ruhig und unbesorgt. Sie lächelten häufiger, bemerkten mehr von dem, was um sie herum vorging, und gingen jeden Tag mit einer unbesorgten Leichtigkeit an, wie ich sie noch nie erlebt hatte. Soweit sie mir eine Ahnung vom Leben in früheren Zeiten vermittelten, konnte ich mir ohne Weiteres vorstellen, dass es ihnen emotional viel besser ging als den Nägel kauenden Leuten auf der Überholspur des modernen Lebens. Ihre Lebensweise stand zweifellos besser im Einklang mit der Konstruktion unserer Spezies.

Über die Iban gibt es eine recht umfangreiche anthropologische Literatur. Die ersten medizinischen Anthropologen, die sich mit ihnen beschäftigten, fanden keinerlei Anzeichen für »neurotische« geistige Störungen. Das Langhaus wurde oft als Idealfall einer Sozialstruktur bezeichnet, weil es außergewöhnlich gut zur entwicklungsgeschichtlichen Vergangenheit der Menschen passt. Jahrtausendelang ermöglichte es ein mehr oder weniger bruchloses soziales Dasein, das den Menschen aller Altersklassen eine klar definierte Rolle zuwies und allen ein gemeinsames System von Glaubensüberzeugungen, Sitten und Ritualen bot. Es war die beste denkbare Form einer intakten, verflochtenen Lebensgemeinschaft. Risse, durch die Menschen in Sinnlosigkeit, Entfremdung und existenziellen Nebel stürzen konnten wie in der heutigen Gesellschaft, gab es nicht.

Was mir an den Iban am meisten auffiel, war ihr Sinn für Spiele. Er zeigte sich mehr oder weniger auffällig in nahezu allem, was sie taten. Mich verblüffte vor allem, dass der Spieltrieb mit dem Alter nicht verschwand. Ich weiß noch, wie ich eines Tages am Fluss bei den Einbaumkanus saß, den Leuten zusah und darüber nachdachte, was Spiel eigentlich ist, wodurch es möglich wird und wie es ausgelöscht werden kann. Im Kindesalter, wenn Spielen das Wesentliche am Glück ist, kommt es uns ganz und gar natürlich vor. Für Kinder sind Spielen und Glück Synonyme. Wenn sie diesen Instinkt nicht aufgrund ihrer Sozialisation unterdrücken, sehnen sie sich nach dem Spielen mehr als nach allem anderen. Es ist ein universelles Phänomen.

SCHLÜSSEL ZUM GLÜCK

Der Mensch ist am stärksten bei sich selbst, wenn er sich
die Ernsthaftigkeit eines spielenden Kindes zu eigen macht.

*Heraklit*

Der griechische Philosoph Heraklit war nicht als Einziger überzeugt, dass Menschen am stärksten im Einklang mit sich selbst und vermutlich auch am glücklichsten sind, wenn sie spielen. Platon hielt die Beziehung eines Menschen zum Spiel für besonders aufschlussreich: »In einer Stunde des Spielens kannst du mehr über einen Menschen erfahren als in einem ganzen

Jahr der Gespräche.« Der Schriftsteller und Philosoph G. K. Chesterton meinte sogar: »Der eigentliche Gegenstand alles menschlichen Lebens ist das Spiel.«

Johan Huizinga stellte unseren Spieltrieb in seinem bemerkenswerten Buch *Homo ludens* sogar in den Mittelpunkt einer ganzen Theorie über die Evolution der menschlichen Kultur. Auf der einfachsten Ebene dient er dem Abbau überschüssiger Energie und befriedigt unser »Bedürfnis nach Entspannung«, wie Huizinga es nennt. Außerdem übt das Spielen unseren »Nachahmungsinstinkt« und trainiert uns darauf, Selbstbeschränkung zu üben und Urteile zu fällen. Er ist ein kreativer Prozess und ein Mittel, um sich im zwischenmenschlichen Umgang zu entfalten und auf beiderseits erfreuliche Weise die Fantasie zu strapazieren. Spielen stellt die Freiheit der Menschen auf den Prüfstand und eröffnet neue Sichtweisen für die Welt und ihre Möglichkeiten. Es hat etwas Positiv-Irrationales und hilft uns, die buchstäblichen Formeln von Ursache und Wirkung hinter uns zu lassen.

Huizinga schreibt: »Erst durch das Einströmen des Geistes, der die absolute Determiniertheit aufhebt, wird das Vorhandensein des Spiels möglich, denkbar und begreiflich.« So betrachtet, kann man im Spiel eine der raffiniertesten Formen von Intelligenz sehen.

Das Spielen wieder zu entdecken, heißt uns selbst und unsere ganze Fähigkeit zum Glücklichsein wieder zu entdecken. Man kann das Spielen sogar als eine Art Erleuchtung bezeichnen, die die erhabensten Potenziale in uns weckt. Wenn wir uns das Spielerische entgleiten lassen, versetzen wir unseren Aussichten auf Glück einen gewaltigen Schlag. Statt dem Glück nachzujagen, sollten viele Menschen lieber wieder lernen, wie man das Leben zu einer Art Spiel macht.

Spielen verschönert das Leben und verschafft uns unentbehrliche Zwischenspiele, die zum Wohlbefinden beitragen. Es erfüllt nicht nur für den Einzelnen, sondern auch für das Funktionieren der Gesamtgesellschaft eine wichtige Aufgabe. Nach Huizingas Ansicht kristallisierte sich die menschliche Kultur rund um den Spieltrieb: Dieser schuf ein System, mit dem die Menschen aus den Regeln, die dem Spielprozess innewohnen, eine Ordnung aufbauen konnten. Zusätzlich hat das Spielen als Grundlage der Gesellschaftsorganisation den Vorteil, dass es zum Schönen und Ästhetischen tendiert, und gleichzeitig fördert es Rhythmus, Harmonie und die »edlen Eigenschaften«, wie Huizinga sie nennt, Eigenschaften, die das soziale Interesse stärken. Natürlich muss man nicht ganz so weit gehen, um zu erkennen, dass das Spiel einen wichtigen Beitrag zum Glück der Menschen leistet.

Schon als Huizinga in den Dreißigerjahren des 20. Jahrhunderts sein Buch verfasste, fiel ihm auf, dass das Spiel als Quelle des individuellen und kollektiven Wohlbefindens im Verschwinden begriffen war. Es wurde durch ein neues, ernsthafteres kulturelles System verdrängt, dessen Dreh- und Angelpunkt die Arbeit war. Das Spiel wurde der Arbeit immer ähnlicher und war zunehmend von einer Geschäftsmentalität beherrscht. Komplexität und ständiger Wandel zerstören das Gespür für Spiele sehr schnell.

Spiel ist in der Regel eine soziale Tätigkeit und macht unter anderem deshalb Spaß, weil man es gemeinsam tut; deshalb bleibt es in Gesellschaften, deren Lebensweise nicht um Konkurrenz und Vorsprung kreist und in denen die Menschen sich nicht feindlich gegenüberstehen, länger erhalten. In der modernen Konsumkultur wird Spielen immer einsamer, weniger körperbetont, passiver und stärker computerisiert. Das gemeinsame Spiel verwandelt sich in ein Einzelspiel ohne umfassenderen Wert.

Selbst wenn die prähistorischen Menschen trotz ihres besseren Kontakts zum eigenen Spieltrieb vielleicht nicht automatisch glücklicher waren, verfügten sie damit sicher über ein Mittel, um dem Überschwang des Lebens Ausdruck zu verleihen. Überschwang ist heute kein Thema mehr, einfach weil wir ihn in den abendländischen Gesellschaften kaum noch erleben. Dem Glück ist der Überschwang abhandengekommen, und das ist der Grund, warum das Glück in seiner heutigen

Form oftmals blass und leidenschaftslos wirkt, und warum man oft nicht einmal erkennen kann, ob jemand ehrlich glücklich ist oder nicht. Überschwang war mit ziemlicher Sicherheit ein wichtiger Bestandteil im Gefühlsleben der prähistorischen Menschen, die eigentlich keinen Grund hatten, ihre natürlichen Wallungen zu unterdrücken. Spiel ist das wichtigste Ventil für eine überschäumende Leidenschaft für das Leben. Im Fehlen des Spiels spiegelt sich in der Regel der Verlust dieser urtümlichen Lebensleidenschaft wider.

KAPITEL 4

# Prähistorisches Glück

Die prähistorischen Menschen hatten keine andere Wahl, als sich im Einklang mit sich selbst und mit der Welt treiben zu lassen. Das Leben war in Bewegung. Es gab keinen Grund, sich aus dem Strom des Lebens auszuklinken und darüber zu spekulieren, wie glücklich oder unglücklich man sein könnte. Wenn wir zu dem Schluss gelangen, das Leben sei schlecht oder es könne besser sein, vergleichen wir unser Leben mit einem äußeren Maßstab oder einer anderen Lebensform. Der moderne Mensch wird ständig mit Alternativen konfrontiert, und diese Alternativen könnten die eigene Lebensqualität vergleichsweise gering erscheinen lassen. Der prähistorische Mensch dagegen musste sich nicht mit einer langen Liste alternativer Lebensmöglichkeiten auseinandersetzen.

Jeder Einzelne war vollständig in die Gruppe integriert und von der natürlichen wie auch der spirituellen Welt durchdrungen. Für die Glücksangst, die Urteile über den Wert des eigenen, privaten Gefühlsrepertoires provoziert, war kein Platz. Individualismus und Narzissmus lagen noch in weiter Ferne. Die Vorstellung, die frühen Jäger und Sammler hätten großen Wert auf ihr persönliches Glück gelegt, ist lächerlich. Das geschieht erst, wenn das Thema Glück überhaupt zu einem Problem wird und wenn man es als Zaungast des Lebens betrachtet. Sich besonders darum zu bemühen, glücklich zu sein, war nicht nötig. Die Menschen waren noch nicht aus der natürlichen Ordnung der Dinge vertrieben worden.

Wenn Menschen heute spüren, dass sie keinen ausreichenden Kontakt zum Glück haben, fehlt ihnen häufig ganz allgemein der Kontakt zu den eigenen Gefühlen. Die Steinzeitmenschen dagegen verfügten über ein wesentlich höheres Maß an emotionaler Intelligenz, die sie ihre Gefühle im Augenblick des Auftretens spüren ließ, das Erkennen der Gefühle anderer ermöglichte und sie in die Lage versetzte, entsprechend ihren Gefühlen zu handeln. Das alles beherrschten die Steinzeitmenschen hervorragend, weil sie eine enge Bindung an den Augenblick hatten und nicht über eine abstrakte Sprache verfügten, die emotional unbeweglich macht und Zweifel an den eigenen Gefühlen weckt. Auch Schuld- und Schamgefühle – beides erlernte Empfindungen, die vor Beginn der Zivilisation unnötig waren – existierten nicht und waren keine ständige Versuchung, echten Gefühlen einen Maulkorb anzulegen. Die Steinzeitmenschen wussten, was sie gerade fühlten. Man hatte ihnen keinen emotionalen Betrug als eine Art Währung verkauft.

Dass die Menschen ihre Gefühle in prähistorischer Zeit unmittelbarer erlebten, führte sicher auch zu Spannungen, die dann abgebaut werden mussten. Noch brachte es keinen Gewinn, Konflikte auszusetzen, hinauszuschieben oder völlig zu vermeiden, indem man die Gefühle mit einem Zuckerguss überzog und wie eine geschäftliche Transaktion behandelte. Ein moderner Mensch, der die Welt der Steinzeitmenschen von außen betrachtet hätte, wäre vielleicht zu dem Schluss gelangt, dass es damals durchaus nicht immer freundlich zuging. Aber es gab so gut wie keine emotionale Unehrlichkeit, und das zahlte sich aus: Man konnte das Glück besser erleben und die Anhäufung giftiger Gefühle vermeiden. Vermutlich verfügten die Menschen stets über Mittel zum Emotionsabbau, das heißt zu einer nützlichen Entladung unangenehmer Gefühle.

Wenn die Gefühle in vorzivilisatorischer Zeit lebendiger waren, galt das Gleiche vermutlich auch für den Geist. Anders als die Medien uns glauben machen, waren die Menschen damals keine Dummköpfe mit leerem Blick, die durch eine reizarme Umwelt stolperten. Charles Hayes schreibt in seinem Buch *The Rapture of Maturity*, der Intellekt der Urmenschen sei höchstwahrscheinlich aktiver gewesen, als wir es in unserer heutigen, intellektfeindlichen Zeit beobachten. Unser gewaltiges Erbe an Technik und Informationen schafft unter Umständen die Illusion, wir seien im Vergleich zu den Menschen früherer Zeiten geistige Riesen. Hayes' Aussage dagegen lautet: Was die Begeisterung angeht, die ein gut trainierter Geist hervorrufen kann, war die Umwelt der Urmenschen unserer heutigen Konsumkultur mit ihren ständigen intellektuellen Abkürzungen und betäubenden Ablenkungen bei Weitem überlegen. Sie bot mehr Herausforderungen und war ein viel besserer Nährboden für Neugier, Forschen und Staunen. Kaum etwas anderes ist so eng mit dem Glück verflochten wie dies. Die Landschaft der Vorzeit war eine ständige Schule, die echte Reife nicht nur aufbaute, sondern auch förderte. Hayes vergleicht unsere frühen Vorfahren mit einem modernen Menschen, dessen Geist keine Quelle des Glücks mehr ist.

Die primitive Gesellschaft erwartete von allen Mitgliedern, die die Reife erlangten, dass sie ihre Intelligenz nutzten und so zum Wohle des Ganzen beitrugen. Man stelle sich vor, wie unwahrscheinlich es ist, dass manche Mitglieder in einer Gesellschaft von Jägern und Sammlern stolz darauf sind, keine Kenntnisse über Jagd oder Nahrungszubereitung zu besitzen. Nicht weniger lächerlich ist auch die heutige intellektfeindliche Haltung; wir haben nur gelernt, sie als normal anzusehen. Unsere steinzeitlichen Vorfahren konnten nur dann überleben, wenn sie ihre ganze Aufmerksamkeit auf ihre augenblickliche Tätigkeit richteten, ganz gleich, was sie gerade taten. In der Annahme, unsere ältesten Vorfahren seien dumm gewesen, offenbart sich eine riesige Lücke in unserem heutigen Begriff von Intelligenz.

Glück – ganz gleich, wie wir es am Ende definieren – verbirgt sich anscheinend immer in kleinen, vorübergehenden Dingen. Umgekehrt war Spektakuläres, was das Glück angeht, stets ein überraschender Fehlschlag. Man sollte das prähistorische Leben sicher nicht romantisieren, aber die Menschen hatten damals sicher einen ungeheuer scharfen Blick für Details. Er erwuchs aus ihrem Dasein im Hier und Jetzt sowie aus der Notwendigkeit, sich genauestens auf die unmittelbare Umgebung einzustellen. Es führte dazu, dass sie für alle potenziellen Kanäle des Glücks offen waren.

### Schlüssel zum Glück

Die Flanken des Berges sind es,
auf denen Leben gedeiht, nicht der Gipfel
*Robert Pirsig*

Diese Worte stammen aus Robert Pirsigs Buch *Zen und die Kunst, ein Motorrad zu warten.* Sie gehören zu dem folgenden Absatz, der das Kernstück der Zen-Vorstellung von Achtsamkeit formuliert, einer Form des Bewusstseins, die der Quell allen Glücks sein soll: »Berge sollte man mit möglichst wenig Anstrengung und ohne Ehrgeiz ersteigen. Unsere eigene Natur sollte das Tempo bestimmen. Wenn man unruhig wird, geht man schneller. Wenn man zu keuchen anfängt, geht man langsamer. Man steigt auf den Berg in einem Zustand, in dem sich Rastlosigkeit und Erschöpfung die Waage halten. Dann, wenn man nicht mehr in Gedanken vorauseilt, ist jeder Schritt nicht mehr bloß Mittel zum Zweck, sondern ein einmaliges Ereignis. *Dieses* Blatt ist gezähnt. *Dieser* Felsen scheint locker. Von *dieser* Stelle aus ist der Schnee nicht mehr so gut zu sehen, obwohl man ihm schon näher ist. Das sind Dinge, die man ohnehin wahrnehmen sollte. Nur auf irgendein zukünftiges Ziel hin zu leben, ist seicht. Die Flanken des Berges sind es, auf denen Leben gedeiht, nicht der Gipfel. *Hier* wächst etwas.«

Achtsamkeit wurde definiert als »besondere, gezielte Aufmerksamkeit im gegenwärtigen Augenblick«. »Gezielt« bedeutet hier, dass der Geist konzentriert ist und nicht durch konkurrierende Gedanken oder Empfindungen abgelenkt wird. Das alles findet im Jetzt statt und wird nicht durch zukünftige Erwartungen verunreinigt. Wenn Menschen achtsam sind, können sie bei einem Erlebnis bleiben und lassen es nicht durch negative Emotionen verfärben, die sich aus anderen Quellen hereindrängen. Dies schafft einen gefühlsmäßigen Anker, der Empfindungen von Ruhe, Zufriedenheit und Freiheit möglich macht. Unsere frühen Vorfahren besaßen ein hohes Maß an Achtsamkeit, mit dem sie an den Flanken des Berges leben konnten.

SCHLÜSSEL ZUM GLÜCK

Denke daran, dass Glück eine Art Reise ist – und kein Ziel.

*Roy M. Goodman*

Auch heute kann man noch Reste jener Art von Achtsamkeit beobachten, in der Glück ein Teil der Reise ist und kein Ziel, an dem man nie ankommt. Vor etwa zwanzig Jahren hatte ich die Ehre, dass man mich durch das Buschland des Framlingham Aboriginal Reserve in Australien begleitete. Mein Führer war der angesehene Älteste der dort ansässigen Ureinwohner vom Volk der Gunditjmara, ein unvergesslicher Mann namens Banjo Clarke, Spitzname »The Rainbow Man«. Zwei Dinge an ihm hinterließen bei mir einen unauslöschlichen Eindruck, und beide erinnerten mich an eine Zeit, einen Raum und ein Bewusstsein, die ganz anders waren als meine eigenen.

Das Erste war Banjos erstaunliche Fähigkeit, noch die kleinsten Dinge in seiner Umgebung aufzunehmen. Während wir wanderten, lenkte er meine Aufmerksamkeit auf Vögel und andere Tiere, Geräusche, Farben, Konsistenzen und Bewegungen, die mir völlig entgangen waren. Banjo gab sich alle Mühe, mir die majestätische Größe der Landschaft nahezubringen, aber meine Sinne waren wie tot. Er befand sich auf einer Wahrnehmungsebene, die weit jenseits meiner eigenen lag. Ich war mir selbst so weit voraus, dass ich nicht erlebte, was um mich herum vorging. Und das lag bei Weitem nicht nur daran, dass er mit dem australischen Busch bestens vertraut war, ich aber nicht.

Der zweite nachhaltige Eindruck war, dass Banjo in einer tiefen Verbindung zum Busch und zur gesamten Natur stand. Er durchschritt sie mit Ehrerbietung, und es schien, als würde er dafür mit Liebe und Ruhe belohnt. Banjo strahlte eine starke Spiritualität aus, das längst vergessene Wissen um die Heiligkeit der natürlichen Ordnung und unsere Pflicht, uns ihrem Genie respektvoll unterzuordnen. Nach der kulturellen Tradition der Aborigines kann man niemals ein Stück Land oder irgendeinen anderen Aspekt der Natur besitzen.

Vor seinem Tod wurde Banjo mehrmals von Camilla Chance interviewt. Die Gespräche flossen in ihr Buch *Wisdom Man* ein. Als sie ihn nach seiner Schulbildung fragte, erwiderte er: »Ich bin nie zur Schule gegangen. Der Busch war meine Schule. Und auch unsere Kirche, unsere spirituelle Welt. Durch dieses ganze Leben haben alte Leute mich geführt.« Über die letzte Bedeutung des Busches und seine Macht, Glück zu vermitteln, sagte Banjo: »Wir lieben einfach den Frieden und die Ruhe im Busch. Man hat ein Gefühl der Sicherheit, weil dort die Geister der Vorfahren sind, die einen vor allem Bösen schützen. Wenn man sich wirklich wohlfühlt, kommt man nach Hause, vergisst alle Sorgen und alles ist in Ordnung. Und wenn du niedergeschlagen bist, gehst du zurück in den Busch, dann kommen die ganzen spirituellen Dinge wieder zu dir.«

Die Kultur der australischen Ureinwohner ist auf der ganzen Welt die älteste, die ununterbrochen existierte – sie reicht über 50 000 Jahre weit zurück. Deshalb gelten die Reste der Aborigines-Kultur, die die europäische Kolonialherrschaft überlebt haben, häufig als das beste Fenster zu Geist und Gefühlen prähistorischer Menschen. John Koch lässt in seinem Buch *Portal to the Dreamtime* anhand einer Vielzahl ethnologischer Berichte und direkter Gespräche das »archaische Bewusstsein« lebendig werden, das für viele urtümliche Gesellschaften von Jägern und Sammlern charakteristisch war. Es ist eine Art von Bewusstsein, die das Verständnis von der heiligen Natur des menschlichen Lebens in den Mittelpunkt stellt. Dieses Bewusstsein trug dazu bei, die Umwelt zu schützen und brutale, unverantwortliche Angriffe auf die Natur auf ein Minimum zu beschränken. Außerdem war es mit seiner Mischung aus Mystizismus, Initiationsriten, Familien- und Gemeinschaftssinn von jener spirituellen Energie durchtränkt, die für die Frühmenschen eine mächtige Quelle des metaphysischen Glücks darstellte.

Die Aborigines verliehen ihrem höchst spirituellen Wesen durch ein komplexes Kulturgut Ausdruck, das unter dem Namen Traumzeit bekannt wurde. Die Traumzeit beinhaltet im Wesentlichen das Verständnis der Ureinwohner für die Welt und ihre Entstehung, aber auch ihren Weg, die Energie alter Zeiten in den jetzigen Augenblick zu übertragen. Sie umfasst die großen Geschichten, welche die Gesetze des Daseins erklären. In der Traumzeit verkörpert sich die Vorstellung der Aborigines, dass alles Leben, Tiere und Menschen, gemeinsam in einer verflochtenen, unveränderlichen Beziehung existieren, die durch den Geist der Vorfahren gelenkt wird. Es ist ein kulturelles Glaubenssystem mit reichhaltigen Ritualen, das die körperliche und die heilige Welt in sich vereint.

In den Erinnerungen, die Koch von mehreren Stammesältesten der Aborigines hörte, drückt sich ein hohes Maß an positiven Emotionen aus, die aus der Energie der Traumzeit erwachsen. Einer berichtete über die kollektive Stimmung im Umfeld der Traumzeitzeremonien: »Viel Freude hier, viel Glück. Aboriginals – das hier war für sie ein sehr glücklicher Ort, sie waren hier sehr glücklich und fröhlich. Viele Sorgen später, als der weiße Mann kam, aber vorher war das hier ein Ort mit viel Freude. Großes Glück für die Aboriginal Völker hier. Viel zu feiern.«

In einem anderen Gesprächsabschnitt geht es um das üppige Glück, das für die Aborigines aus der Zeitlosigkeit ihres Lebens erwächst: »Hier ist Glück, wo wir sitzen und unsere Brüder und Schwestern in der Traumzeit grüßen und in der Traumzeit leben. Du verstehst das nicht – eure Zeit ist nicht die gleiche wie unsere Zeit. Für die Aboriginals gab es keine Zeit. Ihr habt Tage und Wochen und Monate. Für die Völker der Aboriginals gab es keine Tage, Wochen und Monate. Wir lebten in der ewigen Zeit. Der Vollmond war unsere Zeit. Die Jahreszeiten kamen und gingen, mein Vater wurde alt und starb, und mein Sohn wurde erwachsen. Aber es gab keine Zeit wie eure Zeit. Glückliche Zeit hier, dieser Ort war glückliche Zeit. Wir hatten so viel Glück hier, bis der weiße Mann kam.«

Als die ersten Europäer nach Australien kamen, musste ihnen einfach auffallen, wie glücklich die Bewohner waren. Die folgende Beschreibung aus dem Tagebuch des Entdeckers Captain James Cook wurde 1770 geschrieben. Sie macht deutlich, welche Form von Glück sich in einem kulturellen Klima von Natur, Spiritualität und Einfachheit entfalten kann.

»Sie scheinen in Wirklichkeit viel glücklicher zu sein als wir Europäer; da ihnen nicht nur die überflüssigen, sondern auch die notwendigen Annehmlichkeiten, die in Europa so erstrebt werden, völlig unbekannt sind, sind sie glücklich, ohne ihren Gebrauch zu kennen. Sie leben in einer Ruhe, welche nicht durch die Ungleichheit des Ranges gestört wird. Land und Meer geben ihnen aus eigenem Antrieb alles, was zum Leben notwendig ist, sie streben nicht nach großartigen Häusern, Haushaltsgegenständen etc., sie leben in einem warmen, schönen Klima und sehr gesunder Luft, sodass sie sehr wenig Bedarf an Kleidung haben ... Kurz gesagt, schienen sie nichts von dem, was wir ihnen gaben, einen Wert beizumessen ...«

Einen ähnlichen Bericht über prämodernes Glück finden wir im Tagebuch des Entdeckers Thomas Jeffries, der erstmals mit den Ureinwohnern Kaliforniens zusammentraf. Sehr interessant ist, dass er der Formulierung »wahrhaft philosophisch« bedient, um ihr außergewöhnliches Maß an Glück zu beschreiben: »Da sie nur nach dem Notwendigsten im Leben streben, mit dem die Natur sie überreichlich ausgestattet hat, denken sie kaum einmal an ihren Überfluss ... Die Indianer sind die glücklichsten unter allen Sterblichen ... Sie kennen sie nicht und wollen sie nicht kennen, jene falschen Freuden, die wir uns mit so viel Mühen und mit dem Verlust dessen, was echt und real ist, erkaufen. Ihre bewundernswerteste Eigenschaft ist jene wahrhaft philosophische Art zu denken, die sie veranlasst, alle Zurschaustellung von Reichtum und Herrlichkeit zu verurteilen.«

Der einflussreiche britische Dichter John Dryden gebrauchte 1669 in seinem Buch *The Conquest of Granada* als Erster den begriff »edle Wilde«:

*Ich bin so frei, wie die Natur den Menschen anfangs formte,*
*Als kein Gesetz der Sklaverei ihn unterjochte*
*Und wild im Wald der edle Wilde lief.*

In *To My Honour'd Friend Dr. Charleton* pries Dryden schon 1663 die von Kolumbus entdeckten amerikanischen Ureinwohner:

*Den Fiebernden die frische Brise kühlt,*
*Das Grüne Tal der Bäume Schatten fühlt;*
*Schuldlose Menschen, die mit Tanz die Zeit vertreiben,*
*Frisch wie die Wälder, glücklich, ewig hier zu bleiben.*

Nicht nur die europäischen Entdecker grübelten über das offenkundige Glück der Ureinwohner nach. Auch von den Einheimischen selbst gibt es mehrere Berichte, in denen sie sich verblüfft über die offenkundig unglücklichen Europäer zeigen. Europäer tanzten nicht, sangen nicht und feierten nicht. Sie lachten sehr wenig, außer wenn sie betrunken waren. Sie kannten keine Zauberei, keine Wunder. Die australischen Aborigines, die bei den ersten Begegnungen keinerlei Anzeichen für eine pathologische Angst erkennen ließen, waren erstaunt über die ständige Unruhe der Europäer und ihre Taubheit gegenüber dem Glück in der Natur.

Manche Gruppen der amerikanischen Ureinwohner beteten für die Europäer, aber das machte auf die Eroberer, die sich gegenüber den Wilden für weit überlegen hielten, nicht den geringsten Eindruck. In dem folgenden »Gebet für den weißen Mann« wird der Großvater angerufen; er soll die Geister der verlorenen, zerstörerischen Seelen in ihrer Mitte wieder zum Leben erwecken: »Und nun, Großvater, bitte ich dich, segne den weißen Mann. Er braucht deine Weisheit, deine Führung. Du siehst, er fühlt sich nur dann wohl, wenn man ihm Macht gibt. Segne sie, zeige ihnen den Frieden, den wir kennen, lehre sie Demut. Denn ich fürchte, sie werden eines Tages sich selbst und ihre Kinder zerstören, wie sie es mit der Mutter Erde getan haben. Ich flehe dich an, ich weine. Schließlich sind sie doch meine Brüder.«

Heute hat sich um die amerikanischen Ureinwohner ein weltweiter Kult gebildet. Geschäfte in Australien, Europa und Asien verkaufen indianischen Kopfschmuck, Perlen, Webarbeiten und Kleidung, aber auch Bücher über ihre Weisheit und traditionelle Lebensweise. Die Indianerkultur gilt heute als Weg aus den Fängen der modernen Konsumgesellschaft. Viele Menschen streben nach dem Bewusstsein der amerikanischen Ureinwohner und sind überzeugt, dass es für das Glück der Menschen und für einen Planeten, den wir guten Gewissens unseren Kindern hinterlassen können, viel mehr zu bieten hat.

In unserem Zeitalter der politischen Korrektheit macht es uns nervös, wenn wir die sozialen Unterschiede zwischen den Menschen überhaupt nur erwähnen. Ebenso haben wir eine paranoide Angst vor Verallgemeinerungen, selbst wenn sie voraussichtlich unser Verständnis für ein Thema voranbringen würden. Aus diesen und anderen Gründen widerstrebt es heute vielen Menschen, von »glücklichen Gesellschaften« früherer Zeiten zu sprechen oder einzuräumen, dass sie auch heute an Orten, die ganz anders funktionieren als unser Umfeld, noch existieren könnten. Manche beharren allerdings auch darauf, es müsse ein goldenes Zeitalter gegeben haben, in dem der Geist sich in größere Höhen emporschwingen konnte als heute. Beschreibungen über erste Begegnungen mit Gesellschaften, die ähnlich funktionierten wie die unserer steinzeitlichen Vorfahren, spielen fast immer auf die Einfachheit des Lebens als mögliche Erklärung für das größere Glück solcher Menschen an.

Sehr deutlich wird dies in den Schriften von Michel Eyquem de Montaigne aus dem 16. Jahrhundert. In seinem berühmten, 1580 erschienenen Essay »Über die Menschenfresser« spricht er vom friedlichen Gleichmut und der üppigen Freizeit der »Wilden«; dann fügt er hinzu: »Sie sind noch in der glücklichen Verfassung, nur so viel zu begehren, wie ihre natürlichen

Bedürfnisse erfordern – alles, was hierüber hinausgeht, scheint ihnen überflüssig ... [Sie kehren] in ihr Land zurück, wo es ihnen an nichts Notwendigem fehlt – vor allem nicht an dieser großen Gabe, mit ihrer Lage wunschlos glücklich zu sein.«

Im Jahr 1744 stimmte Joseph Warton in seinem Werk *The Enthusiast: or, The Lover of Nature* ebenfalls in den Chor derer ein, die das Glück der »primitiven« Menschen verkündeten:

*Glücklich der erste Mensch, der, noch nicht bedrückt*
*In Rauch und Stadt, nein, der in grünen Hainen lebte,*
*Warmen Höhlen, tief versunk'nen Tälern und verzückt*
*Vor keinen Sorgen ängstlich bebte.*

Ungefähr zur gleichen Zeit brachte Jean-Jacques Rousseau neuen Schwung in die zivilisationsfeindliche Bewegung mit ihren »glücklichen Wilden«. Seine Arbeiten gelten manchmal als Beginn der modernen Erforschung einer kulturübergreifenden geistigen Gesundheit, denn er lenkte die Aufmerksamkeit auf Gesellschaften, die im Gegensatz zu seiner eigenen praktisch frei von psychologischen Störungen zu sein schienen. Er beschrieb ganze Kulturen, die »praktisch ohne jede Krankheit waren, abgesehen von Verletzungen und hohem Alter«, wie er selbst es formulierte. Im Vergleich dazu, so schreibt Rousseau in seinem 1754 erschienenen Klassiker *Abhandlung über den Ursprung und die Grundlagen der Ungleichheit unter den Menschen,* biete das moderne Leben mit seiner Überfülle an Philosophie, Zivilisation und Menschlichkeit nichts außer frivoler, trügerischer Äußerlichkeit, Ehre ohne Tugend, Vernunft ohne Weisheit und Vergnügen ohne Glück. Nach seiner Auffassung verleitet die zivilisierte Gesellschaft die Menschen zwangsläufig zu Heuchelei und Unehrlichkeit, weil sie damit ihre egoistischen Interessen verfolgen.

Mitte des 19. Jahrhunderts war man offenbar des Geredes von der emotionalen Überlegenheit des glücklichen, edlen Wilden überdrüssig. Irgendwie passte es nicht zu der Art, wie die Menschen sich selbst und die Welt sehen wollten. Zu denen, die dieser Kehrtwende Ausdruck verliehen, gehörte Charles Dickens in seinem Artikel »The Noble Savage« (»Der edle Wilde«), der 1853 in der Zeitschrift *Household Words* erschien. Darin verteidigte er die Zivilisation, und gleichzeitig verfluchte er den »heulenden, pfeifenden, glucksenden, stampfenden, hüpfenden, rasenden Wilden« als teuflisches, unmoralisches, schweinisches Geschöpf, das man »vom Antlitz der Erde hinwegzivilisieren sollte«. Der Anlass für die Tirade war offenbar die Veröffentlichung eines Buches des Reisenden und Künstlers George Catlin, der das Glück, die Ebenmäßigkeit, die Anmut und den vollkommenen Körperbau bei den Völkern der Ojibbeway und Loway in Nordamerika beschrieb.

Wenn die Menschen in der Zeit vor der Zivilisation glücklicher waren als heute, lag es vor allem daran, dass sie lebendiger waren. Den heutigen Radau um das Glück kann man durchaus als Metapher für den Kampf des modernen Menschen gegen das Gefühl des Totseins verstehen. Auf dieses Phänomen spielte der Dichter Rainer Maria Rilke an, als er schrieb, die meisten Menschen würden »am ungelebten Leben sterben«.

Als die zivilisationsfeindliche Stimmung sich verflüchtigte, konnten sich immer weniger Menschen mit dem Gedanken anfreunden, dass das Leben der »Wilden« das sei, was der Herrgott für uns vorgesehen hatte. Die viktorianische Zeit begünstigte emotionale Hemmungen, und gleichzeitig wuchs die Kritik an der Idee von der übermäßigen Lebhaftigkeit der Wilden, die nun eher rückständig und gefährlich erschienen. In Wirklichkeit lebten die »Wilden« mit einem viel höheren Maß an Spiritualität als die Menschen der viktorianischen oder unserer Zeit, und in diese Spiritualität waren häufig klare moralische Vorschriften eingeflochten.

Auch die wachsende Macht von Wissenschaft und Technologie trug dazu bei, die Berichte über glückliche »Wilde« zu einem Mythos zu machen. Die Zeit war reif für einen anderen Mythos, wonach der »Fortschritt« die neue Rettung für unsere Welt war. Die Überzeugung, gutes Leben müsse in Vorwärtsbewegung und Fortschritt liegen, war unvereinbar mit allen zivilisationsfeindlichen Modellen, und wenig später galten alle indigenen Völker schlicht und einfach als »rückständig«.

In diesem Zusammenhang war es auch nicht gerade hilfreich, dass die Völker der Ureinwohner in einigen Originalberichten auf übertriebene Weise als Menschen von höchster Tugend dargestellt wurden, die weder Verderbtheit noch Boshaftigkeit oder Egoismus kannten. Als sich herausstellte, dass diese Beschreibung alles andere als zutreffend war, zweifelten manche auch an dem unzivilisierten Glück, das so viele frühe Anthropologen und Entdecker beschrieben hatten.

Aber wie in jüngerer Zeit ebenfalls deutlich geworden ist, steckte in der Behauptung, die Menschen seien vor Beginn der Zivilisation friedlicher und humaner gewesen als ihre zivilisierten Nachfahren, ein erhebliches Maß an Wahrheit. Dies widerspricht dem Klischee, wonach »primitive« Menschen gewalttätig sind und nichts anderes im Sinn haben, als sich gegenseitig beim geringsten Anlass die Köpfe einzuschlagen. Aber anthropologische Untersuchungen und Fossilfunde zeigen sehr deutlich, dass gerade die Gesellschaften, die sich auf den Weg der Domestikation begaben, immer stärker von Gewalttaten heimgesucht wurden. Von einigen Ausnahmen abgesehen, gab es zwischen Gruppen, die keine Landwirtschaft betrieben, so gut wie keine organisierte Gewalt.

Es stellte sich sogar heraus, dass viele Gruppen, die in dem Ruf wilder Kriegervölker standen, in Wirklichkeit sehr friedlich waren, bis eine steigende Bevölkerungszahl und die Konkurrenz um Nahrung sie zwang, sich neu zu organisieren. So gibt es zum Beispiel für organisierte Gewalt unter den neuseeländischen Maori kaum überzeugende Belege aus der Zeit vor dem Aussterben der Moas, großer Vögel, die für diese Frühmenschen die wichtigste Nahrungsquelle darstellten und ungefähr um 1500 ausgerottet wurden. Erst im späten Paläolithikum wurden Reviere für die Menschen überhaupt zu einem Thema. Davor gab es so gut wie keine Unmenschlichkeit in der Form, wie sie entsteht, wenn rivalisierende Gruppen gegeneinander um die Kontrolle über die Ressourcen kämpfen.

Heutige Primitivisten, die gern die alte Vorstellung vom glücklichen Wilden wieder zum Leben erwecken, führen das größere Glück der vormodernen Menschen auf ihr tieferes spirituelles Bewusstsein zurück, also auf das, was heute als »spirituelle Intelligenz« bezeichnet wird. Dieses Bewusstsein war eng verknüpft mit ihrer Verehrung der Natur. Die Natur ist für den Menschen die reichhaltigste Quelle des Glücks. Deshalb ist es nicht verwunderlich, dass die Natur glücklichen Gesellschaften häufig als zutiefst heilig gilt.

Bei einem hohen Anteil der Gesellschaften, die eng mit der Natur verbunden sind und sie entsprechend verehren, ist auch Dankbarkeit ein charakteristisches Merkmal. Beim Volk der Kung in Botswana schreibt beispielsweise eine alte Tradition vor, dass man jedem Tier, das man tötet, formell danken und sich bei ihm entschuldigen muss. Viele vormoderne Gesellschaften kannten zahlreiche Dankzeremonien, die in regelmäßigen Abständen abgehalten wurden. In ihrer Welt gab es keine Sicherheitsmechanismen und Überschüsse, die sie dazu hätten verführen können, den Reichtum der Natur für etwas Selbstverständliches zu halten.

Schlüssel zum Glück

Dankbarkeit kann einen Tag retten
und sogar ein ganzes Leben verändern.
*Margaret Cousins*

Wie die amerikanische Schriftstellerin Margaret Cousins erkennt, steckt in der Fähigkeit, dankbar zu sein, eine große Macht. Sie ist das Rückgrat des Glücks. Viele wichtige philosophische Schulen und Religionen auf der ganzen Welt predigen, dass Glück, Wahrheit und Schönheit darin liegen, die kleinen, alltäglichen Geschenke zu schätzen, die wir erhalten. Es war sicher nahezu unmöglich, nicht eine tiefe Dankbarkeit für die lebensspendenden Früchte der Natur zu empfinden, insbesondere wenn sie so eng mit dem alltäglichen Überleben verknüpft waren.

Dankbarkeit ist von Ruhe und einer erhabenen Freude begleitet. Wenn man mit Dankbarkeit erfüllt ist, wird das Leben zu einer Art Gebet. Der christliche Mystiker Meister Eckhardt sprach im 13. Jahrhundert so von der Dankbarkeit, dass wir einen Weg zum Glück erkennen, auf dem früher viel mehr Menschen wandelten als heute: »Wenn das einzige Gebet, das du in deinem Leben sprichst, ›danke‹ lautet, dann reicht das schon.« Neuere Forschungsergebnisse bestätigen, dass Dankbarkeit beim Glücklichwerden hilft. Wie sich herausstellte, steigern Dankbarkeitsübungen, beispielsweise das Führen eines »Dankbarkeitstagebuchs«, die Lebensfreude und das allgemeine Gefühl, dass das Leben einen Sinn hat. Dankbarkeit festigt auch spirituelle Bedeutungen und lenkt die Menschen in Richtung einer moralisch befriedigenden Lebensweise.

In ihrem Buch *SQ – spirituelle Intelligenz* bezeichnen die Wissenschaftlerin Danah Zohar aus Oxford und der Psychologe Ian Mitchell die spirituelle Intelligenz als höchste Form der Erleuchtung, mit der man die Grundlage für emotionales Wohlbefinden legen kann. Sie muss nicht zwangsläufig etwas mit Religion zu tun haben, auch wenn man ihr auf diesem Weg Ausdruck verleihen kann. Es handelt sich vielmehr um eine Fähigkeit, die Kreativität, Bewusstsein, Fantasie und eine flexible Wahrnehmung umfasst. Mit ihr kann man das Leben in seiner Ganzheit verstehen.

In den meisten Gesellschaften wurde die spirituelle Intelligenz jedoch im Laufe der Jahrhunderte und insbesondere in unserer Zeit immer weiter zurückgestutzt. Heute sind wir Opfer einer »spirituell abgestumpften Kultur«, wie Zohar und Mitchell sie nennen, und das beeinträchtigt unsere Fähigkeit, die Welt als einheitliches Ganzes wahrzunehmen. Am glücklichsten sind häufig jene Gesellschaften, die den größten Wert auf spirituelle Intelligenz legen. Sie verhindert die Abgrenzung von Mensch, Erde und Unbekanntem. Es ist die kulturelle Struktur, die der Ruhelosigkeit und der Unsicherheit über den eigenen Platz in der Welt den größten Widerstand entgegensetzt. Ein Mangel an spiritueller Intelligenz ist die Ursache der ständigen Sehnsucht, die ein Übel unserer Zeit ist. Gestörte spirituelle Intelligenz ist ein Grund für den ständigen Niedergang des Mitgefühls, der auch unsere wachsende Entfremdung von der Natur mit einschließt.

Weiteres Licht auf die spirituelle und emotionale Welt unserer prähistorischen Vorfahren wirft das junge Fachgebiet der kognitiven Archäologie. Neue Methoden zur Deutung prähistorischer Höhlenmalereien führten zu unerwarteten Erkenntnissen. Führend waren in dieser Hinsicht die Wissenschaftler des Rock Art Institute an der University of the Witwatersrand in Südafrika, unter ihnen auch David Lewis-Williams. Sein Buch *Schamanen: Trance und Magie in der Höhlenkunst der Steinzeit* trug dazu bei, die Bedeutung der Höhlenkunst zu entschlüsseln.

Die Reihe der Bilder, die sich häufig vom Höhleneingang bis in die dunklen, nahezu unzugänglichen inneren Winkel erstreckte, war eine Art Abgrenzung zwischen der Alltagswelt und den Bereichen des Heiligen. Unsere unmittelbaren Vorfahren, die Cromagnon-Menschen, verfügten über raffinierte mentale Netzwerke, mit deren Hilfe sie sich veränderte Bewusstseinszustände nutzbar machen konnten, um so in die Welt der Geister einzudringen und vielleicht aktiv daran teilzuhaben. Solche Praktiken waren vor rund 30 000 Jahren bereits allgemein üblich. Nach Ansicht von Lewis-Williams bildeten Halluzinationen, hypnagogische Träume und tiefe Trance einen mentalen Strudel, der sich mit dem Eintreten in die Tiefen der Höhle verband. Vermutlich wandte man verschiedene Methoden an, um die transzendenten Zustände und visionären Erlebnisse auszulösen, die den Menschen in einen Zustand der Ekstase und Verzückung versetzen. Die Menschen hatten damals bereits entdeckt, dass man den Zugang zu diesen Höhepunkten des emotionalen Erlebens durch Fasten, rhythmische Bewegungen, Trommelschläge und andere monotone Geräusche oder den Verzehr halluzinogener Pflanzen erleichtern kann.

Vermutlich waren die Menschen an den heiligen Stätten so tief versunken, dass sie die Geister, zu denen ihnen die Höhlen und ihre Kunstwerke den Zugang verschaffen sollten, tatsächlich »sehen« und mit ihnen in eine Wechselbeziehung treten konnten. Der spirituelle Initiationsprozess war so überzeugend, dass die Eingeweihten sich buchstäblich ihren eigenen Schutzgeist zulegten. Die Beziehung zwischen dem einzelnen Menschen und diesem Geist entwickelte sich im Laufe der Jahre weiter und wurde zu einer mächtigen Quelle für Trost, Orientierung, Sicherheit und Vertrauen. Es war eine intime Beziehung zwischen den Welten der Menschen und der Geister, und diese Beziehung bildete einen wertvolles Fundament für das allgemeine Wohlergehen und Glück der Menschen.

Wahrscheinlich spielten gezielt ausgelöste Halluzinationen für ein spirituell ausgerichtetes Glück und andere positive Emotionen eine Schlüsselrolle. Das ganze Thema der Halluzinationen wurde in den vergangenen Jahren auf den Kopf gestellt. Noch vor 20 Jahren deutete man den Begriff ausschließlich pathologisch. Wer nicht vorhandene Kräfte sah, hörte, erlebte und mit ihnen kommunizierte, forderte die Diagnose einer Schizophrenie oder einer ähnlichen psychotischen Erkrankung heraus. In Wirklichkeit stellen psychiatrische Formen der Halluzinationen aber wahrscheinlich eine Störung jener normalen Gehirnfunktionen dar, die auch ein hohes Maß an Fantasie, kreativer Geistesabwesenheit und empfindlichster Sinneswahrnehmung möglich machen, alles Fähigkeiten, die in unserem ursprünglichen Wesen enthalten sind.

Wie man aus wissenschaftlichen Untersuchungen weiß, berichten selbst heute ungefähr 40 Prozent der Menschen, sie hätten schon einmal irgendeine Form von Halluzination erlebt. Früher waren Halluzinationen ein wichtiges Mittel, mit dem man die transzendenten Bedürfnisse ausdrückte, die allen Menschen gemeinsam sind. Der direkte Kontakt mit der spirituellen Welt verschaffte den vormodernen Menschen unter anderem das überzeugende Gefühl, dass sie nicht allein waren. Sie hatten unmittelbare Kraftquellen, auf die sie zurückgreifen konnten. Halluzinationen waren kein Anlass zur Angst, sondern sie spielten für das Glück und die Überzeugung, dass das Leben einen Sinn hat, eine zentrale Rolle.

Sehen macht das Glauben sehr einfach. Die spirituelle Welt der Steinzeitmenschen war so real und lebendig, dass sie sich wie echte Gläubige verhielten. Sie spürten nicht das Gefühl der Verlassenheit, das hinter unserem kollektiven Hilferuf steht. Deshalb brauchten sie auch keine Verhätschelung über das hinaus, was die Geister und ihre kleine Gruppe ihnen zu bieten hatten. Heute gibt es fast keine echten Gläubigen des Typs mehr, wie sie die steinzeitliche Landschaft bewohnten. Der Glaube, der für das Glück eine so große Bedeutung hat, ist nahezu tot.

In vormoderner Zeit war Spiritualität eine umfassende Lebensweise; damit sind wir bei der Frage, welche Vor- und Nachteile Religion unter dem Gesichtpunkt des Glücks hat. Betrachtet man das ganze Spektrum der modernen Untersuchungen über die psychologischen Folgen der Religion, wie sie in meinem früheren Buch *Religion and Mental Health* und anderen Werken zusammengefasst sind, so zeigt sich deutlich, dass die emotionalen Auswirkungen auf die Menschen insgesamt geringfügig positiv sind.

Tatsächlich ist Religion eine so grundlegende menschliche Eigenschaft, dass mehrere Anthropologen den Begriff *Homo religiosus* geprägt haben, um das Wesentliche an unserer Natur zu erfassen. Die Steinzeitmenschen, die diesem Aspekt ihres Daseins viel näher standen, verfügten vermutlich über mehr spirituelles und transzendentes Glück. Während es in ihrem Leben je nach dem Chaos des irdischen Daseins auf und ab ging, war der Himmel nicht das Geduldsspiel, zu dem er heute geworden ist.

Menschen sind glücklicher, wenn sie in ihrem Leben eine üppige Menge an überzeugender Magie erleben. Das Wort »Magie« kann man sehr weit gefasst verstehen: Dann bezeichnet es alle Methoden, Wirkliches und Unwirkliches auf kreative Weise zu vermischen, sodass der Eindruck von Kontrolle, Sinn und Macht gestärkt wird. Magisches Denken und magische Erlebnisse sind in allen Kulturen verbreitet. Sie sind ein Wesenszug der Menschen und tragen entscheidend zum

Wohlergehen des Einzelnen wie auch der Gesellschaft bei. Eigentlich kann man sich nur schwer ein tief empfundenes Glücksgefühl vorstellen, in dem nicht irgendwo auch Fäden der Magie verwoben sind. Das gilt trotz aller endlosen Kritik, die gegen magische Überzeugungen und Praktiken einschließlich der Religion ins Feld geführt wurde. Ein völlig nüchterner, ungefilterter Blick auf unser Dasein würde dazu führen, dass wir von zu viel Realität aus dem Gleichgewicht gebracht werden.

Wir Menschen verfügen über die mentale Infrastruktur, um Magie zu unserem Nutzen zu verwenden, selbst dann, wenn wir dafür auch mit Ängsten bezahlen. Die Welt unserer frühen Vorfahren war voller Magie. In unserem Zeitalter der Vernunft ist Magie etwas äußerst Schwieriges, das heißt, wir haben etwas verloren, das lange Zeit zu unserem Glück beigetragen hat. Aus der emotional ausgedörrten Welt des Materialismus wird die Magie zunehmend verbannt. Einkaufspassagen werden so gebaut, dass sie Kathedralen ähneln. Produkten gibt man Namen mit religiösem Klang, und die Werbung behauptet, sie seien gut für die Seele. Aber Konsum, selbst wenn er für heilig erklärt wird, entpuppt sich immer nur als ständige Quelle der Ablenkung. Der Mythos des Luxus beschleunigt das Abgleiten in die Leere.

Als Menschen streben wir nach jener höheren, ekstatischen Ordnung, die gerade die Magie uns so hervorragend verschaffen kann. Die Entertainerin Bette Miller fasste dieses Streben kürzlich sehr hübsch in einem nur halb humoristischen Kommentar in Worte. Es ging um die Suche nach den verlorenen Sphären: »Mein ganzes Leben habe ich auf eine Art Erleuchtung gewartet, auf eine Manifestation der Existenz Gottes, jenes transzendente, magische Erlebnis, das einen den eigenen Platz im großen Ganzen erkennen lässt. Und genau das hatte ich mit meinem ersten Komposthaufen.«

Der steinzeitliche Geist war zum größten Teil ein unbewusster Geist, und das Gleiche galt für das Glück, das er erzeugte. Das Ich war von seinem Wesen fast ausschließlich spirituell und sozial. Ein begriffliches Bewusstsein hatte sich noch nicht in nennenswertem Umfang entwickelt. Noch forderten keine Begriffe wie Eigentum, Profit, Gewinn, Verlust und Erfolg ihre Aufmerksamkeit und Energie. Das alles änderte sich mit dem Beginn der Zivilisation, und ebenso änderte sich die Art, wie wir Glück erleben.

KAPITEL 5

# Der Sündenfall

Nach Ansicht mancher Historiker kann man den Sündenfall, jenen sprichwörtlichen Abfall der Menschen von Gnade, Unschuld und Glück, als einen Sturz in die Zeit begreifen. Damals wurden wir vom Strom des Lebens getrennt. Der Begriff der Zeit ist in der Geschichte einer der großen Mörder des Glücks. Im frühen Paläolithikum gab es keine Zeit, die über die Wechselbeziehungen zwischen Mensch und Natur hinausging. Nichts deutete auf die ständig schrumpfende Zeit hin, in der sich die übermäßig gestressten Menschen unserer Tage befinden.

Bevor die Zeit als wichtigster Leitfaden propagiert wurde, war das Leben der Menschen eindeutig auf die Gegenwart ausgerichtet. Angesichts der Tatsache, dass nur die Sonne eine grobe Orientierung über die Phasen von Tag und Nacht bot, ermöglichte dieses zeitlose Gewebe die spontane Beschäftigung mit dem Augenblick. Es verstärkte die Empfindungen und begünstigte eine prägnante Wahrnehmung der unmittelbaren Umgebung. Und was sehr wichtig war: Es versetzte die Menschen in die Lage, ein breites Spektrum von Gefühlen zu erleben, darunter auch das Glück.

Claude Lévi-Strauss, der französische Pionier der Anthropologie, bezeichnete die Zeitlosigkeit einmal als das charakteristische Kennzeichen des Geistes der Wilden. Eine solche Einstellung war nach seiner Überzeugung der Grund, warum primitive Menschen »eine Weisheit besitzen, die spontan praktiziert wird und deren Ablehnung durch die moderne Welt die eigentliche Verrücktheit ist«. Mithilfe der stark zukunftsgerichteten Neigungen des modernen Bewusstseins lavieren wir in einer unnatürlichen Welt des ständigen, von Menschen verursachten Wandels. Aber auch Angst wurde zu einem Teil der Verrücktheit, mit der die Bewohner der Zukunft sich auseinandersetzen mussten.

Wie sich in wissenschaftlichen Untersuchungen gezeigt hat, leiden Menschen in zukunftsorientierten Kulturkreisen im Durchschnitt stärker unter Stress und Ängsten als in Kulturen, die sich mehr auf die Gegenwart konzentrieren. Der Grund: Das Leben im Hier und Jetzt ermöglicht größere Vorhersagbarkeit und Kontrolle, aber es verschafft auch größere Sicherheit, was die eigenen Erfahrungen angeht. Dagegen ist die Zukunft immer ein Glücksspiel. Ihre Unvorhersagbarkeit hält die Menschen in einem Zustand der Spannung fest, sodass sie im Wind der Unsicherheiten und der weit hergeholten Hoffnungen treiben.

Das Leben in der Steinzeit stellen wir uns in der Regel als täglichen, haarsträubenden Ausflug in eine unbekannte Welt vor, aber in Wirklichkeit war es wahrscheinlich eher umgekehrt. Die Menschen wussten damals ganz genau, was sie von ihrer Welt zu erwarten hatten und wie sie in dieser Welt agieren mussten. Ihr Geist wurde nicht durch einen Hintergrund mit Beschlag belegt, der sich ständig wandelte und sie zwang, sich selbst immer einen Schritt voraus zu sein. Das wichtigste Nebenprodukt unseres futuristischen modernen Zeitalters ist eine allumfassende Angst. Hier haben wir wieder einmal einen Bereich, in dem die Frühmenschen uns in Sachen Glück voraus waren. Mit der Entstehung des zukunftsorientierten Bewusstseins eröffnete sich auch der Weg zu einem weiteren Fluch des modernen Geistes: zur Besorgnis.

Besorgnis war die bittere Pille, die wir schlucken mussten, als wir den Augenblick zugunsten dessen, was sein kann, sein könnte oder sein sollte, aufgaben. Da Besorgnis auf Gedanken und Erwartungen über die Zukunft beruht, und da die Steinzeitmenschen solche Gedanken nicht in nennenswertem Umfang hatten, gab es unter ihnen wahrscheinlich nur wenige Schwarzseher. Dagegen spiegelt sich die chronische Besorgnis der modernen Menschen in nur allzu bekannten Symptomen wider: in Müdigkeit, Ruhelosigkeit, Reizbarkeit, Schlafstörungen und Muskelverspannungen.

Man sollte meinen, dass der technische Fortschritt manche Sorgen, die den modernen Menschen plagen, beseitigen sollte. Das Gegenteil ist der Fall: Irgendwie finden wir immer mehr Dinge, um die wir uns Sorgen machen. Die Gegenwart scheint in immer weitere Ferne zu rücken, und die Zukunft wird immer beängstigender. Über die Sorgen sagte Michel Eyquem de Montaigne einmal: »Mein Leben ist voller entsetzlicher Unglücksfälle, von denen die meisten sich nie ereignet haben.« Besorgnis fordert vom Glück einen hohen Tribut. Die Steinzeitmenschen, die sich vorwiegend im Hier und Jetzt aufhielten, erlebten wahrscheinlich kaum Unglücksfälle, die sich nie ereigneten.

Die Vorstellung, »pünktlich« zu sein, entstand erst vor rund 5500 Jahren. Zu jener Zeit gab es die ersten Sonnenuhren, mit deren Hilfe man den Tag in kleinere Einheiten zerlegen konnte. Die Wasseruhr oder Klepshydra erschien vor rund 3400 Jahren in Ägypten auf der Bildfläche und war später in Griechenland allgemein verbreitet. Viel später, im 15. Jahrhundert, entstanden in Europa die ersten mechanischen Uhren mit Feder und Unruh, ein weiterer Schritt in Richtung einer Welt, die schließlich durch Effizienz definiert wurde.

Als die Zeit sich als Begriff entwickelte und immer genauer gemessen werden konnte, verwässerten Vergangenheit und Zukunft immer stärker das unmittelbare Erleben, und der Zugang zu unseren Gefühlen wurde schwieriger. Das alles brachte auch viele Vorteile mit sich, die sich im »Fortschritt« und einer längeren Lebensdauer verkörperten. Aber während die Zeit die Stellung eines erbarmungslosen Diktators errang, wurde das Glück zu einem immer flüchtigeren Gut.

Es wurde auch behauptet, der Sündenfall sei der Sturz in die Sprache gewesen. Die Steinzeitmenschen nahmen sich selbst nicht durch eine bewusste, in Worte gefasste Beurteilung als glücklich oder unglücklich wahr. Das verstärkte sicher ihre

Fähigkeit, glücklich zu sein, denn Glück überlebt im intellektuellen Bereich nicht lange. Der Gebrauch der Sprache saugt unserem Glück in einem gewissen Sinn das Blut aus und zerstört seine Authentizität. Oder, wie der deutsche Philosoph Friedrich Nietzsche es formulierte: »Das Wort verdünnt und verdummt; das Wort entpersönlicht; das Wort macht das Ungemeine gemein.«

Wann die Sprache entstand, ist bis heute umstritten. Im frühen und mittleren Paläolithikum war sie aber höchstwahrscheinlich noch nicht nennenswert entwickelt. Das Fehlen einer formalen Sprache ist eine von mehreren Gründen, warum unsere Aussichten auf wahres Glück manchen Vorstellungen zufolge im Frühstadium der Menschheitsentwicklung am größten waren. Sprache ist grob und führt fast immer dazu, dass der wahre Sinn verzerrt wird. John Zerzan schreibt in seinem Essay »Language: Origin and Meaning«, die Sprache vermindere die Aufmerksamkeit für das, was in der Sprache selbst enthalten ist, sodass wir von unserem eigenen Erleben und der übrigen Welt abgeschnitten werden. In der Verbreitung der Sprache sieht er die Hauptursache für unser »emotional verstümmeltes modernes Leben«.

Dem Erlebnis des Glücks ein Wort anheften zu wollen, ist der Versuch, eine unnatürliche Kontrolle darüber zu erlangen. Man verzettelt sich sehr schnell in der nahezu unlösbaren Aufgabe, das Glück tatsächlich in Worte zu fassen. Zivilisation wäre zwar ohne Worte unmöglich, aber manchmal wurde auch von der »Krankheit der Sprache« gesprochen, die den Keim der Traurigkeit bereits in sich trägt, weil sie uns oft daran hindert, die Worte hinter uns zu lassen und in den Bereich der echten Gefühle vorzudringen. Außerdem ist Sprache die Mutter der organisierten Ungleichheit. Sie ist das wichtigste Mittel, mit dem Menschen Kategorien schaffen und sich in streitenden Gruppen abgrenzen. Die Menschen der Altsteinzeit hatten mangels einer formalen Sprache nur sehr begrenzte Möglichkeiten, sich im Vergleich zu anderen einen Rang zuzumessen, was heute eine häufige Ursache für Unglück und Verärgerung ist.

Die Sprache entstand weniger zu dem Zweck, die Natur noch weiter zu beherrschen, als vielmehr aus politischen Gründen. Sie lieferte die Zwangsmittel, mit denen eine Minderheit die Energien der Mehrheit manipulieren konnte. Die Sprache blühte auf zur Unterdrückung der Gefühle, und das machte es einfacher, die Menschen in Rollen zu drängen, die ihren animalischen Neigungen zuwiderliefen. Sprache machte zum ersten Mal die Täuschungsmanöver möglich, mit deren Hilfe man die Menschen von ihren eigenen Gefühlen trennen konnte und in der Frage, was sie glücklich macht, Verwirrung stiftete. Die Methode, Menschen durch Sprache im Hinblick auf ihre eigenen Erlebnisse zu benebeln, feiert in dem doppelbödigen Gerede und der Meinungsmache, die uns an jeder Ecke des modernen Lebens begegnen, fröhliche Urständ. Unsere Aussicht auf Glück erhielt also wahrscheinlich durch die Entstehung von Sprache und Lügen einen schweren Schlag, obwohl beide auch unentbehrliche Ausgangspunkte für das waren, was wir heute unter Zivilisation verstehen.

Ein Aspekt unserer historischen Trennung vom Glück und anderen Formen des Erlebens ist die Art, wie Sprache das Aktive in etwas Passives verwandelt.

SCHLÜSSEL ZUM GLÜCK

Mit dem Glück ist es nicht anders als mit der Wahrheit:
Man hat es nicht, sondern ist darin.
*Theodor W. Adorno*

Glück funktioniert genauso wie Wahrheit – das jedenfalls sagte uns der deutsche Philosoph Theodor W. Adorno im 20. Jahrhundert. Es ist kein fester Zustand, den man mit den richtigen Tricks erreichen kann. Man muss sich im Fluss des Lebens befinden, im Lebensprozess. Aber Adorno hatte den Eindruck, dass es heute fast unmöglich ist, dort zu bleiben. Deshalb war er, was unsere Aussichten auf Glück angeht, ziemlich pessimistisch: Die moderne Zeit beeinträchtigt »die uneingeschränkte Aufgeschlossenheit für Erfahrungen«, die zur Selbstentdeckung so unentbehrlich ist. Adorno beschreibt, wie die Menschen von Erfahrungen abgeschnitten werden, wenn sie sich den Unbilden des Konsumkapitalismus unterwerfen, und bezeichnet das Glück dann als obsolet und unwirtschaftlich. Die Steinzeitmenschen waren darin, trotz der vielen Dinge, die ihr Leben gefährlich und kurz machten. Nahezu nichts war selbstverständlich. Das Leben war noch nicht zu einer Frage der Wirtschaftlichkeit geworden.

Das Vermächtnis einer Welt, die viel Bewegung zu bieten hatte, erkennt man noch an den ältesten Formen der Sprache: Diese bestehen fast zu fünfzig Prozent aus Verben. Die ältesten Sprachen hatte unzählige Wörter für Dinge, die man sehen, berühren und riechen konnte, und darin spiegelte sich die sinnliche Qualität des Lebens wider. Sie umfassten ein breites Spektrum von Begriffen und Formulierungen zur Beschreibung der verschiedensten Tätigkeiten. Als die Zivilisation sich allmählich von etwas Aktivem zum Passiven wandelte, sank auch der Prozentsatz der Verben. Die englische Sprache besteht heute zu weniger als zehn Prozent aus Verben, eine der vielen Tatsachen, die uns daran erinnern, zu was für passiven Geschöpfen wir geworden sind. Heute muss das Glück seinen Weg irgendwie in die Herzen von Menschen finden, die meistens sitzen, vor sich hin starren und passiv ihre Entscheidungen kundtun. Wir sind Kunden im weitesten Sinne des Wortes geworden.

Wenn wir noch einmal einen Blick auf die steinzeitliche Höhlenkunst werfen, erinnert uns noch etwas anderes an eine vergangene Welt, die lebendig, interaktiv und ständig in Bewegung war. Zur Kunst gehörten Rituale, die eine aktive Kommunikation zwischen den Welten von Menschen, Geistern und Natur möglich machten. Die Menschen selbst waren nicht der wichtigste Gegenstand der Kunst, denn sie waren Teil einer viel größeren Geschichte, die sie erzählten. Als die Zivilisation sich breitmachte, wurde die Kunst immer steifer und zum Spiegelbild einer zunehmend eingeschränkten, bürokratischen Welt.

Wenn man sagt, die prähistorischen Menschen seien aktiv Handelnde gewesen, die zwangsläufig zum natürlichen Lebenskreislauf gehörten, bedeutet das nicht, dass sie ständig körperlich tätig gewesen wären. Heute herrscht allgemein die Ansicht, dass sie eine Menge Freizeit hatten. Die Steinzeitmenschen verbanden vermutlich kurze Arbeitstage mit längeren Phasen des Faulenzens, Ausruhens und Spielens.

Betrachtet man heutige Gruppen von Jägern und Sammlern wie die Kung in Botswana, so fällt auf, dass sie pro Woche nur ungefähr sechs Stunden auf die Jagd gehen. In Untersuchungen an den San-Buschleuten in Südafrika stellte sich heraus, dass die Arbeitszeit dieser Menschen einer 24-Stunden-Woche entspricht. Im Vergleich zu modernen Menschen verwendeten sie viel mehr Zeit auf die Pflege zwischenmenschlicher Beziehungen, Gedankenaustausch, Philosophieren und die Entwicklung künstlerischer Fähigkeiten. Und wenn sie nicht solchen Beschäftigungen nachgingen, stand es ihnen frei, herumzuprobieren, zu schlafen oder zu tun, was immer ihnen Spaß machte.

Sogar das Faulenzen, das unverdientermaßen in einem schlechten Ruf steht, spielt für Glück und Gesundheit eine wichtige Rolle. Bei allen großen Raubtieren hat sich in der Evolution die Neigung entwickelt, während gewisser Zeiten zu dösen. Das gilt insbesondere für Lebewesen mit großem Gehirn wie den Menschen. Ein großes Gehirn sehnt sich nach Leerlauf ebenso wie nach Anregung. Bekommt es nicht beides, funktioniert es irgendwann wie ein kleines Gehirn.

Sich unaufhörlich in die Arbeit zu stürzen, ist kein Zeichen von Intelligenz. Es kann sogar die kreative Tätigkeit des Unbewussten gefährden, das vom Müßiggang lebt. Viele der größten Entdeckungen und Erkenntnisse wurden aus Trägheit und unstrukturierten Grübeleien geboren. Der begeisterte Tagträumer Einstein sagte einmal, der glücklichste Gedanke seines Lebens sei ihm gekommen, als er einem Tagtraum nachhing. Dieser Gedanke – er handelte von dem Gefühl der Schwerelosigkeit, das man erlebt, wenn man von einem Dach springt –

führte ihn schließlich zu seiner allgemeinen Relativitätstheorie. Ständig den schweren Anhänger der Arbeitssucht hinter sich her zu ziehen, zerstört dagegen die Freiheit, die für das Glück so wichtig ist.

Die Fähigkeit, aus Freiheit und Freizeit emotionalen Nutzen zu ziehen, ist weitgehend verloren gegangen. In vormoderner Zeit sah das ganz anders aus. Bertrand Russell wies 1932 in seinem Aufsatz »Lob des Müßiggangs« darauf hin, dass unsere frühen Vorfahren noch nicht mit der Überzeugung indoktriniert waren, alles müsse um einer anderen Sache willen getan werden. Anders als heute, so erklärt er, gab es früher eine Fähigkeit zu Leichtsinn und Spiel, die heute durch den Effizienzkult erheblich behindert wird.

Um des Glücks der Menschen willen empfahl Russell, die Arbeit auf höchstens vier Stunden am Tag zu beschränken. In der heutigen arbeitsfixierten Gesellschaft würde ein solcher Gedanke viele Menschen in Panik stürzen, denn ihr Leben ist eindimensional geworden und besteht, von kurzen Pausen abgesehen, nur noch aus Arbeit. Aber die Tatsache, dass wir heute mit Freizeit nichts anzufangen wissen, ist keine Aussage über das Wesen der Menschen. Es ist vielmehr ein vernichtendes Urteil über das moderne Leben und die Art und Weise, wie es viel zu viel Energie in die Arbeit lenkt, während die Menschen mit der Aufgabe, ihre Freiheit in Glück umzumünzen, alleingelassen werden. Was in unserer Vorstellung nur noch »Auszeit« ist, steckt in Wirklichkeit voller Möglichkeiten für höchstes Glück, und das wussten die Menschen früherer Zeiten ganz genau.

In der Zeit vor 15 000 bis 10 000 Jahren spielte sich in den Bevölkerungsgruppen der Menschen rund um den Erdball ein gewaltiger Wandel ab: der Wechsel von der Lebensweise als Jäger und Sammler zur Landwirtschaft. Das Wort »Landwirtschaft« weckt bei uns heute kaum negative Assoziationen. Ihre Entstehung war aber eine entscheidende Entwicklung, die manche Historiker heute mit dem Sündenfall gleichsetzen. Manche Autoren bezeichneten die Entstehung der Landwirtschaft als Anfang unseres Abstiegs in die Gefangenschaft. Sie brachte viele Probleme mit sich, und die bedeuteten das Ende für jene Art von Glück, die es gegeben hatte, als wir stärker im Einklang mit unserem menschlichen Wesen lebten. Das ist der Grund, warum die Primitivisten in der Entstehung der Landwirtschaft den Zeitpunkt der Abkehr von einer echteren Form des Glücks sehen, die einem minderwertigen, »gezähmten« oder »erlernten« Glück Platz machte. Die Landwirtschaft zwang uns, außerhalb jener Umwelt zu leben, an die wir uns während unzähliger Jahrtausende angepasst hatten.

### Schlüssel zum Glück

Ist denn Glück etwas anderes als jene einfache Harmonie,
die zwischen dem Menschen und seinem Leben besteht?
*Albert Camus*

Der Existenzialist Albert Camus drang zum Wesen des Glücks vor, als er es mit der Harmonie des Lebens gleichsetzte. Im Einklang mit der eigenen Natur und dem eigenen Leben zu stehen, heißt glücklich zu sein. Die Domestikation und die damit verbundenen Zwänge drängten den Menschen hinaus aus der Harmonie mit der Natur, dem eigenen Ich und den Mitmenschen. Unter anderem wurden wir dabei blind für unser animalisches Wesen und für unsere Stellung im größeren Zusammenhang des Lebens.

Der Übergang zu einer vorwiegend landwirtschaftlich geprägten Lebensweise forderte vom körperlichen Wohlbefinden der Menschen zweifellos hohen Tribut. Fossilfunde lassen eindeutig erkennen, dass die ersten Bauern im Gegensatz zu ihren jagenden und sammelnden Vorfahren erheblich an Körpergröße verloren, häufiger an Knochenerkrankungen litten und eine geringere Lebenserwartung hatten; die Säuglingssterblichkeit nahm zu, Infektionskrankheiten und chronische Erkrankungen wurden häufiger, Zahnprobleme und Mangelernährung waren die Regel. Vor Entstehung der Landwirtschaft gab es weder Tuberkulose noch Malaria, Cholera, Pocken,

Masern oder Pest. Und Krebs war in der Steinzeit so gut wie unbekannt.

Was den Krebs angeht, so wies der russische Krebsforscher Michail Siwaschinsky als Erster nach, dass die Modernisierung die eigentliche Ursache dieser Krankheit ist. Im Rahmen seiner Schlussfolgerung, dass »die moderne Zeit krebsanfällig ist«, weist er darauf hin, dass die Giftstoffe, die unsere Zeit zu einem tödlichen Karzinogen machen, nicht nur physischer, sondern auch emotionaler, sozialer und spiritueller Natur sind. Kürzlich vertrat er in seinem Konferenzbeitrag »Kapitalismus und Krebs« die Ansicht, das Immunsystem der Menschen sei in der modernen Kultur geschwächt, weil sie zu Künstlichkeit und Verstellung neigen, zur Unterdrückung von Gefühlen, Hemmung von Kreativität, Stress, Frustrationen, Verlust familiärer Bindungen, existenzieller Leere, fehlender Dauerhaftigkeit, Kontrollverlust und einem größtenteils zerstückelten Dasein. Trotz aller offenkundigen Vorteile sieht er im derzeitigen System der Konsumsucht eines der schlimmsten Hindernisse für allgemeine Gesundheit und Glück. Hinter ihr verbergen sich viele psychische Gifte, die immer wieder ihr Haupt erheben, auch wenn wir sie bisher nicht in vollem Umfang begreifen.

In ihrem Buch *Afrika – Wiege der Menschheit* fassen Chris Stringer und Robin McKie die Folgen des Heraufdämmerns der Landwirtschaft so zusammen: »Überhaupt wirkte sich die Landwirtschaft negativ auf die Gesundheit aus, auch wenn sie oft als der große Fortschritt dargestellt wird, der die Menschen von den Anstrengungen der Jagd und Nahrungssammlung befreite ... Aus gesunden Jägern und Sammlern wurden plötzlich kränkliche Bauern.«

Tatsächlich verminderten mechanisierte Landwirtschaft, Technologie und medizinische Fortschritte erst vor rund 100 Jahren einen Teil der Schäden, die die landwirtschaftliche Lebensweise angerichtet hatte.

Die negativen körperlichen Auswirkungen der landwirtschaftlichen Lebensweise, die auch großen emotionalen Tribut forderten, waren auf wenige Hauptursachen zurückzuführen. Eine war der Wechsel von einer sehr vielfältigen Nahrung zu einer Ernährungsweise, die sich im Wesentlichen um eine einzige Nahrungsquelle drehte, beispielsweise um Weizen, Reis oder Mais. Stringer und McKie nennen als Beispiel einige Gruppen der amerikanischen Ureinwohner, die vor rund 1000 Jahren von einer Existenz als Jäger und Sammler zur Landwirtschaft wechselten, bei der Mais im Mittelpunkt stand. Nach genauer Analyse von Skeletten, die in Grabhügeln in Ohio und Illinois gefunden wurden, gelangen sie zu dem Schluss: »Mais war alles andere als ein Segen für die Neue Welt, sondern eine Katastrophe für die Volksgesundheit.« Ähnliche Erkenntnisse gewinnen sie auch über die frühen Bauern, die vor 11 500 bis 7500 Jahren bei Abu Hureyra in Syrien lebten und auf eine ähnlich schmale Nahrungsgrundlage angewiesen waren.

Aber die gesundheitlichen Probleme, die mit dem Verschwinden der Lebensweise als Jäger und Sammler auftraten, waren nicht nur auf die Ernährung zurückzuführen. Bauern müssen auch hart arbeiten und ständig das Gleiche tun. Die Männer plagten sich mit dem Ackerbau herum, und die Frauen quälten sich stundenlang mit der Zubereitung des Getreides – meist knieten sie vor Mahlsteinen, wobei sie einen Stein auf einem anderen hin und her rollten, um die Körner zu zerkleinern. Bei der Analyse von Knochen aus der Frühzeit der Landwirtschaft stellte sich heraus, dass ein hoher Prozentsatz der Erwachsenen und sogar viele Kinder an schmerzhaften Missbildungen und Arthritis der Hüften, des unteren Rückens, der Knie und Zehen litten. Wirbelbrüche und Bandscheibenschäden waren weit verbreitet. Für viele dieser frühen Bauern war das Leben im wahrsten Sinne des Wortes schmerzhaft. Chronische Schmerzen waren immer ein wichtiges Hindernis für Glück und seelische Ausgeglichenheit. Unter Historikern herrscht allgemein Einigkeit, dass der Übergang vom Jagen und Sammeln zur Landwirtschaft nicht freiwillig erfolgte. Dass die Menschen sich mit Pflugschar und Pferdegeschirr abplagten und alle körperlichen und emotionalen Katastrophen auf sich nahmen, war eine Frage der Notwendigkeit. Colin Tudge schreibt darüber in seinem Buch *Neanderthals, Bandits and Farmers*: »Die Menschen der Jungsteinzeit führten ihr Leben als Ackerbauern nicht deshalb, weil sie es so wollten oder weil sie die Vorteile des Getreides erkannt hätten. Sie taten es, weil sie dazu gezwungen waren, als ihnen das Paradies genommen wurde und sie in Gebirge abgeschoben wurden, die sich zufällig als besonders gut bewohnbar erwiesen.«

Um Ackerbau geht es auch an vielen Stellen des Alten Testaments, obwohl dieses erst mehrere Jahrtausende nach der Zeit der ersten Bauern verfasst wurde. Dazu meint Tudge: »Das Alte Testament kann man wie eine Sammelausgabe von *The Farmer's Weekly* lesen, und die Geschichten, die es erzählt, sind entsetzlich: Sie handeln von Hungersnöten, Sklavenarbeit und ewiger Mühsal.« Die Geschichte eines glücklichen Volkes ist das nicht. Dennoch war die Landwirtschaft eine Art Lösung, als die Zahl der Menschen so groß geworden war, dass nicht mehr alle von der natürlichen Umwelt leben konnten. Ein Stück Land hatte als Nahrungsquelle ein fast unbegrenztes Potenzial.

Zu dieser Zeit wurde auch die Vorstellung von »Arbeit« geboren, das heißt der Gedanke, dass man seine Energien aus einer Notwendigkeit heraus in eine ansonsten unerfreuliche, unnatürliche Tätigkeit steckt. Ebenso erwachte in uns eine Assoziation, die uns seither immer verfolgen sollte: dass man sich umso mehr leisten kann, je mehr man arbeitet. Da Fruchtbarkeit und Fortpflanzung zu jener Zeit die wichtigsten Motive waren, hatte das entstehende »Arbeitstier« zuallererst den »Nutzen«, dass es mehr Kinder ernähren konnte. Je mehr Arbeit, desto mehr Kinder. Aber das bedeutete auch: Je mehr Kinder, desto mehr Arbeit; das war der Grund, warum es mit dem Übergang vom Jagen und Sammeln zur Landwirtschaft den ersten Babyboom gab, obwohl er für Gesundheit und Wohlbefinden einen gewaltigen Rückschlag bedeutete. Ein Teufelskreis mit einem immer stärkeren Anstieg von Bevölkerung und Arbeit setzte ein. Mehr Münder mussten gestopft werden, und dazu musste man mehr arbeiten.

Die Landwirtschaft pflanzte im Geist der Menschen den Keim für alle möglichen Formen des Übermaßes ein. Sie lauerten hinter der Vorstellung, die Natur würde uns keine Beschränkungen auferlegen. Man brauchte die Natur ja nur von unserer Mutter zu unserem Sklaven zu machen. Aber hinter dieser neuen Form der Hoffnung verbarg sich, nur dünn verschleiert, unsere eigene Sklaverei. Zuvor hatte die Natur den größten Teil der Arbeit erledigt. Die Landwirtschaft kennzeichnete eine neue Form des Sklavenerfolges, die uns in eine unaufhörliche Tretmühle steckte und die Rückkehr ins Paradies verhinderte. Für eine Umkehr waren es einfach zu viele Menschen. Nach und nach machte der Fluch von Überarbeitung und Überbevölkerung den Nutzen des Sklavenerfolges zunichte. So entstand die größte Hürde für das Glück der Menschen.

Kurz nach dem weltweiten Wechsel zur Landwirtschaft wurde der Begriff des Glücks geboren. Er folgte unmittelbar auf ein Gefühl des Verlustes, als wir in einen Bereich eintraten, der für den Bauplan der menschlichen Natur etwas Fremdes war. Bis heute kann man das Streben nach Glück auf eine uralte Nostalgie zurückführen – auf den Gedanken, wie es wohl war, ganz und gar menschlich, ganz und gar lebendig zu sein.

Ein Rest des Gefühls der Verdrängung wurde zu einem Teil unseres kollektiven Unbewussten. Dieser Rest ist in allen Generationen zivilisierter Menschen zu erkennen. Früher wie heute hat die große Mehrheit den Eindruck, die Welt sei krank. In Umfragen stimmen ungefähr zwei Drittel der Menschen Aussagen zu, die ungefähr lauten: »Die Welt geht den Bach hinunter« oder »die Gesellschaft bricht zusammen«. Selbst besonders »glückliche« und optimistische Menschen bekennen sich in der Regel zu dem Gefühl, die Welt sei außer Rand und Band geraten. Dieser Eindruck hat sich in jüngerer Zeit durch die schnelle kulturelle Auflösung weiter verstärkt. Aber es ist ein altes Phänomen, das bis zum Sündenfall zurückreicht.

Mythen und Geschichten über das Paradies entwickelten sich nicht lange nach der Entstehung der Landwirtschaft. In ihnen spiegelte sich eine Art existenzielles Heimweh wider. Aber emotional sollten wir den Weg nach Hause nie wieder finden. Als frisch domestizierte Geschöpfe, die in ihrer Knochenarbeit gefangen waren, hatten die ersten Bauern das goldene Zeitalter noch frisch in Erinnerung, und die Zeit war reif für das Erfinden von Mythen. Im Paradies verkörpert sich die volkstümliche Erinnerung an Glück und Leichtigkeit eines Lebens, wie es im Zeitalter der Jäger und Sammler gewesen war.

Manche Historiker machen über Zeit und Lage des biblischen Gartens Eden recht genaue Aussagen. Nach ihren Angaben handelte es sich dabei um eine Region am Persischen Golf, wo sich vor 10 000 Jahren eine höchst fruchtbare, von mehreren Flüssen durchschnittene Ebene befand. Dort und in einigen anderen Teilen Westasiens war das Leben damals offensichtlich besonders idyllisch. Die Jäger und Sammler hatten sich bereits so viel Wissen über Gartenbau angeeignet, dass sie Pflanzen auf einfache Weise anbauen konnten. Die Methode bestand im Wesentlichen darin, die Samen besonders wünschenswerter Pflanzen zu sammeln und auszustreuen, damit die Natur dann den Rest erledigen konnte. Dies machte es sogar noch einfacher, die Nahrungsquellen zu nutzen, die das Fleisch der gejagten Tiere ergänzten. Die Jagd selbst war angesichts reichhaltiger Wildbestände nicht besonders anstrengend.

Dank mehrerer vorteilhafter Faktoren war das Leben vielleicht nie einfacher oder entspannter. Skelettfunde aus der Region sprechen für ein relativ stressfreies Dasein. Anzeichen für Verletzungen, Gewalteinwirkung, geheilte Brüche, schwere Krankheiten oder Ernährungsprobleme gibt es kaum. Ebenso spricht so gut wie nichts für eine Unterentwicklung des Zahnschmelzes, die den Archäologen häufig als Maß für emotionale und körperliche Belastungen dient. Aus solchen und anderen Gründen halten Historiker diese Periode unmittelbar vor der vollständigen Entwicklung der Landwirtschaft im persischen Teil des mittleren Ostens für das Paradies unserer Mythen.

Aber Geschichten über ein vergangenes Goldenes Zeitalter, in dem wir Menschen glückliche Kinder der Natur waren, tauchten in den bäuerlichen Gesellschaften der ganzen Welt auf. Viele davon haben bis heute überlebt. Daneben sind seit der Geburt der Landwirtschaft fast alle Gesellschaften durch eine »Gute-alte-Zeit-Mentalität« gekennzeichnet. Einige der ältesten überlieferten Schriftstücke spielen auf bessere frühere Zeiten an, genau wie die Menschen unserer Zeit vom glücklicheren, einfacheren, leichteren Leben früherer Generationen schwärmen. Aber vermutlich war keine Generation glücklicher als irgendeine andere, seit wir das goldene Zeitalter hinter uns gelassen und die Schwelle zum goldenen Käfig überschritten haben, aus dem es kein Entkommen gibt.

Als dieser Käfig immer kleiner wurde, legten wir mehr und mehr das Verhalten großer Raubtiere an den Tag, die zwangsweise in Gefangenschaft gehalten werden: Depressionen, Wut, sozialer Rückzug, Perversionen und Ruhelosigkeit machten sich breit. Wir befanden uns in einem übervölkerten Zoo, der unserer emotionalen und geistigen Gesundheit höchst abträglich war. Er wurde zu einem kulturellen Zoo, in dem wir immer mehr aufblühten, je mehr wir die Natur beherrschten.

KAPITEL 6

# Der goldene Käfig

Die zivilisierte Kultur wurde immer komplexer, weil sie eine große, ständig wachsende Zahl domestizierter Menschen in sich aufnehmen musste. Damit ergab sich die Möglichkeit, die notwendigen Arbeiten in einer Gesellschaft aufzuteilen. Neu aufgestellte Regeln legten fest, wer Herr und wer Diener war, wer der Gewinner und wer der Verlierer. Um die Kontrolle zu gewährleisten, wurden die Energien der Menschen standardisiert; zu diesem Zweck erfand man Regeln für alle Lebensaspekte, für Bewusstsein, Glauben und Handeln. Das alles war ganz anders als die Gesellschaftsstruktur vor Beginn der Zivilisation, als die Menschen in kleinen Gruppen lebten, die eher wie Großfamilien oder kleine Selbstversorgergemeinschaften funktionierten. Die Zivilisation war zwar mit einem physischen Zusammenrücken verbunden, sie bedeutete aber auch einen tief greifenden Bruch mit der Ganzheit früherer Zeiten. Die Menschen wurden in eng definierte Rollen gezwängt und waren voneinander durch die Macht und Stellung getrennt, durch die sich diese Rollen unterschieden.

Das Wort »Zivilisation« selbst stammt von dem lateinischen *civis* ab, das man mit »Bürger« oder »Stadtbewohner« übersetzen kann. Die folgende Definition des ganzen Phänomens ist typisch: »Zivilisation ist eine komplexe Gesellschaft, in der viele Menschen in Städten leben und die Landwirtschaft nutzen, im Gegensatz zu Gruppen- und Stammesgesellschaften, deren Mitglieder in kleinen Siedlungen wohnen oder Nomadengruppen bilden und ihren Lebensunterhalt durch Sammeln, Jagd oder die Bewirtschaftung kleiner Gärten sichern.«

Wenn man sich der Ansicht anschließt, dass unsere Natur eher im Einklang mit einer Lebensweise als Jäger und Sammler steht, kann man sich ohne Weiteres vorstellen, dass Gefühle in zivilisierten Kulturen durch Frustration, Missklänge und Unzufriedenheit vergiftet werden. Eine Stärke von Sigmund Freuds Theorie des menschlichen Verhaltens lag darin, dass er den Konflikt zwischen der Zivilisation und der Natur der Menschen erkannte. Das war der Grund, warum er in seinem 1930 erschienenen Buch *Das Unbehagen in der Kultur* ein »zivilisiertes Glück« als unmöglich bezeichnet. Mit dem Wechsel von der natürlichen zur domestizierten Lebensweise kam auch die Unterdrückung, und die stand immer im Konflikt mit dem Glück.

Zivilisation und Unterdrückung sind so eng verbunden, dass man das eine nicht ohne das andere verstehen kann. Irgendwann entfernten wir uns durch die Zivilisation so weit von unserem Naturzustand, dass wir uns unserer Identität als Spezies nicht mehr sicher sein konnten. Eine solche Erkenntnis veranlasste Ralph Waldo Emerson zu der Warnung: »Das Ende der Menschheit wird so aussehen, dass sie irgendwann an der Zivilisation zugrunde geht.« So weit ist es zwar noch nicht, aber von irgendeinem Punkt an macht übermäßige Zivilisation sicher das Glück zunichte. Das ist der Grund, warum die Anhänger zivilisationsfeindlicher Bewegungen überzeugt sind, dass man wahres Glück nur erlangen kann, wenn man sich dem Koloss der Unterdrückung entgegenstellt, den wir kennen und unter dem Namen Zivilisation feiern.

Welchen Verlust man erleidet, wenn man zum zivilisierten Arbeitstier wird, zeigt sich in den vielen Vorstellungen von Utopia, die im Laufe der Zeitalter immer wieder auftauchten. In Form von Erzählungen lassen sie sich bis in die Frühzeit der Zivilisation zurückverfolgen. Einige der ältesten griechischen Schriften handeln von einem verlorenen Utopia, in dem die Menschen glücklicher und freier waren. Im siebten Jahrhundert v. Chr. trauerte Hesiod in *Werke und Tage* dem goldenen Zeitalter nach, in dem die Menschen »lebten, als wären sie

Götter, das Herz frei von Sorgen und ohne harte Arbeit oder Schmerzen; als die fruchtbringende Erde ihnen aus eigenem Antrieb üppige Ernte lieferte, und sie lebten in Leichtigkeit und Frieden auf dem Land mit vielen guten Dingen.«

Vergil berichtet in seinen zwischen 42 und 37 v. Chr. entstandenen *Eklogen* über ein vergangenes, utopisches Zeitalter des Friedens und des Überflusses, in dem die bescheidenen Bedürfnisse der Menschen von der Natur befriedigt wurden, und das ohne qualvolle Plackerei. Eine besonders farbenprächtige Schilderung des verlorenen Utopia verfasste der römische Dichter Ovid im ersten Buch seiner *Metamorphosen*:

*Erstes Alter war das Goldene. Ohne Gesetz und*
*Sühne wahrte aus eigenem Trieb es die Treu und das Rechte.*
...
*Schwerter waren nicht da; und keiner Krieger bedürfend,*
*lebten die Völker dahin in sanfter, sicherer Ruhe.*
*Unverletzt durch den Karst, von keiner Pflugschar verwundet,*
*nicht im Frondienst gab von sich aus alles die Erde.*

Zu allen Zeiten konnten die vielen Anhänger von Utopia nicht wissen, wie das Leben vor Beginn der Zivilisation wirklich aussah. Aber wie in der Geschichte vom Paradies, so steckte auch in dieser vermutlich ein Kern aus überlieferten Erinnerungen an glücklichere Zeiten. Das Schlaraffenland, von dem schon die alten Griechen schwärmten, war eine utopische Vision von einem verlorenen Paradies, in dem Freiheit und Müßiggang herrschten. Die meisten frühen utopischen Geschichten handeln von einer Zeit, als man sich nicht plagen musste und als die Neigungen der Menschen nicht durch äußere Gesetze beschränkt wurden. Die letzten Zeilen des englischen Gedichts *The Land of Cockaygne* lauten: »Jedermann trinkt, wie's ihm gefällt/Und niemand bekommt es in Rechnung gestellt.« Alle Kulturen führen sich auf eine Zeit zurück, als die Hände frei von dicken Schwielen und das Herz frei von Sorgen war.

Blut, Schweiß und Tränen nahmen in den Vorstellungen der Menschen einen immer größeren Raum ein, je stärker diese sich zusammendrängten und neuen Formen der gesellschaftlichen Kontrolle unterworfen wurden. Die natürliche Selbstbestimmung früherer Zeiten machte zentralisierten Autoritäten Platz. Die Menschen wurden immer stärker domestiziert, und am Ende bildeten sie in ihrer großen Mehrheit eine Herde, die von einer großen, zuvor unbekannten Macht gelenkt wurde: von der Politik.

Glück und Politik haben sich nie gut vertragen. Ein politisches Tier lebt im kleinsten denkbaren Käfig und zeigt viele Symptome der Vereinsamung. Unter dem Gesichtspunkt von Natur und Bedürfnissen der Menschen betrachtet, ist äußere politische Kontrolle etwas höchst Unnatürliches. Politische Führungspositionen waren von Anfang an ein Anziehungspunkt für Geistesgestörte. Aber Politik wurde unvermeidlich, als wir uns von der Natur entfernten. Jetzt kamen alle möglichen Fragen auf – Fragen nach Grundbesitz, Eigentum, Teilen und Machtverhältnissen. Das Leben der Menschen musste reglementiert werden wie nie zuvor. Das Korsett der politischen Autorität wurde immer enger geschnürt, bis die äußere Kontrolle über die Menschen fast allumfassend war. Sklaverei wurde nicht nur im übertragenen, sondern auch im buchstäblichen Sinn möglich.

Im alten Ägypten waren ungefähr zehn Prozent der Bevölkerung echte Sklaven. Dieser Anteil nahm beträchtlich zu, als die ägyptische Zivilisation sich weiterentwickelte und sich immer stärker auf Eroberungen im Ausland konzentrierte, denn dabei erweiterte sich die Gruppe der Sklaven um die Kriegsgefangenen. In der Frühzeit des römischen Reiches waren nach Schätzungen rund 30 Prozent der Menschen Sklaven. Welchen Anteil man heute als versklavt bezeichnen würde, hängt weitgehend davon ab, wie man diesen Begriff definiert. Wenden wir den Begriff der wirtschaftlichen Sklaverei an, trifft es fast auf alle zu.

In seiner Lobrede auf die »glücklichen Wilden« schrieb Rousseau, sie hätten »kein Urteilsvermögen für Leistungen«

und besäßen wie glückliche Kinder »kein Bewusstsein für Fähigkeiten und Wünsche, Macht und Willen, und künstliche Bedürfnisse«. Aber das alles sollte sich wandeln. Zeitlosigkeit und ein Leben im Hier und Jetzt waren aus der Sicht der domestizierten Massenkultur keine wünschenswerten Eigenschaften. Gleiches galt für uneingeschränkte Sinnlichkeit, unersättliche Neugier oder Leidenschaften ganz allgemein. Das alles waren keine idealen Merkmale für ein Tier, das möglichst effizient angetrieben werden musste. Der ideale Bürger vertrug Konformität, Routine und emotionale Unterdrückung sehr gut. Das alles klingt natürlich sehr aktuell, und deshalb wurde behauptet, die Geschichte des menschlichen Glücks sei ungefähr 5000 v. Chr. zu Ende gewesen. Seither hat sich, was unser Glückspotenzial in den Grenzen eines gezähmten Daseins angeht, nicht mehr viel verändert.

Nicht nur der Körper geriet durch immer kompliziertere kulturelle Anforderungen unter zusätzlichen Druck; das Gleiche galt auch für den großen spirituellen Anteil der menschlichen Natur. Eine urtümliche Spiritualität war in der neuen Weltordnung eine Aufforderung zum Chaos. Standardisierte Formen des Glaubens und Handelns dienten der Kontrolle großer Massen viel besser, selbst wenn sie mit einem gewissen Verlust an spirituellem Glück verbunden waren. Es dauerte nicht lange, bis die zivilisierte Kultur die engen spirituellen Bindungen früherer Zeiten ausgelöscht hatte.

Als das Glück unter den anstrengenden, zunehmend entfremdeten Bedingungen des zivilisierten Daseins immer schwerer fassbar wurde, schienen die Natur des Glücks und die Mittel, um es zu erlangen, immer rätselhafter zu werden. So ist es noch heute. In den frühen philosophischen Denkschulen herrschte, was das Glück anging, große Verwirrung. Schon als die altgriechische Zivilisation ihren Höhepunkt erreichte, war die Vorstellung, dass Harmonie mit der Natur ein wichtiges Fundament des Glücks ist, im Großen und Ganzen ausgestorben.

Schlüssel zum Glück

Das Ziel des Lebens ist ein Leben im Einklang mit der Natur.

*Zeno von Elea*

Der griechische Philosoph Zeno sprach im fünften Jahrhundert v. Chr. von dem Glück, das sich durch den Einklang mit der natürlichen Ordnung ergibt. Aber seine Worte gehören zu den letzten, die man in der abendländischen Zivilisation über diese tiefe Form von Glück hörte. Schon um 3000 v. Chr. war es für die Menschen in den großen zivilisierten Gesellschaften des Abendlandes äußerst schwierig geworden, der Natur mit einem gewissen Maß an Respekt zu begegnen. Im Mittelpunkt der abendländischen Zivilisation stand schon damals die großflächige Vernichtung, Manipulation und Ausbeutung der Natur.

Als die Beherrschung der Natur gleichbedeutend mit ihrer Zerstörung wurde, war es psychologisch viel bequemer, der Natur gleichgültig oder sogar mit Abscheu gegenüberzustehen. Die westliche Zivilisation baute sich ein Gemisch aus wirtschaftlichen und religiösen Rationalisierungen auf, die eine erbarmungslose Misshandlung der Natur rechtfertigten. In Verbindung mit unserer Arroganz wurde dieser Trend im Laufe der Zeit immer stärker, und die Misshandlung wurde sogar zu einer verdrehten Grundlage für das Glück. Nachdem der Materialismus als glaubwürdiger Rahmen für das Glück seine Blütezeit erreicht hatte, war vieles von dem, was die Menschen »glücklich« machte, ohne den Tod der Natur nicht mehr zu erreichen.

Das alte Sprichwort *Homo homini lupus* (»Der Mensch ist dem Menschen ein Wolf«) wurde immer mehr zur Realität, je mehr Zivilisation und Überbevölkerung die Beziehungen zu den Mitmenschen und zur Natur beschädigten. Deshalb kreisten philosophische Gedanken über das Glück in der Antike vielfach um eine Rückkehr zu guten Taten und um die Überwindung unserer Neigung, anderen Böses zuzufügen. Dieser Weg konnte nicht zurück zum urtümlichen Glück führen, aber er war philosophisch sinnvoll, weil er jene Aspekte der Rechtschaffenheit förderte, mit denen sich die Auswirkungen zunehmender Konflikte und egoistischer Verhaltensweisen vermeiden ließen.

Die Vorstellung, dass Glück eine Erweiterung der Tugend ist, findet sich in den Werken großer antiker Philosophen. Darüber hinaus waren viele dieser philosophischen Denkrichtungen in die Weisheit von der Lebenskunst eingebettet. Häufig wiesen sie den Weg zu allgemein gültigen Erkenntnissen über das Glück, die über die Bedeutung der moralischen Intelligenz hinausgingen. Im fünften Jahrhundert v. Chr. beschrieb der griechische Philosoph Demokrit, warum Glück nicht von Gerechtigkeit, Anstand und Dankbarkeit zu trennen sei: »Der fröhliche Mensch ist stark und frei von Sorgen, aber wer sich nicht um Gerechtigkeit kümmert und nicht die Dinge tut, die richtig sind, findet alle diese Dinge freudlos. Der rechtschaffene Mensch ist der, welcher sich nicht grämt um die Dinge, die er nicht hat, sondern sich über das freut, was er hat.«

Eine Generation später schlug Platon in die gleiche Kerbe: Nach seiner Überzeugung war ein gerechtes Leben eine unentbehrliche Voraussetzung für das Glück in dieser Welt. Das von ihm vertretene, auf Moral gegründete Glück konnte in seiner reinsten Form sogar den eigenen Interessen des Einzelnen zuwiderlaufen, ein Gedanke, der so gar nicht im Einklang mit unserem modernen, egozentrischen Verständnis für ein glückliches Leben steht.

Für Cicero war moralische Verworfenheit das Hauptübel, das den Menschen das Glück raubte. Er glaubte sogar, Leiden könne die charakterliche Entwicklung voranbringen, die letztlich für das Glück notwendig sei. Nach Ciceros Überzeugung verleiht Glück, das auf dem Weg über die Tugend erlangt wird, dem Menschen eine Stärke, die uns unempfindlich gegen Schmerz macht und uns dann auch Unglück ertragen lässt: »Niemand kann glücklich sein, wenn nicht das Gute sicher und gewiss und von Dauer ist, denn es ist unser Wunsch, dass der glückliche Mensch sicher, unerschütterlich, friedvoll und stark ist, sodass er nicht nur für kleine Ängste, sondern für alle

Ängste uneinnehmbar wird.« Wie mehrere andere Philosophen seiner Zeit, so hielt auch Cicero das Glück für etwas, das wünschenswerte Abwehreigenschaften besaß und dem Menschen in einer feindseligen Welt sehr nützlich sein konnte. Aber das Glück, von dem er sprach, förderte auch das Mitleid und die Bereitschaft, sich für andere zu opfern, was nach seiner Überzeugung gut für die Seele war.

Die antiken Kyniker und Stoiker hielten moralische Leistungen für die höchste Form des Guten, und deshalb war dies die einzige Voraussetzung für ein erfreuliches Leben. Manche Philosophen gingen sogar so weit und vertraten die Ansicht, das durch Tugend erlangte Glück werde einen Menschen in die Lage versetzen, selbst unter der Folter noch glücklich zu sein. Aristoteles widersprach jedoch der Vorstellung, Glück könne sogar den Qualen der Folter widerstehen. Aber auch er pries den herausragenden Charakter und hielt moralisches Entzücken für den Prüfstein wahren Glücks.

Die moderne Wirtschaft würde in kollektive Zuckungen verfallen, wenn der klassische Kynismus noch einmal auf der Bildfläche erscheinen sollte. Diogenes, ein Schüler des Antisthenes und Begründer der kynischen Denkschule, lebte angeblich in einer Tonne und besaß nichts außer einem Brotbeutel, einem Stock und einem Mantel. Er sagte einmal: »Wer das meiste besitzt, ist mit dem wenigsten zufrieden.« Diogenes und seine kynischen Anhänger waren sicher die schlechtesten Verbraucher der Welt.

Im 3. Jahrhundert v. Chr. lebte der Philosoph Epikur, der Vater des Hedonismus. Er lehrte, Glück entstehe durch möglichst große Freude und möglichst geringen Schmerz. Am besten war das nach seiner Überzeugung zu erreichen, wenn man im Hier und Jetzt lebte: »Der Mensch, der am wenigsten auf den morgigen Tag angewiesen ist, begegnet dem morgigen Tag am fröhlichsten.« Aber Epikur glaubte auch, seine hedonistische Lebenseinstellung sei das beste Mittel, um zu beurteilen, was für einen selbst und die Gesellschaft am besten ist. Vor diesem Hintergrund hielt Epikur übermäßige Begierde für eine ungesunde Eigenschaft, die den Weg zu Glück, innerer Ruhe und harmonischen zwischenmenschlichen Beziehungen versperrte: »Es gibt Zeiten, da lassen wir uns Freuden entgehen, wenn sie durch die nachfolgende Mühsal aufgewogen werden.«

SCHLÜSSEL ZUM GLÜCK
Nichts ist genug für einen Menschen,
für den genug zu wenig ist.
*Epikur*

Epikur betrachtete das Glück im Licht einer positiven Einstellung als Bürger und des Respekts für die Gemeinschaft, er erkannte aber auch, dass man schnell zum Speichellecker des »Mobs«, wie er ihn nannte, und seiner Herrscher werden konnte. Freiheit vom Einfluss der großen Masse war für ihn eine entscheidende Voraussetzung für das Wohlbefinden. Er war seiner Zeit weit voraus, als er in der Leidenschaft für Besitztümer eine Eigenschaft erkannte, die dem Menschen die Freiheit sowie die Fähigkeit zu einem angenehmen, weisen Leben raubt: »Ein freies Leben kann nicht viele Besitztümer erwerben, denn das gelingt nicht leicht ohne Unterwürfigkeit gegenüber der Masse und ihren Herrschern.« Wie bemerkenswert zutreffend klingen diese Worte auch heute angesichts der Unterwürfigkeit der Menschen gegenüber ihren materiellen Bedürfnissen.

Zarathustra, der Prophet des alten Iran, der als erster großer Lehrer die Ethik in die Religion einbrachte, setzte Glück mit Gutsein gleich: »Glück ist bei dem, der anderen Glück gibt.« Seine Gedanken über Ethik und Glück verkörpern sich in dem Rat »guter Gedanke, gutes Wort, gute Tat.« Das Glück hatte einen neuen Feind in Form des Bösen hervorgebracht. In der ganzen zivilisierten Welt trugen Glücksrezepte die Unterschrift eines Daseins, das nun eine neue, dunkle Kehrseite hatte. Es ist kein Zufall, dass zur gleichen Zeit in vielen antiken Kulturen auch erstmals Variationen des Themas der Erbsünde entstanden.

In einigen frühen chinesischen Philosophenschulen setzte sich die Erkenntnis durch, dass es weise ist, alles loszulassen – auch das Streben nach Glück. Im sechsten Jahrhundert v. Chr. ermahnte Konfuzius die Menschen: »Um wirklich glücklich und zufrieden zu sein, müsst ihr das loslassen, was es bedeutet, glücklich und zufrieden zu sein.« Der chinesische Philosoph Lao Tse, der ebenfalls im sechsten Jahrhundert v. Chr. lebte und die Schule des Taoismus begründete, erklärt das Gleiche ganz ausdrücklich im *Tao Te King*: »Man muss das Glück zurückweisen, um es zu gewinnen.« Im weiteren Verlauf spricht er von der Notwendigkeit, durch Ablegen äußerer Wünsche zu einem Zustand der völligen Reinheit zu gelangen:

*Darum führt die Richtung auf das Nichtsein*
*Zum Schauen des wunderbaren Wesens,*
*die Richtung auf das Sein*
*zum Schauen der räumlichen Begrenztheiten.*

Anders als in der abendländischen Philosophie nahm die Natur in vielen östlichen Glückslehren nach wie vor einen hoch geschätzten Platz ein. Der klassische Taoismus lehrte, die Menschen müssten die Hoffnung auf Dinge, die außerhalb ihrer selbst liegen, aufgeben. Im dritten Jahrhundert v. Chr. vertrat der Philosoph Chuang Tzu die taoistische Ansicht, der Mensch und seine Tätigkeiten seien im Vergleich zur Majestät der Natur geradezu mitleiderregend bedeutungslos: »Der Mensch ist im Universum wie ein Kiesel oder ein Zweig im Gebirge. Als solcher kann er der Natur nur gehorchen. Er mag auf seine kleine Weise nützlich sein, aber es übersteigt seine Fähigkeiten, irgendetwas zu verursachen.« Für den Taoisten muss man die Natur achten und darf ihr niemals trotzen oder Schaden zufügen.

Um nach der Lehre des Taoismus ein erfolgreiches Leben zu führen, muss man die alltäglichen, irdischen Dinge und sogar den Zustand der Menschen insgesamt vergessen. Um Tao und Glück zu erlangen, muss man Worte, Wissen und Tatsachen aufgeben. Damit tritt man in einen Bereich der Freude ein, in dem man sich um nichts mehr Sorgen machen, nichts mehr herausfinden und auf nichts mehr warten muss.

Die Philosophie des Taoismus ist vor allem deshalb interessant, weil sie im Gegensatz zu den meisten Aspekten der Zivilisation steht. Sie betont, wie wichtig es ist, sich den endlosen Verführungen, Ablenkungen und Täuschungen zu widersetzen, die von politischen und gesellschaftlichen Kräften ausgehen. Der Taoismus lehrt, dass man gesellschaftliche Normen vermeiden soll. Die einzigen Gesetze, die demnach einem guten Leben dienlich sind, sind die Gesetze der Natur. Menschliche Gesetze sind nicht nur unnötig, sondern sie berauben den Menschen auch der Freiheit, die er für ein »ursprüngliches« Leben braucht. Die taoistische Philosophie war pessimistisch: Nach ihrer Lehre hat der Einzelne das Glück kaum in der Hand. Es war die Domäne jener wenigen Personen, die weise genug waren und begriffen, dass Glück sich nur dann einstellt, wenn man sich nicht mehr bemüht, selbst etwas zu verbessern.

Die taoistische Philosophie hat von ihrem Wesen her etwas Trauriges. Die wenigsten Sterblichen widerstehen dem Drang, sich gesellschaftliche Normen zu eigen zu machen. Sie tappen in die kulturellen Fallen, die ihnen die Möglichkeit des Glücks entziehen. Ein wenig von dieser taoistischen Einstellung findet sich auch in dem kummervollen chinesischen Sprichwort »In stillen Nächten kann man hören, wie der Elefant an seiner Kette zerrt.« Wir, der Elefant, haben unsere Freiheiten und unser Glück aufgegeben, als wir lernten, für die Gesellschaft etwas zu leisten. Aber ganz gleich, wie gut unsere Leistungen sind, eine Lebenskraft in unserem Inneren zerrt an den Ketten. Nur ziehen die meisten von uns nicht stark genug, um frei und glücklich zu werden. Die kulturellen Ketten können sich auch ganz beruhigend anfühlen.

Frühe buddhistische Denkschulen kreisten um »Buddhi« – der Begriff kommt von dem Sanskrit-Wort für Weisheit. Er bezeichnet das Entzücken, das uns erfüllt, wenn wir die Erleuchtung erlangt haben. Auch der Hinduismus beschreibt einen höheren Seinszustand, den man über die Stadien der Intelligenz, des Entzückens und des Daseins – und zwar in dieser Reihenfolge – erreichen kann. Für beide Traditionen war Trennung die schlimmste Form der Ketzerei. Den Egoismus nicht zu beschneiden, galt als wichtigste Ursache für die Zerstörung von Weisheit und Glück.

Der Buddhismus, der im sechsten Jahrhundert v. Chr. in Nordindien von Buddha Gautama begründet wurde, ist in der Frage des irdischen Glücks sogar noch pessimistischer als der Taoismus. Wie dieser, so lehnte auch der Buddhismus die Gesellschaft ab. Dabei konzentrierte er sich allerdings vorwiegend auf die Vermeidung von Leiden und nicht auf eine selbstbezogene Suche nach Glück. Das Ich neigt nach der buddhistischen Lehre zu Sehnsüchten und Illusionen. Für den traditionellen Buddhismus war Glück ein innerer Friede, der den durch die Wiedervereinigung des Ich hinterlassenen Raum ausfüllt. Der Idealzustand des Menschen war danach eine spirituelle Erleuchtung, die unabhängig von gesellschaftlichen Verunreinigungen war.

Auf der höchsten Bewusstseinsebene, so die buddhistische Philosophie, hat der Mensch alles aufgegeben, einschließlich des absichtlichen Strebens nach Glück. Aus diesem höheren Bereich sollten Freundlichkeit, Toleranz, Mitgefühl und eine Ehrfurcht vor dem Leben fließen. Manchmal wird gesagt, der Buddhismus sei unter allen Philosophien diejenige, die dem Glück die schlechtesten Voraussetzungen bietet. Aber Buddha selbst hatte eine Vision von einer Welt, in der alles und alle glücklich sind, und formulierte sie in folgendem Segen: »Lasst alle Wesen glücklich sein, ob schwach oder stark, ob in hoher, mittlerer oder niedriger Stellung, klein oder groß, sichtbar oder unsichtbar, nahe oder weit weg, lebendig oder noch nicht geboren – mögen sie alle völlig glücklich sein. Möge niemand einen anderen belügen oder irgendein Wesen, welches es auch sei, gering achten. Möge niemand aus Wut oder Hass einem einzigen Lebewesen etwas Böses wünschen. Lasst uns alle Kreaturen schätzen wie eine Mutter ihr einziges Kind. Mögen unsere liebenden Gedanken die ganze Welt füllen, über uns, unter uns, vor uns, ohne Grenzen, mit einem endlosen guten Willen gegenüber der ganzen Welt, uneingeschränkt, frei von Hass und Feindseligkeit.«

Besonders faszinierend sind neue Forschungsergebnisse, wonach Menschen, die den Buddhismus praktizieren, ein höheres Maß an Glück empfinden als ihre nicht buddhistischen Artgenossen. Dieser Befund wurde damit erklärt, dass buddhistische Rituale bestimmte Gehirnareale aktivieren können, die für positive Stimmungen verantwortlich sind. Meditation verbessert die Lebensfähigkeit, weil sie den Menschen in die Lage versetzt, besser mit Gefühlen wie Wut und Angst umzugehen. Insgesamt haben buddhistische Praktiken offenbar eine beruhigende Wirkung, und sie können den Menschen auch von tief verwurzelten geistigen Zuständen wie Hass, Habgier und negativer Persönlichkeitsentfaltung lösen. Der Wissenschaftler Owen Flanagan von der Duke University gelangt zu dem Schluss: »Wir können jetzt mit einem gewissen Selbstbewusstsein die Hypothese aufstellen, dass diese offenkundig glücklichen, ruhigen buddhistischen Seelen, die einem an Orten wie Dharamsala in Indien regelmäßig begegnen, tatsächlich glücklich sind.«

Viele ausgezeichnete Bücher berichten detailliert darüber, was die Philosophen der Antike über das Glück zu sagen hatten. Es wäre aber ein Fehler, eine dieser Philosophien mit den Ansichten einfacher Bürger über das Glück gleichzusetzen. Die meisten Glücksphilosophien sprechen von einem Idealzustand, den nur wenige Menschen erreichen können. Die ersten griechischen Philosophen verwendeten beispielsweise viel Zeit auf die Untersuchung der Frage, wer es eigentlich verdient, glücklich genannt zu werden. Dass sie diesem Thema eine so große Bedeutung beimaßen, lässt darauf schließen, dass das Glück nach ihrer Vorstellung für eine relativ kleine, elitäre Minderheit reserviert war, die es irgendwie geschafft hatte, alle ihre Kriterien zu erfüllen. Von ihnen als glücklich bezeichnet zu werden, muss als beträchtliche Ehre gegolten haben, die nicht leicht zu erlangen war.

Das Gleiche gilt für jene schwer fassbare Form des Glücks, die von den Philosophen außerhalb Griechenlands beschrieben wurde. Für den chinesischen Philosophen Konfuzius zum Beispiel war Glück ein Ausfluss ethischer Fehlerfreiheit, und die bestand nach seiner Ansicht aus fünf Qualitäten: »Würde, Großzügigkeit der Seele, Ehrlichkeit, Ernsthaftigkeit und Freundlichkeit.« Gleichzeitig beklagte er, wie erschreckend wenige Menschen jemals diesen Zustand des Glücksvirtuosen erreicht hätten: »Ich habe keinen Menschen gesehen, der die Tugend geliebt oder das, was nicht tugendhaft ist, gehasst hätte. Wer die Tugend liebt, würde nichts höher schätzen als sie.«

SCHLÜSSEL ZUM GLÜCK
Halte niemals etwas für dich selbst für gewinnbringend,
wenn es Wände oder Vorhänge braucht.
*Marcus Aurelius*

In seinem Buch *Meditationes*, das 167 n. Chr. erschien, predigte auch der römische Kaiser Marcus Aurelius, Aufrichtigkeit und Tugend seien die Brücke zum Glück. Aber in seinen Augen war es ebenfalls nicht einfach, diese Brücke zu überqueren. Glück, so warnte er, wird sich nur dann einstellen, wenn wir uns selbst von allen Wertvorstellungen gereinigt haben, »welche dich zwingen, deine Versprechen zu brechen, den Respekt vor dir selbst zu verlieren, irgendeinen Menschen zu hassen, zu fluchen oder den Scheinheiligen zu spielen.« Glück findet man nach seiner Vorstellung »in dem Geiste dessen, der geläutert und gereinigt ist, und der nichts Unredliches, nichts Unreines und kein Übel zu verbergen hat.« Dies stellt er in Gegensatz zu der häufiger anzutreffenden, aber minderwertigen »Flatterhaftigkeit«, die nach seiner Überzeugung einer »Heilung« bedarf. Würde er heute leben, er wäre wie vor den Kopf gestoßen von den vielen flatterhaften Formen des Glücks, die nach einer Heilung geradezu schreien.

In den meisten Fällen sahen die antiken Philosophen im Glück eine Art Zustand, in dem sich ein hohes Maß an Charakterentwicklung, Lebensleistung und Erfüllung von Zielen widerspiegelt. Es war der Höhepunkt eines Lebens, das zur Vollkommenheit geführt hatte. Dorthin zu gelangen, war nicht annähernd so wichtig wie den *Weg* zum Glück zu finden. Selbst wenn man noch einen langen Weg vor sich hatte, galt schon die Entschlossenheit, den schwierigen Pfad zu beschreiten, als großer Sieg. Das dort beschriebene Glück war nicht das Massenglück unserer Zeit nach dem Motto »Alles ist möglich«, das als schnelle und einfache Errungenschaft verkauft wird und jedem von Geburt an automatisch zusteht, ganz gleich, wie es um Verdienste, ethischen Zustand oder intellektuelles Wachstum bestellt ist.

KAPITEL 7

# Die neue Dreiheit

Lassen wir die Philosophen früherer Zeiten einmal beiseite: Für den Durchschnittsbürger der vormodernen Zeiten war Glück ein Ausdruck eines günstigen Schicksals und insbesondere göttlicher Gunst. Die Welt drehte sich um Dinge, die weitaus größer waren als der einsame einzelne Mensch. Sie war vom Übernatürlichen nicht zu trennen. Glück war etwas, worum man betete oder das man sich wünschte. *Eudaimonia*, das altgriechische Wort für Glück, setzt sich aus Begriffen zusammen, die ganz buchstäblich auf einen »guten Geist« (oder »guten Gott«) hinweisen. Dieser Geist oder Gott wird im Interesse eines Menschen tätig. Das Wort *dysdaimon* oder Unglück bezeichnet einen bösen Geist oder Dämon, der jemandem Elend oder ein schlechtes Schicksal bringt.

Fast alle frühen Zivilisationen hatten Glücksgötter oder Glücksgöttinnen, zu denen jeder normale Mensch beten konnte. Hindus beteten jahrtausendelang zu Lakshmi, der Göttin des Glücks, der Harmonie und des günstigen Schicksals. Noch heute wenden sich Millionen von Hindus mit ihren Gebeten an sie und schmücken Fenster oder Türen mit kleinen Lichtern, die Lakshmi in ihre Häuser locken sollen. Im Rahmen der Gebete werden die 108 Namen der hoch geschätzten Göttin aufgesagt. Die Römer hatten die Göttinnen Fortuna und Felicitas, bei den Kelten war es Gwen. Hetpet und Hathor waren die ägyptischen Göttinnen des Glücks und der Freude, und bei den Azteken hieß die Glücksgöttin Xilion. Im alten Tibet wurde die Göttin Dolje Naljorma als Glücksbringerin verehrt, auf den Philippinen war es Suklang-malayon.

Welch enger Zusammenhang zwischen Glück und gutem Schicksal besteht, erkennt man am frühenglischen Gebrauch des Wortes »happiness«. Es tauchte im Englischen um 1340 zum ersten Mal auf und wurde »happinesse« geschrieben. Sein Ursprung ist »happ-chance« das aus dem Mittelenglischen und Altnordischen stammt. Das Wort »hapless« bedeutet noch heute »unglücklich«, »happenstance« und »haphazard« bezeichnet ein günstiges Schicksal, das vorwiegend auf Zufall beruht. Das moderne deutsche Wort »Glück« bezeichnet auch ein günstiges Schicksal. Auch die spanischen, portugiesischen und französischen Begriffe für Glück lassen sich auf Wörter für Schicksal und Zufall zurückführen.

Mit der Verbreitung des Gedankens, dass wir unser Schicksal selbst in der Hand haben, wurde das Glück immer mehr zu einem wichtigen Thema und einer Quelle der Hoffnung. Aber bis weit ins Mittelalter hinein hatten die Menschen, was ihr eigenes Glück anging, nur sehr bescheidene Erwartungen. Immer noch galt der Mensch als zweitrangiges Werkzeug höherer Mächte, und man war sich der Beschränkungen des eigenen Lebens nur allzu genau bewusst. Verstärkt wurde das Ganze durch die christliche Überzeugung, dass man das Glück auf das Jenseits verschieben musste, wo der Schleier der Tränen sich hob und wir von Gott mit ewiger Freude belohnt wurden.

Die Vorstellung von höchstem Glück als Merkmal des Jenseits veranlasste manche Historiker zu der Ansicht, die Menschen des Mittelalters hätten das Streben nach Glück in diesem Leben völlig aufgegeben. Das sogenannte dunkle Mittelalter beschwört Bilder von einer trostlosen emotionalen Öde herauf, in der betrübte Menschen nur auf Gott warteten, während sie gleichzeitig ihre Begabungen und Potenziale brachliegen ließen. Selbst Gott war zu einer recht trübsinnigen, strengen Gestalt geworden, die mit ihren irdischen Gaben sehr knauserig umging. Kurz gesagt, schien das Leben nicht viel Raum für Glück zu bieten, und das war auch der Hintergrund für das christliche Sprichwort: »Nenne keinen Menschen glücklich, solange er noch nicht tot ist.«

Eines ist sicher richtig: Im Mittelalter herrschte allgemein die Überzeugung, dass die Sterblichen zutiefst verderbt sind und dass das sinnliche Wesen des Menschen sich in einer bösen Welt nicht vervollkommnen konnte. Aber in gewisser Hinsicht war die Loslösung von dem ganzen Thema des Glücks vermutlich auch ein Vorteil, denn gerade sie hat in der Regel gerade die paradoxe Wirkung, dem Glück zu nützen. Vielleicht war also alles gar nicht so düster, wie wir manchmal annehmen. Darüber hinaus konnten die Menschen die faszinierende Versprechung der höchsten Freude im Jenseits mit einem vorbereitenden Zustand ergänzen, den man als Gnade bezeichnete.

Von den emotionalen Früchten der Gnade spricht der puritanische Prediger Thomas Brooks in seinem 1657 erschienenen Buch *Heaven on Earth*: »In einem Zustand der Gnade zu sein, verschafft uns den Himmel hier und den Himmel dort, und er macht den Zustand eines Menschen glücklich, sicher und zufrieden.« Auch Johannes Calvin bezeichnete die Gnade in seinem Werk *Unterricht in der christlichen Religion* als das große Gegenmittel zu Mühsal, Leid und Knechtschaft des irdischen Daseins: »Wenn Gottes Gunst über uns weht, gibt es nichts, was uns nicht zu unserem Glück gereicht.«

Voller Gnade zu sein, hieß eine bestimmte Art der Freude zu empfinden: Man wusste, dass man gut genug war und am Ende auf die selige Vereinigung mit dem Schöpfer rechnen konnte. Gnade war die Brücke zwischen der Natur und der Welt des Übernatürlichen. Sie war ein machtvolles Instrument. Die Menschen konnten sich im Hier und Jetzt danach richten. Die Anhäufung von Gnade bringt das Gefühl mit sich, dass man in Richtung der spirituellen Vollkommenheit und des ewigen Glücks vorankommt. Walter Farrell schrieb in seinem klassischen Werk *A Companion to the Summa* unter der Überschrift »Höhen des Glücks«, die Gnade selbst sei keine Tugend, sondern ein persönliches Geschenk von Gott, das zur Grundlage für übernatürliche Werte werde. Sie sei die Richtschnur, nach der ein Mensch Verdienste, Sinn und Ziel zu beurteilen habe.

Das Streben nach Gnade, so Farrell weiter, führe den Menschen in dramatische Bereiche. Ihr Wirken könne man als Erhebung in göttliche Höhen erleben, als Rechtfertigung für die eigene Existenz, als Zufluss von göttlicher Weisheit und als friedliche Versöhnung zwischen Gott und dem eigenen, unvollkommenen Ich: »Es ist das Drama des Sonnenaufgangs, welcher die Nacht besiegt, der Flucht aus Dunkelheit und Sklaverei zu Freiheit und Licht, das Drama des verlorenen Sohnes und der uneingeschränkten Vergebung seines Vaters.«

Die Gnade sollte auf die gleiche Weise funktionieren wie die Magie. Mit den Ritualen, die Gott besänftigten, konnte man auch ein Guthaben auf einem spirituellen Bankkonto ansammeln, das am Tag des Jüngsten Gerichts einzulösen war. Gnade war eine Form von Reichtum. Sie besiegte die Natur und machte das irdische Dasein zu einer Zwischenstation auf dem Weg zum zukünftigen Glück. Aber sie war auch ein Mittel, um in dieser Welt glücklich zu werden. Farrell meinte dazu: »Mit Gnade ist kein Platz für Sklaverei, für Verantwortungslosigkeit, für brutale Angriffe gegen die Empfindsamen in dem Versuch, der Menschlichkeit zu entkommen. Durch Gnade erreicht der Mensch seine höchste Würde, und die vollständige Verwirklichung von alledem vermittelt uns einen Vorgeschmack auf das Glück, welches sich einstellen wird, wenn die Gnade in Pracht und Herrlichkeit ihren Höhepunkt erreicht.«

Eine ausreichende Menge von Gnade konnte dazu führen, dass die Menschen »vor Freude hüpften« und dass der Heilige Geist über sie kam. Die emotionale Welt der mittelalterlichen Menschen war tatsächlich in beträchtlichem Maße vom Heiligen Geist ausgefüllt: Er konnte eine Verzückung auslösen, die allem, was zum profanen diesseitigen Glück gehörte, weit überlegen war. Dies konnten zwar nicht alle in vollem Umfang nutzen, aber viele mittelalterliche Menschen verschafften sich Erleichterung von der Mühsal des Lebens, indem sie sich insbesondere in schwierigen Zeiten an den Heiligen Geist wandten.

Das Mittelalter brachte eine große Zahl von »Ekstatikern« hervor. Die bekanntesten Beispiele waren die mittelalterlichen

Heiligen und ihre Anhänger. Einer von ihnen war Franz von Assisi, der so heftige Verzückungszustände erlebte, dass er glaubte, der Wald stehe in Flammen. Seine Biografen beschreiben ihn als Menschen, der in seinem Alltagsleben über eine ungeheure Fähigkeit zu Fröhlichkeit und spontaner Freude verfügte.

Ekstase ist die höchste Form des vorübergehenden Glücks. Sie ist ein zutiefst bewegendes, übersinnliches Erlebnis, bei dem das Bewusstsein eine enge Verbindung mit weiter reichenden Elementen der Realität eingeht; ihr Höhepunkt wird manchmal als »einzigartiger Zustand von ungeheurer Intensität« bezeichnet. Ekstase ist eine leidenschaftliche, transzendente Reise, die den Menschen zu dem Einen, dem Absoluten und dem »großen Leben des Alls« führt.

Worte werden dem Erlebnis der Ekstase in der Regel nicht gerecht. Der berühmteste altgriechische Ekstatiker war im dritten Jahrhundert v. Chr. der Philosoph Plotin, der eine »kontemplative Schwärmerei« erleben konnte. Diesen Zustand beschrieb er als »eine andere Art zu sehen, eine Vereinfachung und Aufgabe des eigenen Ich, eine Sehnsucht nach Kontakt, Ruhe und ein Streben nach Vereinigung«.

Michael Eigen vertritt in seinem Buch *Ecstasy* die Ansicht, das Streben nach Ekstase sei für Menschen ein urtümliches Motiv, und wir hätten während eines großen Teils unserer Geschichte die Sehnsucht nach solchen Erfahrungen gehabt. Er schreibt: »Die Ekstase, lebendig zu sein, ist der Kern unserer Existenz.« Das Gefühl einer tiefen Lebendigkeit, das den innersten Kern der Ekstase bildet, war in der Vorzeit nie sonderlich weit weg. Nach Eigens Darstellung war es eine natürliche Folge von Kontrasten und Gegensätzen – Tod und Leben, Schmerz und Freude, Qual und Überschwang, Hell und Dunkel, männlich und weiblich –, die stets die Grundlage für die größte denkbare Lebendigkeit bildeten. Aber heute begegnen wir natürlichen Formen der Ekstase ohne künstliche chemische Hilfsmittel nur noch selten. Der normale Mensch hat den Kontakt mit dieser dynamischen Form von Gefühlen, die das

Leben bereichern, Horizonte erweitern und die eigenen Sichtweisen und Prioritäten verändern können, fast völlig verloren.

### Schlüssel zum Glück

Ich weiß, was die Heilung ist: aufgeben, loslassen sich unterwerfen, sodass unser kleines Herz im Einklang mit dem großen Herz der Welt schlägt.
*Henry Miller*

Ekstase und andere verlorene Arten höchst emotionaler Erlebnisse sind davon abhängig, dass man »loslässt«, dass das Ich mit einer Sphäre der Realität verschmilzt, die viel größer ist als das einsame Individuum. Die Vorstellung, Unterwerfung sei eine Art Antwort oder »Heilung«, wie der Schriftsteller Henry Miller sie nannte, ist den modernen Menschen, die persönliche Macht so hoch schätzen, völlig fremd geworden. Aber der Akt der Unterwerfung eröffnet Wege zum Glück, die man isoliert nicht beschreiten kann. Sich zu unterwerfen, ist ein Akt der Stärke, durch den wir auf dem Weg über die Erkenntnis unserer Armseligkeit zum Glück gelangen können. Außerdem öffnet er den Menschen für jene höhere Stufe des Glücks, die sich aus der Erkenntnis ergibt, dass alles Leben ein Ganzes und voneinander abhängig ist.

Einer der vielen Zusammenhänge, in denen man auf dem Weg über die Unterwerfung nach dem Glück greifen kann, ist die Religion. Der deutsche Theologe Bernhard Lang macht in seinem Buch *Jahwe, der biblische Gott* am Beispiel der alten Israeliten deutlich, wie Glück sich häufig verstärkt, wenn man begreift, dass ein gutes Leben aus Kräften erwächst, die größer sind als man selbst. Ein gutes, glückliches Leben, das nicht von Gott gegeben wurde, konnten sich diese Menschen nicht vorstellen. In ihrem Glauben offenbarte sich Gott oder Jahwe als bäuerliche Gottheit, als Herr der Ernte, von dem alle Gaben zur Erhaltung des Lebens stammten. Nach Lang bot sich damit eine »dritte Funktion« des Glücks, die man ohne einen größeren und in diesem Fall übernatürlichen Vermittler nicht erleben kann.

Lang macht deutlich, wie wertvoll es ist, wenn man lebensspendende Gaben auf eine göttliche Macht zurückführt; er hält dies für eine natürliche Neigung der Menschen, die das Glücklichsein erleichtert. Im Rückgriff auf biblische Erkenntnisse zeigt er, dass Glück nicht in der tatsächlichen Verfügbarkeit irdischer Gaben liegt, sondern im Nachdenken über sie und in der Interpretation ihrer Bedeutung. Diese Art der Freude, die die alten Hebräer empfanden, beschreibt Lang so: »Eine freudige Erfahrung kommt dadurch zustande, dass irdische Güter wie Nahrung, Kinder, gesellschaftlicher und wirtschaftlicher Erfolg als *von Gott gewährt* erfahren werden. Die Güter selbst machen das gute Leben aus, doch ihre Gottgegebenheit gehört zur Reflexion und definiert daher das Glück. Die Tatsache, dass die Güter aus der Hand Gottes kommen und als Zeichen der göttlichen Gegenwart und Freundschaft verstanden werden, ist von größter Wichtigkeit, denn die Hebräer konnten vom guten Leben nicht ohne Nennung Gottes sprechen. Offenbar ist es die Verknüpfung des guten Lebens mit Gott, die das Leben in etwas Höchstrangiges und Heiliges *verwandelt*. Das Glück selbst besteht in nichts anderem als in dem Akt der Verknüpfung von Gott und gutem Leben ... Die liebende Anwesenheit Jahwes im Glück befreit dieses von seiner radikalen Begrenztheit und verleiht ihm ein Moment der Transzendenz, wodurch die Struktur des Glücks vollständig verwandelt wird.«

Neben der religiösen Unterwerfung gibt es viele andere Wege, auf denen man positive Gefühle verstärken kann, indem man sie in einem über uns selbst hinausgehenden Zusammenhang interpretiert. Liebe, Leben und Natur bieten vielfältige Möglichkeiten, uns von der Illusion unserer eigenen Wichtigkeit zu befreien und unser Leben durch eine transzendente Qualität zu bereichern. Manchmal erhält man sogar eine Ahnung von Ekstase, wenn man sich einfach in einer dunklen, sternenklaren Nacht auf den Rücken legt, alle Gedanken abschaltet und sich ganz in der Unendlichkeit der Himmelskörper verliert. Das ist dann ausschließlich die Folge der Unterwerfung unter ein majestätisches Etwas, das ungeheuer viel größer ist als wir selbst. Unser Nichtssein kann zu einer großartigen Quelle des Glücks werden.

Als wir immer stärker zu unseren eigenen Gottheiten wurden, war es irgendwann nahezu unmöglich, über uns selbst hinauszublicken. Die Vorstellung von einem Jenseits wurde zunehmend bedeutungslos angesichts eines Himmels, der nun im diesseitigen Leben erreichbar zu sein schien. Darauf reagierten diejenigen, die noch an ein Jenseits glaubten, mit ungeheurer Ausschmückung. Das Jenseits des Mittelalters war ganz und gar glücklich, aber es war auch eine recht nüchterne religiöse Angelegenheit ohne viel Brimborium. Gegen Ende des 17. Jahrhunderts jedoch war das christliche Jenseits zu einer Art Vergnügungspalast geworden. Aber auch in dieser Form war es durch die schnell wachsenden Erwartungen an das diesseitige Glück zum Untergang verdammt.

Ende des 18. Jahrhunderts wurde das Versprechen ewigen Glücks und auch die Vorstellung von einem Glück, das man aus den Vorbereitungen zog, immer blasser. An seine Stelle trat ein direkterer Angriff auf das Glück, der sehr schnell seinen Platz in dieser Welt fand.

Als Reaktion auf die Botschaft der amerikanischen Prediger schrieb Alexis de Tocqueville in der ersten Hälfte des 19. Jahrhunderts, man könne nicht mehr sicher sein, »ob der wichtigste Gegenstand der Religion die Erlangung des ewigen Glücks in der nächsten Welt oder der Reichtum in der hiesigen ist«. Er beobachtete die Anfänge einer Religion, in der Gott dazu da ist, uns in diesem Leben zu dienen, während wir als unsere eigenen Erlöser tätig werden. Gott machte eine Ausbildung als Glückstrainer für die Menschen durch.

Mit dem Einsetzen der Aufklärung wurde Glück im Abendland viel stärker zu einer irdischen Angelegenheit, und zwar selbst für jene, die sich selbst noch für fromme Christen hielten. Interessanterweise gehörten einige Gründerväter der Vereinigten Staaten zu den letzten großen Stimmen, die Tugend als den besten Weg zum Glück bezeichneten. 1776, in dem Jahr, als die Vereinigten Staaten unabhängig wurden, erklärte Benjamin Franklin: »Tugend und Glück sind Mutter und Tochter.« Im gleichen Jahr schrieb Thomas Jefferson, einer der Autoren der Unabhängigkeitserklärung: »Glück ist das Ziel des Lebens, aber Tugend ist die Grundlage des Glücks.«

In der Unabhängigkeitserklärung selbst wurde das unveräußerliche Recht der Menschen auf »die Verfolgung des Glücks« festgeschrieben. Aber diese Bestrebungen trennten sich schon bald von der Tugend. Der Vater des Glücks war jetzt das Individuum, das im Begriff stand, zu Gott zu werden. Das Glück selbst war eine Tugend, und es dauerte nicht mehr lange, dann galt Unglück als schlimmste aller denkbaren Sünden. Das Glück hatte sich endgültig vom guten Schicksal und von Gott befreit, selbst wenn es von diesem Augenblick an nur noch eine Schmalspurausgabe war.

Der Philosoph John Locke sah im 18. Jahrhundert bereits voraus, wie sich die Glückswahrnehmung der Menschen verändern würde. Er setzte Glück grundsätzlich mit Vergnügen gleich. Und nicht nur das: Er hielt Vergnügen für eine Tugend und glaubte, dass Gott uns dazu ermuntert, sie anzustreben. Jesus, so Locke, war ein »glücklicher Christus«, der den Freuden von Wein, Tanz und gutem Essen durchaus nicht abgeneigt war. Dieses Christusbild hatte in einer Zeit, als die Menschen das Licht am Ende des dunklen Tunnels der menschlichen Existenz sahen, einen beträchtlichen Reiz. Es wurde die Ansicht vertreten, Jesus sei in Wirklichkeit ein frisch-fröhlicher Bursche gewesen, den wir uns zum Vorbild nehmen sollten.

Der technische Fortschritt befreite die Menschen von ihrer Hoffnungslosigkeit, was das Glück in dieser Welt anging. Immer mehr Produkte und Dienstleistungen erleichterten die Bürde der Arbeit und schufen mehr Zeit für diesseitige Freizeitgestaltung und Vergnügungen. Anfangs konnten nur die Reichen aktiv mit dieser neuen Form des Glücks experimentieren, die man kaufen und verkaufen konnte. Bis zur Mitte des 20. Jahrhunderts waren die Menschen in ihrer Mehrzahl immer noch Gefangene finanzieller Beschränkungen und mangelnder Gelegenheiten.

Mit dem »Tod Gottes« war der Weg frei für eine neue Dreifaltigkeit namens »ich, ich und ich«. Immer stärker wurde das Gefühl, dass Glück etwas ist, was man sich selbst schmiedet. Vor diesem Hintergrund begann der Aufstieg der Selbsthilfebücher. Das erste, verfasst von Samuel Smiles, erschien 1859 und trug den Titel *Self-Help: With Illustrations of Charakter and Conduct* (»Selbsthilfe: mit einer Darstellung von Charakter und Benehmen«). Im Inhalt unterschied es sich stark von den heutigen Ratgebern zum schnellen Durchblättern. Smiles' Ratschläge waren noch in altmodische Werte verpackt – er legte beispielsweise großen Wert auf Dinge wie Sparsamkeit, Tapferkeit, Bildung, Aufrichtigkeit und die Erfüllung gesellschaftlicher Pflichten. Damit war er bestrebt, einem moralischen Charakter auch in einer Zeit wachsender marktwirtschaftlicher Gelegenheiten, die aus der industriellen Revolution erwuchsen, die Vorrangstellung zu bewahren.

In den Jahrzehnten nach Smiles' Buch raubte die wirtschaftliche Entwicklung den Menschen zunehmend ihre gesellschaftliche und psychische Unterstützung. Damit verstärkte sich das kollektive Gefühl der Verlassenheit und auch das Gefühl, Hilfe zu brauchen. Obwohl den heutigen Menschen eine ungeheure technologische Macht zur Verfügung steht, liegt über ihnen immer noch wie ein Schatten das Gefühl, dass sie Hilfe brauchen, und zwar viel Hilfe. Dieses Gefühl beschränkt sich nicht mehr auf die Industrieländer. In Indien beispielsweise steigt die Nachfrage nach Selbsthilfe- und Motivationsprodukten jedes Jahr um 25 Prozent. Glück wird auch dort zu dem großen Geschäft, das es im Westen schon lange ist. Wer helfen kann, wird dafür fürstlich belohnt. Diese Last können auch noch so viele Informationen, Ratschläge und Selbsthilfebücher nicht von uns nehmen.

Eine wachsende Zahl psychisch verwaister Menschen gelangte zu der Überzeugung, dass sie Hilfe in praktisch allem brauchten – wie lerne ich Menschen kennen, wie verhalte ich mich beim Sex, wie ziehe ich meine Kinder groß, was soll ich essen? Es gab Bücher darüber, wie man wütend wird, wie man zuhört, wie man erogene Zonen findet und wie man Nein sagt. Dieses grundlegende Gefühl der persönlichen Unwissenheit, unter dem die modernen Menschen litten, war für ihr Selbstbewusstsein, ihre Selbstbestimmung oder ihre Sicherheit alles andere als dienlich. Ebenso verstärkte es nicht gerade ihre allgemeinen Aussichten auf Glück. Aber es war ein beruhigender Gedanke, dass irgendeine Form von Hilfe zur Verfügung stand.

Zu der Zeit, als der kulturelle Boden für die Selbsthilfebranche bereitet war, hatten sich alle zusammenhängenden Visionen vom Glück verflüchtigt. Erste Ansätze des Gedankens, Glück könne eine Wohlfühloperation sein, welche die Menschen an sich selbst vornehmen, gehen bis in das 17. Jahrhundert zurück. Aber es sollte noch mehrere Jahrhunderte dauern, bis Gemeinschaft und Religion einen so starken Niedergang erlebt hatten, dass die Menschen sich selbst für frei schwebende Gebilde hielten, die das Glück in der Landschaft ihrer eigenen Marotten finden mussten. Von nirgendwoher kamen legitime Leitlinien, und damit wurden sie zu einer leichten Beute für die immer größeren Heerscharen der Helfer und Gefühlskünstler.

Das Problem war nur, dass die meisten Helfer im Hinblick auf das Glück selbst zutiefst verunsichert waren. Deshalb war die Hilfe zum Glück, die nun aus vielen Quellen heranströmte, voller Widersprüche und konkurrierender Empfehlungen. Bis heute laufen einem Glücksratgeber über den Weg, die lächerliche Kombinationen von »Schritten« zum Glück anbieten. Kapitel über die Notwendigkeit, mit Vollgas persönliche Leistungen anzustreben, stehen neben anderen, die verkünden, man solle sich selbst nicht allzu ernst nehmen. Mann wird gedrängt, privaten Träumen nachzujagen, und dann folgen Erklärungen über den großen Wert von Familie, Freunden und Gemeinschaft. Nichts sollte uns davon abhalten, finanziellen Erfolg zu haben, aber dabei sollte uns klar sein, dass Geld nicht glücklich macht.

Der moderne Käufer von Glücksprodukten muss ein erstaunliches Durcheinander entwirren. Anfangs versuchten die

Selbsthilfebücher den Leuten beizubringen, man könne Glück und ein gutes Leben nicht von gesunden zwischenmenschlichen Beziehungen und Kollegialität trennen. Als die Menschen sich selbst im Laufe der Zeit aber immer stärker als Inseln wahrnahmen, die in einem Meer der Entfremdung und Gleichgültigkeit treiben, entwickelte sich der Ton der Bücher immer mehr in Richtung des Mottos »mach' dein eigenes Ding«. Wenn man glücklich sein wollte, sollte man sich auf sich selbst besinnen, selbst sein eigener bester Freund sein und der Einzige, dem man selbst wirklich wichtig ist. Das führte zwar zu einem einsamen Glück, aber immerhin zum Glück.

Das moderne Glück wurde sehr schnell aller Substanz beraubt und entfernte sich immer weiter von Themen, die mit Herz und Seele zu tun hatten. Selbstzufriedenheit wurde mit Glück gleichgesetzt. Diesen Trend erkannte schon John Stuart Mill, und 1863 machte er sich in seinem Werk *Utilitarianism* über das neue, niedrige Glücksniveau lustig: »Besser ein unzufriedener Mensch sein als ein zufriedenes Schwein, besser der unzufriedene Sokrates als der zufriedene Idiot.«

Ohne zwischenmenschliche, spirituelle, moralische und intellektuelle Verankerung ähnelte das Glück immer stärker einer Form der emotionalen Masturbation. Es fühlte sich unter Umständen nach wie vor gut an, aber nicht wie das Eigentliche. Man brauchte nur Grundkenntnisse über die Technik. Manche Puristen verurteilten dies nun als Pseudoglück ohne jeglichen gesellschaftlichen Wert. Andererseits eröffnete sich aber ein riesiger Markt für alles, was diese schweinisch-zufriedene Selbstbedienungsform von Glück verschaffen sollte. Im Zeitalter des Individuums wurde das Glück zu einer Soloveranstaltung.

KAPITEL 8

# Glück für Dummies

Der Weg zum privaten, trivialen Glück beschleunigte sich durch das Aufkommen des »positiven Denkens«. Worte hatten zum Angriff auf die Gefühle angesetzt, und den Sieg sollte eine Art gedachtes Glück davontragen. Der 1952 erstmals erschienene Bestseller *Die Kraft positiven Denkens* von Norman Vincent Peale wurde in 41 Sprachen insgesamt über 20 Millionen Mal verkauft. Das Zeitalter der Selbstgespräche war angebrochen, und Glück war der erste Zustand, in den wir uns hineinreden sollten.

Hinter dem positiven Denken oder den positiven Selbstgesprächen stand eine einfache Idee. Peale formulierte es so: »Unser Glück hängt sehr davon ab, welche Gewohnheiten wir uns zu eigen machen ... Darum bedeutet die Pflege eines ›glücklichen Herzens‹ ein ›immerwährendes Fest‹, was nichts anderes heißt, als dass wir uns jeden Tag unseres Lebens erfreuen sollen und können.« Es war ein zeitgemäßes Konzept in einer Ära, als die Menschen allmählich unter so viel psychischer Überlastung litten, dass sie begierig auf ein Glück waren, welches die Gefühle nicht forderte, auch wenn sie am Ende nur *dachten*, sie seien glücklich. Die wachsenden Schlangen der ausgebrannten und heruntergekommenen Menschen waren in dem Stadium angelangt, in dem sie schon glücklich waren, wenn sie gar nichts fühlten.

Aber Peales ursprüngliches Positiv-Denken-Modell wurde schon bald abgewandelt: Immerhin erhob es die anspruchsvolle Behauptung, ein gutes Leben sei davon abhängig, dass man ein guter, verantwortungsbewusster, für andere aufmerksamer Mensch war, der seine eigenen Interessen nicht auf

Kosten anderer verfolgte, sondern Gutes tat und seinen Mitmenschen half. Er predigte, es sei notwendig, unbewusste Gefühlskonflikte zu lösen, sei es durch Psychotherapie oder religiösen Glauben. Er lästerte sogar den Gott, der in der Form von uns selbst entstanden war: »Gewöhne dich daran, alles in Gottes Hände zu legen.« Deshalb dauerte es nicht lange, bis andere Wunderarzneien auf der Bildfläche erschienen; die Menschen sollten lernen, sich ihren Weg zum Glück mit weniger Anstrengung und mehr persönlicher Bequemlichkeit einzureden.

Die Hohepriester des positiven Denkens erklärten nie, wann oder warum die Menschen sich tatsächlich auf den erbärmlichen Weg des negativen Denkens begeben hatten. Bis heute ist es nicht plausibel, dass Menschen sich zu negativem Denken entschließen, wenn es zur Folge hat, dass man mit Unglück und anderen ungenießbaren Gefühlen bestraft wird. Zum Teil könnte es daran gelegen haben, dass die Welt im 20. Jahrhundert aus Sicht der Menschen negativ und hässlich geworden war. Das Sicherheitsgefühl der Menschen war zutiefst beeinträchtigt. Ihr Glaube an eine bessere Zukunft schwand dahin. Fluchttendenzen wurden zum wichtigsten Notbehelf. Wer sich auch nur das geringste Maß an Realismus bewahrt hatte, konnte leicht der »negativen Weltsicht« erliegen, die das wichtigste Symptom von Depressionen darstellt. Wo die Gründe auch liegen mochten, es wurde ein herzhafter Appetit auf eine Art von Glück geboren, die keine Vorbereitung brauchte – ganz ähnlich wie die Tiefkühl-Fertiggerichte, die seit den Sechzigerjahren sehr schnell die echten Lebensmittel verdrängten.

Nur die wenigsten hielten inne und fragten, wie nützlich es ist, wenn man sich ständig fragt: »Bin ich glücklich?« Immerhin behaupteten einige Gesellschaftskritiker, dies sei die dümmste Frage der Welt, denn das ständige Jubeln über das eigene Glück sei der sicherste Weg, es auszulöschen. Eric Hoffer ging in seinem 1954 erschienenen Buch *The Passionate Mind* so weit zu behaupten: »Das Streben nach Glück ist eine der wichtigsten Quellen des Unglücks.« Um diese Ironie richtig einschätzen zu können, muss man sich klarmachen, dass

Glück in der dünnen Luft des Bewusstseins nicht lange überlebt. Darüber hinaus ist es nie ein gutes Zeichen, wenn ein Mensch oder eine Gesellschaft unbewusste Funktionen ans Licht zerren und im Bereich des bewussten Denkens manipulieren muss. Es bedeutet, dass sie sich nicht mehr auf natürliche Weise einstellen.

Viele andere Menschen waren abgestoßen davon, dass das Glück die Menschen gegenüber wichtigeren Themen abstumpfen ließ. Angesichts der Tatsache, dass der Zustand der Erde sich so schnell verschlechterte, widersetzten sich manche dem blinden Marsch ins Glücks-Wunderland. Sie beschrieben, welch beschämendes Erbe wir unseren Kindern hinterlassen: Umweltverschmutzung, globale Erwärmung, Waldvernichtung, Überbevölkerung, überhitzte Entwicklung, Zusammenbruch von Familien und Lebensgemeinschaften, Rassen- und Religionskonflikte, Terrorismus, eine immer breitere Kluft zwischen Reich und Arm und so weiter. W. H. Auden prahlte in *Homage to Clio*: »Ich war froh, dass ich unglücklich sein konnte.« Um darauf hinzuweisen, dass das neue persönliche Glück eine Form von Nachlässigkeit und Ignoranz war, bediente er sich des Vergleichs mit einem Hahn, der sein Glück verkündet, während alle seine Söhne systematisch kastriert und aufgegessen werden.

**Schlüssel zum Glück**
Zur Hölle damit. Wer nie den Preis des Glücks kennengelernt hat, kann nicht glücklich sein.
*Jewgeni Jewtusckenko*

Indem der russische Dichter Jewtuschenko andeutet, dass das Glück seinen Preis hat, spricht er eine tiefe Wahrheit an. Aber Ende des 20. Jahrhunderts gab es einen Menschenschlag, der nach Glück gierte, ohne dafür einen Preis zu bezahlen, oder zumindest nur einen, den man verkraftet, ohne die damit verbundenen Geburtswehen zu spüren. Glück ohne Preis macht das eigentliche Glück zum Gespött. Aber es war das Zeitalter der

Nachahmung, der Verstellung und der falschen Eindrücke. Mittlerweile hatten sich die Menschen an eine Welt gewöhnt, in der nichts echt war, und in dieser Hinsicht brauchte auch das Glück keine Ausnahme mehr zu machen. Glück war dazu bestimmt, im Leben der meisten Menschen zu einem »Thema« zu werden. Sie nahmen es als immer noch echt genug hin, ganz ähnlich wie den Besuch in einem Themenpark, der ebenfalls für viele Menschen ein ausreichend echtes Erlebnis darstellt.

Die Sechzigerjahre des 20. Jahrhunderts stellten einen Wendepunkt dar: Jetzt reifte bei einer ganzen Generation die Erkenntnis, dass das Leben keinerlei Grenzen haben muss. Regeln waren plötzlich aus der Mode, und Wohlfühlen war angesagt. Glück war jetzt dazu da, dass man es sich nahm, und zwar ohne Voraussetzungen oder Vorbedingungen. Eine neue, radikale Hoffnung machte sich breit. Glück war für die Massen frei verfügbar. Noch ein Jahrzehnt zuvor hatte sich Glück bis zu einem gewissen Grad als Berg dargestellt, den man erklimmen muss. Dies zeigt sich zum Beispiel in dem 1951 erstmals erschienenen Buch *Die Kunst, glücklich zu sein* von Martin Gumpert: Dort finden sich schmerzhaft nüchterne Kapitel über die Notwendigkeit, ständig hinzuzulernen, die Realität des Todes zu akzeptieren, sich mit den eigenen Grenzen abzufinden, nach Ehrlichkeit zu streben und auf dem Weg dorthin für alles einen Preis zu bezahlen.

Gott, der lange den Deckel auf dem höchsten Glück in diesem Leben gehalten hatte, gab in den Sechzigerjahren fast völlig nach und entschied, dass jeder, der glücklich sein wollte, auch glücklich sein konnte. Wohlfühlreligionen schossen unter allen möglichen Namen wie Pilze aus dem Boden. An die Stelle von Gottesdiensten traten Polkamusik, elektrische Gitarren, Großleinwände, Fernsehkameras, prominente Gäste und motivierende Reden. In Kirchen, die noch schlechte Nachrichten über das Leben und uns selbst verkündeten oder Opfer als Voraussetzung für die Begegnung mit Gott predigten, gingen die Besucherzahlen steil nach unten. Die geschäftsmäßige christliche »Megakirche« entstand, in der prominente Prediger mit Charisma und Medienrummel ihren verzückten Anhängern psychotherapieartige Rezepte für diesseitiges Glück und Wohlstand verkauften. Sie beherrschen derzeit den Massenmarkt für Spiritualität trotz zunehmender Konkurrenz durch Motivationsevangelisten und psychologische Prediger, deren Pseudoinformationen und vorfabrizierte Talkshows Millionen potenzielle Bekehrte von der Macht des Ehrgeizes und dem Reiz des Psychogeplappers überzeugen sollen.

Das »positive Christentum«, wie es genannt wurde, war eine Einladung, unser Schicksal selbst zu gestalten. Dass das Publikum vorwiegend aus Leuten bestand, die nicht einmal über grundlegende religiöse Lehren Bescheid wussten, spielte keine Rolle. Wichtig war nur, dass die Religion sich der Wohlfühlrevolution angeschlossen hatte. Das war in Wirklichkeit das Einzige, was sie in einem Klima von immer mehr Unterhaltung und Ablenkung vor dem Untergang bewahrte. Heute herrscht allgemein die Überzeugung, es sei von Gott geplant, dass wir glücklich sind. Dabei kümmert er sich nicht einmal darum, ob wir auf Wegen glücklich werden, die den Worten Christi diametral entgegengesetzt sind. Als Gott hinzukam und das Glück zu etwas Bedingungslosen machte, war der Triumph des Trivialen vollendet.

Das Motto »lebe für den Tag« der Sechzigerjahre-Blumenkinder erinnerte an die Zeiten vor Beginn der Zivilisation, als man jene Freude genießen konnte, die nur im Augenblick existierte und nicht von Gedanken an Vergangenheit oder Zukunft verunreinigt wurde. Die ältere Generation sah entsetzt zu, wie die glücklichen Hippies, die ihrem Glück oftmals mit Chemie nachgeholfen hatten, die Fundamente der ganzen Zivilisation zu zerlegen drohten. Junge Menschen griffen alles an, was sich nicht gut anfühlte, vom Krieg bis zum Büstenhalter. Sie wollten einfach nur glücklich sein. In ihrem Idealismus erkannten sie nicht, warum die Welt als Ganzes nicht glücklich sein kann.

Es gab viele Versuche, die heutige Glückshysterie als eine Art Bewegung nach dem Vorbild der Hippies darzustellen, nur mit dem Unterschied, dass der Nährboden dieses Mal nicht San Francisco war, sondern Los Angeles. Aber dabei übersieht man, welche tiefer liegenden gesellschaftlichen Faktoren das Glück zu einer derart fixen Idee gemacht haben. Dennoch stimmt es, dass viele unserer heutigen Glücksgurus ursprünglich Blumenkinder waren. Auch zwischen der Hippiebewegung und dem heutigen Symbol für das Glück, dem Smiley, besteht ein historischer Zusammenhang.

Das lächelnde Gesicht, das von manchen als Gesicht des hirntoten Optimismus verhöhnt wurde, war das geistige Kind des Grafikers und Künstlers Harvey Ball. Er wurde in einem Unternehmen, dessen Belegschaft unter schlechter Arbeitsmoral litt, zum Werbeleiter berufen. Um eine positive Haltung zu fördern, zeichnete er 1963 eines Tages die moderne Vision des »happy face« und verteilte Kopien davon an alle Angestellten. Für diesen Geniestreich erhielt er das magere Honorar von 45 Dollar.

Aber erst zwei Unternehmer aus Philadelphia erkannten schließlich, welches Goldeselpotenzial in dem »happy face« steckte. Ihr Geschäft war die Vermarktung von Modeartikeln. Im Jahr 1970, inmitten der Unruhen wegen des Vietnamkrieges, als in der jüngeren Generation offener Hass ausbrach, kam ihnen die Idee: Nach ihrer Überzeugung war die Welt reif für ein Symbol, das an die Stelle des umstrittenen Peace-Zeichens treten konnte. Sie suchten nach etwas, das die Massen anzog und auf die angstgeplagte Öffentlichkeit eine beruhigende Wirkung ausübte. Dann erinnerte sich einer der beiden daran, dass er ein paar Jahre zuvor die ursprüngliche Form des »happy face« gesehen hatte. Sie fügten noch den Slogan »Have a Happy Day« hinzu – der Rest ist Marketingsgeschichte. Innerhalb von zwei Jahren wurden mehr als 50 Millionen Smiley-Buttons verkauft. Wie viel es bis heute sind, weiß niemand mehr.

Die Hippiebewegung ist noch heute von Nostalgie umgeben. Es gibt besondere Hippieläden, in denen man alle Utensilien kaufen kann, um den Traum am Leben zu halten. Das Gleiche versuchen Websites wie www.happyhippie.com, wo nicht nur alle Arten von Hippie-Devotionalien angeboten werden, sondern auch ein »Hippie Forum«, das die Anhänger mit Nachrichten und Veranstaltungsankündigungen auf dem Laufenden hält. Aber die Philosophie des »Lebens im Hier und Jetzt«, die der Blumenkinder-Revolution zugrunde lag, konnte nicht von Dauer sein in einer Welt, die ganz wild auf Fortschritt ist und nichts mehr anstrebt als die Herstellung eines Konsumglücks.

Die »Humanpotenzial-Bewegung« nahm in den Sechzigerjahren ihren Anfang. Sie richtete sich von ihrem Wesen her gegen die Kultur und versprach Glück nicht durch passive kulturelle Konformität, sondern durch ständige persönliche Weiterentwicklung. Unter anderem trug sie dazu bei, der Psychotherapie ein neues Image zu geben: Diese wurde während der nächsten Jahrzehnte für viele Menschen zu einem Wachstumserlebnis, das die gesamte Lebenserfahrung bereichern konnte. Ehrlich, aufrichtig und real zu sein, galt jetzt als unentbehrlich, wenn man zu einem lebendigen Menschen werden wollte. Zu lernen, wie man die eigenen Gefühle erkennt und ausdrückt, war nach dieser Vorstellung ein entscheidender Schritt auf dem Weg, ein echter Mensch zu werden, der echtes Glück erlangen konnte. Dazu gehörte auch, dass man entdeckte, wie man auf ehrliche Weise lieben kann.

In den Siebzigerjahren erfreute sich Arthur Janovs Urschreitherapie eine Zeit lang beträchtlicher Beliebtheit. Dahinter stand die Überlegung, dass »jeder in dieser Gesellschaft großen Schmerz empfindet«. Wenn man laut genug und lange genug schrie, konnte man nach Janovs Überzeugung den Schmerz durch Glück ersetzen und Potenziale freisetzen. Obwohl die Methode natürlich ihre Grenzen hatte, entsprach sie zumindest der Notwendigkeit, den Menschen ein Ventil für ihre negativen Gefühle zu verschaffen. Heute erfüllt die Lachtherapie in vielerlei Hinsicht die gleichen therapeutischen Funktionen wie in früheren Zeiten die Urschreitherapie. Diejenigen, die das erzwungene Lachen befürworten, erreichen damit eigenen Behauptungen zufolge vielfach den gleichen gesundheitlichen Nutzen wie die früheren Vertreter der Urschreitherapie: Verminderung von Ängsten, Stressabbau, bessere Entspannung und besserer Schlaf.

Besonders beliebt waren humanistische Therapien, weil sie versprachen, sie würden zum Wohlbefinden führen. Das war eine willkommene Abkehr von der Freud'schen Psychoanalyse, die den Menschen vor allem half, sich mit ihrem zivilisierten Unglück abzufinden. Tatsächlich sagt ein berühmtes Zitat von Freud sinngemäß: »Ich kann Ihnen helfen, Ihr neurotisches Elend in allgemeines Unglück zu verwandeln.« Den modernen Menschen reichte das nicht mehr: Sie machten ihre Hoffnungen zunehmend am persönlichen Glück fest.

Was Humanismus und die Humanpotenzialbewegung anzubieten hatten, war im Hinblick auf das Glück durchaus sinnvoll. Sie wollten den Kontakt sowohl zu anderen als auch zum eigenen Ich wieder herstellen und einen Weg zurück zu einem natürlicheren Dasein finden. Aber damit verlangten sie zu viel von einer Gesellschaft, deren Mitglieder unglaublich schufteten und Mühe damit hatten, auf den eigenen Geist, den Körper, die Seele und sogar die eigenen Kinder zu achten. Wie sich herausstellte, standen ihre Werte in völligem Widerspruch zu jenen, die angeblich zum humanistischen Glück führen sollten. Es war eine zunehmend inhumane Welt, in der gehetzte Menschen ihre Bemühungen um Glück auf Objekte richteten. Aber ihre begrenzten Energien wurden von allen Seiten gefordert, und gleichzeitig wurde Zeit immer knapper. Wonach sie sich sehnten, war ein fertig gemischtes, mikrowellengeeignetes Glück, das nicht von ihnen verlangte, ein anderer Mensch zu werden oder einmal innezuhalten.

Ein wenig half in dieser Hinsicht die »New-Age«-Bewegung. Sie entstand als neuer Zweig der dahinschwindenden Humanpotenzial-Bewegung, der die spirituelle Welt mit einbezog und so den Weg zum Glück abkürzen wollte. »New Age« hatte viele Gesichter, aber letztlich ging es immer darum, den Schlüssel zur eigenen »inneren Göttlichkeit« zu finden. Kristalle, geistliche Führer, Pyramidenkräfte, Getränke, Aura, verzauberte Düfte und viele andere übernatürliche Hilfsmittel wurden eingesetzt, um die Menschen zu heilen und ihnen den Weg zu einem glücklichen Leben zu weisen. Ein wichtiger Reiz des New-Age-Glücks bestand darin, dass man vieles davon erlangen konnte, indem man einfach einen Gegenstand oder eine Dienstleistung kaufte. Damit rückte das Glück wieder einen Schritt näher an den Markt heran, auf dem es später zu Hause sein sollte.

Das New-Age-Glück ist zwar auch heute noch populär, aber es findet seine Grenzen in der Tatsache, dass die Menschen dazu an etwas glauben müssen, was außerhalb ihner selbst steht. Die Dinge, an die die Menschen glauben sollen, sind unbestimmt und häufig widersprüchlich. Das hielt verschiedene New-Age-Gurus jedoch nicht davon ab, das Heraufdämmern eines globalen Glücksbewusstseins vorauszusagen, das sich einstellen sollte, sobald eine kritische Masse an positiver Energie erreicht war. Aber dieser Traum löste sich auf, als das Konsumzeitalter in immer höherem Tempo deprimierte Kunden ausstieß, deren Leben sich auf eine lange Reihe eiliger Kaufentscheidungen beschränkte.

Im Jahr 1979 wurde der Begriff vom »Zeitalter der Depressionen« geprägt. Er bezeichnete den allgemeinen Geisteszustand der abendländischen Bevölkerung. Die Zahl der Depressionserkrankungen und der Selbstmorde von Jugendlichen schoss steil in die Höhe, die Familien brachen zusammen, religiöse Mechanismen zur Verarbeitung der Schwierigkeiten verloren an Bedeutung, mit dem Materialismus stieg die Stressbelastung, und die Menschen arbeiteten immer länger, um sich ein gutes Leben leisten zu können. Aussteigen war in. Was den traurigen Zustand der Umwelt anging, hatte ein umfassendes Leugnen eingesetzt. Die Samen des Unglücks waren in fast allen Bereichen menschlichen Lebens ausgesät. In einer solchen Welt war Glück ganz offensichtlich ein kostbares Gut, das nach unserer vollen Aufmerksamkeit verlangte.

Schon in der Mitte des 20. Jahrhunderts hatten die Menschen ihr Utopia weitgehend aufgegeben. An ihre Stelle traten verschiedene Formen eines Anti-Utopia wie in George Orwells *1984* oder Aldous Huxleys *Schöne neue Welt*. Darin ging es um die totalitäre Kontrolle hinter dem modernen »Albtraum mit Klimaanlage«. Nach und nach wurde uns mitgeteilt, dass man den glücklichen Massen ein schäbiges Sammelsurium emotionaler Güter verkauft hatte. In jüngerer Zeit boten Filme wie *Matrix* oder *The Truman Show* das Bild einer ganz und gar gefälschten Welt einschließlich künstlicher Gefühle, mit denen die Menschen »glücklich« gemacht und auf nützliche Weise an das System angeschlossen werden. Die Kunst hatte sich mit der zweiten Hälfte des 20. Jahrhunderts ganz allgemein von Utopia und Glück abgewandt. Das war ein Symbol für den Zustand des Glücks zu jener Zeit.

### Schlüssel zum Glück

Kunst lehrt uns nichts außer der Bedeutung des Lebens.
*Henry Miller*

Kunst gehört heute zu den letzten Dingen, die einem einfallen, wenn man darüber nachdenkt, was die Menschen glücklich macht. Aber sie war seit Anbeginn unserer Geschichte eine machtvolle, gemeinsame emotionale Sprache, die den Geist aufrichten und die Fantasie anregen konnte, weil sie von der Bedeutung des Lebens, von seiner Schönheit und Dramatik erzählt. Vielfach war Kunst für die meisten Menschen einer Gemeinschaft eine Lebensform. So waren beispielsweise alle Navajo Sänger, und viele von ihnen komponierten auch Lieder. Die meisten Frauen und Männer der Navajo entwickelten künstlerische Fähigkeiten in Bereichen wie Sandmalerei, Silberarbeiten, Keramik, Korbflechterei oder dem poetischen Gebrauch von Sprache. Mit dem heutigen Kunstbetrieb hätten sie nichts anzufangen gewusst. Ihre Herzen wären bei unserer kleinen Gruppe an den Rand gedrängter Künstler gewesen, die nicht mehr darauf hoffen können, von einer desinteressierten, künstlerisch ungebildeten Öffentlichkeit anerkannt zu werden. Bis vor kurzem war Kunst untrennbar mit Qualität und Können verknüpft. Auch ganz gewöhnliche Menschen konnten ihren künstlerischen Neigungen beispielsweise im Bereich des traditionellen Kunsthandwerks nachgehen, das nicht nur von ästhetischer, sondern auch von praktischer Bedeutung war. Beispiele dafür findet man noch heute, man denke nur an die Patchwork- und Stickarbeiten der Mennonitenfrauen; sie überliefern diese Kunstform, die meist in Gruppen ausgeübt wird, nach wie vor von einer Generation zur nächsten. Für sie und andere Kulturen aller Zeiten bestand zwischen Kunst und Schönheit ein enger Zusammenhang. Das Gleiche gilt für Kunst und Glück.

In den Dreißigerjahren des 20. Jahrhunderts jedoch hatte sich die Kunst auf einen anderen Weg begeben: Sie drückte jetzt den Narzissmus und die Entfremdung aus, die in der modernen Konsumkultur auf dem Vormarsch waren. Dabei verlor sie viel von ihrer Fähigkeit, die Gefühle und unsere ästhetischen Instinkte anzusprechen; das gilt mit Sicherheit für alle Formen der zeitgenössischen Kunst. Heute lautet das wichtigste Kriterium für Kunst, die diesen Namen verdient: Sie muss neu oder anders sein. Wir erkennen alle möglichen Monstrositäten als Kunst an: einen toten Hai in einem Tank voller Formaldehyd, Hemden in einer Konservendose oder eine gerade Linie in einem luftdicht verschlossenen Rohr. Den gleichen Zweck erfüllen Urinale, Straßenschilder, Mülleimer oder abgeschnittene Fingernägel. Die Sprache der Kunst ist so verhunzt, dass die Vorstellung, sie könne zum Glück der Menschen beitragen, sich nicht mehr ohne Weiteres einstellt.

Aber genau darum geht es nach Ansicht einiger Anhänger der zeitgenössischen Kunst. Nach ihrer Meinung ist das offenkundige Fehlen von Qualität und handwerklichem Können gerade dazu da, das Glück in seiner derzeitigen Form zu zerstören und einer Kultur der Illusionen und des unbegründet positiven Denkens mit einer Herausforderung zu begegnen. Hässliche Kunst gilt in einem gewissen Sinn als übel schmeckende, aber notwendige Arznei für eine hässliche Form des Glücks. Diese Interpretation unterscheidet sich ein wenig von jener anderen, wonach unkünstlerische Kunst schlicht ein direktes Spiegelbild der Hässlichkeit und Sinnlosigkeit ist, die unsere heutige Gesellschaft umfängt.

James Poniewozik schrieb in der Zeitschrift *Time* in einem Artikel »The Art of Unhappiness« (»Die Kunst des Unglücklichseins«), der Aufstieg der »antiglücklichen Kunst« habe mehr mit der entsetzlich großen Menge an Glück zu tun: »Der Grund könnte darin liegen, dass es in der heutigen Welt so viel blödes Glück gibt.« Er fügt aber auch hinzu: Dieses Glück, in das uns die Medien hineingetrieben haben, ist eine Pseudoform, der das Potenzial für echtes Glück fehlt. Der Krieg, der nach seiner Beobachtung zwischen Kunst und Glück herrscht, könnte am Ende dazu führen, dass unsere Aufmerksamkeit sich vom »leichten Glück«, wie er es nennt, abwendet und sich auf die ernüchternde Erkenntnis richtet, dass Verlust, Schmerzen, Opfer und Enttäuschungen der Nährboden sind, auf dem das Glück wächst. Poniewozik schließt mit den Worten: »Wir brauchen die Kunst, damit sie uns wie früher die Religion sagt: *Memento mori* – denke daran, dass du sterben musst, dass alles irgendwann ein Ende hat, und dass Glück nicht aus dem Leugnen dieser Tatsachen erwächst, sondern daraus, dass man mit ihnen lebt.«

Ob die moderne Kunst nun tatsächlich »die Tyrannei der positiven Einstellung« bekämpft, wie der Philosoph William James es nannte, oder nicht – eines ist sicher: Wie alles andere, so wurde auch das Glück zunehmend kommerzialisiert. Das Bewusstsein als solches geriet zunehmend unter die Kontrolle wirtschaftlicher Kräfte – die Soziologen sprachen von einem neuen »ökonomischen Wesen«, und manche benannten unsere Spezies sogar in *Homo economicus* um. Ende der Achtzigerjahre des 20. Jahrhunderts waren wir zu emotional heruntergekommenen Marketinggestalten geworden. Aber dabei war das Glück ein unverzichtbares Modeaccessoire. Es war unbedingt notwendig, das Aussehen eines glücklichen Menschen zu tragen. Das »Lach-mal«-Phänomen half uns, das immer stärker zerrüttete Innenleben des *Homo economicus* zu übertünchen.

Eine Parallele zur modernen Geschichte des Glücks bietet in gewisser Weise die Geschichte der Fotografie, die 1826 mit der ersten Fotoaufnahme begann. Blättert man Fotos aus dem 19. Jahrhundert durch, so sieht man kein künstliches Lächeln, keine »happy faces«. Das Gleiche gilt auch noch für unsere Vorfahren im frühen 20. Jahrhundert, die ebenfalls keine fröhlichen Gesichter machten. Düster, melancholisch oder ernst dreinzublicken, war nichts Anstößiges. Selbst heute empfinden die Menschen außerhalb des abendländischen Kulturkreises meist keine Notwendigkeit, ein falsches Bild von ihrem Gefühlszustand zu vermitteln, wenn eine Kamera auf sie gerichtet ist. Die Vorstellung, das Leben sei eine Abfolge gestellter »Fotomomente«, hat hier noch nicht Fuß gefasst.

Manche Historiker erklären diese Entwicklung einfach mit den langen Belichtungszeiten früherer Kameras und meinten, ein ausdrucksloses Gesicht sei einfacher beizubehalten als ein Lächeln. Dies könnte das Phänomen vielleicht teilweise erklären, ein soziologischer Faktor spielt aber ebenfalls eine große Rolle. Die meisten Menschen können ein Lächeln in Wirklichkeit auch während einer längeren Belichtungszeit beibehalten. Félix Tournachon Nadar, ein großer französischer Fotograf aus dem 19. Jahrhundert, wollte seinen eigenen Worten zufolge die »moralische Intelligenz« der abgelichteten Personen einfangen. Dies gelang ihm in einem gesellschaftlichen Klima, in dem man das Nichtglücklichsein noch nicht zum Tabu erklärt hatte. Damals war es durchaus akzeptabel, wenn man das Leben durch eine Brille betrachtete, die Leiden, Tod und Verlust als unausweichliche Teile des Daseins nicht ausblendete. Ein würdevolles, gewichtiges »elisabethanisches« Verhalten galt nicht als Anzeichen für ein verfehltes Leben.

Bevor das Glück als Modeerscheinung zu etwas Obligatorischem wurde, konnte man sogar stolz einen Ausdruck von Zynismus, Zweifel oder Resignation aufsetzen. Das alles bedeutete nicht, dass etwas nicht gestimmt hätte oder in Ordnung gebracht werden müsste. So war das Leben nun einmal. Man brauchte sich nicht dafür zu schämen, wenn man mit seiner Selbstdarstellung den Eindruck vermittelte, dass man nicht gerade fröhlich war. Die eigene Würde darzustellen, war in der Frühzeit der Fotografie ein viel stärkeres Motiv. Heute ist das fröhliche Gesicht eine gesellschaftliche Schminke, die neue Formen des Schmerzes übertüncht.

Als die Menschen ihre positiven Einstellungen immer stärker kultivierten, beschäftigten sie sich plötzlich mit einer eigenartigen Form der inneren Ausschmückung, in deren Verlauf sie alle Gefühle unter den Tisch kehrten, die den äußeren Anschein des Glücks trüben könnten. Genau wie man sich emotional vor der Realität des Todes verstecken konnte, so machte die neu entstehende Gesellschaftsstruktur es auch immer einfacher, sich vor der Erfahrung eines breiten Spektrums verschiedener Gefühle zu drücken. Dazu gehörten auch solche, die eng mit dem eigentlichen Leben verbunden sind wie Traurigkeit und Kummer. Der Schweizer Psychologe Carl G. Jung formulierte sehr treffend die Notwendigkeit, gegenüber allen – auch den düsteren – Gefühlen aufgeschlossen zu bleiben, um sich die Fähigkeit, Glück zu empfinden, zu bewahren. »Es gibt so viele Nächte wie Tage, und das eine ist im Jahreslauf ebenso lang wie das andere. Selbst ein glückliches Leben kommt nicht ohne ein gewisses Maß an Dunkelheit aus, und das Wort ›glücklich‹ verliert seinen Sinn, wenn es nicht durch Traurigkeit sein Gegengewicht erhält.«

### Schlüssel zum Glück

Je tiefer der Kummer in dein Dasein einschneidet,
desto mehr Freude kannst du festhalten.
*Khalil Gibran*

Wenn wir ständig bestrebt sind, uns aufzuheitern und ein fröhliches Gesicht aufzusetzen, schaffen wir gerade nicht die Freiräume für das Glück, von denen der libanesische Dichter Khalil Gibran in *Der Prophet* berichtet. Niemand kann weniger gut das Glück festhalten als derjenige, der ausschließlich darauf aus ist, nur Glück zu empfinden. Das ist der Grund, warum die »Wilden« glücklicher waren als ihre Entdecker, und warum Glück in Gesellschaften, in denen andere Kräfte damit konkurrieren, in so viel größerem Überfluss vorhanden ist. Die Fähigkeit, Glück zu empfinden, hängt davon ab, dass wir auch andere Gefühle wahrnehmen können.

Wenden wir uns also dem 21. Jahrhundert zu. Heute müssen die Menschen das Glück in einer kulturellen Ruinenlandschaft finden, in der alle wichtigen Bedürfnisse der Menschen enttäuscht werden, mit Ausnahme der materiellen, denn die werden gesättigt. Die Gesellschaft wurde immer kälter. Die Welt füllte sich mit Lärm, Verstopfung und einem nie gekannten Maß an Misstrauen. Herz, Geist, Körper und Seele gerieten in Bedrängnis. Glück war zu einer Frage des »jeder für sich« geworden. Auf nahezu vollkommene Weise spiegelt sich die Geschichte des Glücks und des modernen Lebens ganz allgemein in dem Titel eines Buches von Bryce Courtenay: *The Power of One* (»Die Macht des Einen«). Es gibt keine bessere Grabinschrift für das zwischenmenschliche Glück, kein besseres Motto für die Herausforderung, vor der die modernen Menschen stehen.

Geschichten über einsame Helden waren der Kriegsruf für Millionen Ein-Personen-Armeen, die an ihren eigenen Grenzen aufmarschierten, bereit zur Eroberung einer zornigen Welt, die zunehmend im Widerspruch zum Glück stand. Als Zahnrädchen im Getriebe der Wirtschaft wurden die Menschen von neuen, radikaleren Formen der Konkurrenz vorangepeitscht, die sie nach ständigem Beschäftigtsein streben ließen. Irgendwann kam der Punkt, an dem sie völlig ausgelastet waren; nun konnten sie sich unter Glück nicht mehr etwas vorstellen, das Arbeit an sich selbst erfordert oder gar verlangt, dass man die chaotische Welt in irgendeiner Form verbessert. Damit öffnete sich das Tor zu einem schnellen Glück, das sich einstellte, sobald man es sich wünschte.

Der neue Zauberstab, den man jetzt schwingen konnte, hieß »Wahlfreiheit«. Es war eine Art mentale Magie, mit der man Erlerntes ebenso überwinden konnte wie zwischenmenschliche Fragen, kulturelle Indoktrination, Biologie, Temperament, unbewusste Konflikte, die herrschenden Umstände und die Realitäten des Lebens. Auswahl war der schnelle emotionale Facelift für die gestressten, deprimierten Massen, die selbst nichts in ihr Glück investieren konnten. Es wurde die höchste Trumpfkarte. Bis heute ist Wahlfreiheit gleichbedeutend mit Macht. Man muss nur wählen oder »sich entscheiden«, dass man glücklich sein will. Die Entscheidungsrevolution hat sogar die Praxen der Berater und Psychotherapeuten erreicht: Dort findet man »Wählen« und »Entscheiden« ganz oben auf der Liste der angesagten Wörter.

Genau wie man den Menschen die Anweisung geben kann, nicht deprimiert zu sein, so kann man ihnen auch sagen, die sollten sich für das Glücklichsein entscheiden. Dahinter steht eine einfache, geradezu kindische Logik. Wie in einem Kindermärchen braucht man sich nur etwas zu wünschen, und schon wird es Wirklichkeit. Mit der Entwicklung des Glücks auf Bestellung erschienen alle früheren, arbeitsintensiven Wege zum Glück wie reine Zeitverschwendung. Man fragt sich heute, wie die Menschen früher gegenüber der Schnellstraße zum Glück so blind sein konnten.

Sich für das Glück zu entscheiden, war auf einmal nicht mehr schwieriger als die Entscheidung zwischen Weiß- und Vollkornbrot. Vollkornbrot ist gesünder, also entscheide ich mich dafür. Glücklich ist besser als unglücklich, also wähle ich glücklich. Dieser Trend zum Glück für Dummies spiegelt sich heute in den langen Reihen neuer Bücher wider, die den Weg in die Buchhandlungen gefunden haben. Offenbar können die Menschen nicht genug bekommen von der schillernden Versprechung einer mühelosen Auswahl, auch wenn sie sich damit nur eine dünne Glücksfassade verschaffen.

In den vergangenen Jahren sind mehrere Bücher mit dem Titel *Choose to Be Happy* (»Entscheide dich, glücklich zu sein«) erschienen. Das Gleiche gilt für den Titel *Happiness Is a Choice* (»Glück: Du hast die Wahl«). Auch alle sonstigen Kombinationen von »happy« und »choice« wurden für Bücher über die Wunderkräfte der Entscheidungen verwendet: *How We Choose to Be Happy* (»Wie wir uns für das Glücklichsein entscheiden«), *Happyness Through Choice* (»Glück durch Entscheidung«), *How to Choose Your Happy Ending* (»Wie man das Happyend auswählt«) und *Joy Choice: Happiness Is an Inside Job* (»Die Freudenentscheidung: Glück ist etwas für Eingeweihte«). Viele andere Bücher geben dem Leser Anweisungen, wie man mit Entscheidungen viel mehr als nur das Glück erreichen kann. So gibt es beispielsweise *Choose to Be Fit, Healthy and Happy* (»Entscheide dich, fit, gesund und glücklich zu sein«). Und wer danach immer noch deprimiert ist, für den gibt es auch Bücher wie *Depression Is a Choice* (»Depression ist eine Wahlmöglichkeit«). Wenn man nicht genau weiß, wo man mit dem Entscheiden anfangen soll, erklären manche Bücher, dass man sich nicht nur für alles andere, sondern auch für das Entscheiden entscheiden muss.

Von der klassischen Vision des Glücks als Gipfel, den es mühsam zu erklimmen gilt, sind wir heute denkbar weit entfernt. Alles wurde auf den Kopf gestellt. Glück ist heute der Ausgangspunkt, den man mit ein paar einfachen Methoden erreichen kann. Diese völlige Umkehr erkennt man daran, wie viele Glückstrainer ihr Angebot unter die Leute bringen.

Ein britischer Glückstrainer wirbt für seine Dienstleistung beispielsweise mit dem Hinweis: »In der ganzen Welt leiden Millionen Menschen an Einsamkeit, Selbstzweifeln, Wut, Frustration und Elend.« Das, so erklärt er, liege daran, dass »man ohne Glück kein glückliches Leben aufbauen kann«. Und er fügt hinzu: Nur eines bringt Glück – wenn man sich zuerst selbst glücklich macht. Mit anderen Worten: Unglück entsteht durch das Fehlen von Glück.

Das Glück hat seine sämtlichen Voraussetzungen verloren. Mit einer ganz ähnlichen Einstellung wie gegenüber Ruhm und Reichtum können wir jetzt kurz vor der Ziellinie anfangen. Es ist ein verbogener Gedankengang, aber das Selbstbedienungsglück verträgt sich ausgezeichnet mit den Wirtschaftsgütern, die unsere moderne Welt beherrschen.

KAPITEL 9

# Die Glücksverschwörung

John Updikes berühmtes Zitat »Amerika ist eine breite Verschwörung, um dich glücklich zu machen« stammt aus seiner Kurzgeschichte »Wie man Amerika gleichzeitig liebt und verlässt«. Darin geht es um einen Reisenden, der für eine Nacht in einer leblosen amerikanischen Kleinstadt Station macht. Vor lauter Langeweile denkt er darüber nach, was für eine kommerzielle Wüste ihn hier umgibt. Ihm fällt auf, dass alle früheren Straßen jetzt auf Banalitäten des Marketings hin ausgerichtet sind: »Um etwas Substanzielles zu bekommen, musst du in einen Laden gehen und etwas kaufen.«

Updike, der an anderer Stelle geschrieben hatte, Glück sei nicht der Verbündete der Wahrheit, sondern ihr Feind, beschreibt die Bewohner dieser Stadt als Menschen, die ihre Seele und ihr Glück an wertlosen Plunder und den Tod verkauft haben. Heerscharen von Verkäufern achten genau darauf, niemanden auch nur einen Augenblick lang unversorgt zu lassen, damit keiner auf die Idee kommt, etwas anderes als Befriedigung zu empfinden. Schließlich, so erkennt er, »ist das hier Amerika, wo wir alles für bare Münze nehmen«. Um Glück zu finden, muss man etwas schlucken. Das Glück und ganz Amerika nehmen sich anscheinend die Fastfoodindustrie zum Vorbild: »Amerika, ein Hamburgerreich, eine einzige Küche, unteilbar unter Gott, mit Gewürzgurken und Kartoffelchips für alle.« Man liebt es vielleicht, aber man muss es verlassen.

Auch der Schriftsteller J. D. Salinger roch offenbar einen kulturellen Braten, als er schrieb: »Ich bin eine Art umgekehrter Paranoiker. Ich habe den Verdacht, dass die Menschen sich verschworen haben, um einen glücklich zu machen.« Im Kern ist jede Kultur eine Verschwörung mit dem Ziel, dass ihre Mitglieder immer »glücklich« sind, damit sie bereitwillig und ohne nachzufragen ihre Normen einhalten. Kulturen sind wie Lebewesen: Wie alle Lebensformen kämpfen sie darum, am Leben zu bleiben. Die Bausteine der Kultur sind die Normen. Sie müssen befolgt werden, damit eine Kultur überlebt. Saul Bellow warnt in »Mr. Sammlers Planet« vor den Gefahren, die es mit sich bringt, Glück gegen die Normen der Gesellschaft zu erstreben: »Glück heißt zu tun, was die meisten Menschen tun. Widersprich nicht deiner Zeit. Widersprich ihr einfach nicht, das ist alles.«

In allen Kulturen haben sich emotionale Systeme entwickelt, mit denen die Menschen für ihren Konformismus belohnt werden. Durch sie zahlt sich das Befolgen der Normen emotional so stark aus, dass alle negativen Aspekte, die sich aus dem Gehorsam ergeben, mehr als aufgewogen werden. In jeder Gesellschaft gibt es auch Klarsichtige und Kritiker, die wie John Updikes Gestalt die Verschwörung durchschauen und einen kleinen Aufstand gegen ihr eigenes »Glück« inszenieren. Aber selbst ein Hamburgerreich bietet noch so viele schmackhafte Salzgurken und Kartoffelchips, dass das ganze Unternehmen zumindest für die Mehrheit genießbar wird.

Wir stellen uns gern vor, wir seien die Herren unseres eigenen Schicksals und die Schmiede unseres eigenen Glücks. In Wirklichkeit wird aber fast jeder vor allem von dem Drang getrieben, normal zu sein. Niemand beschreibt die süße Tragödie der Normalität besser als Peter Schaffer in *Equus*: »Normal ist das hübsche Lächeln im Kinderauge und ebenso das tote Starren von Millionen Erwachsenen. Es erhält und tötet wie ein Gott. Normal ist der unentbehrliche, mörderische Gott der Gesundheit.« Der Gott, den wir Kultur nennen, bestimmt über die allgemeine Richtung des Glücks und stellt alle möglichen Wegweiser auf, damit wir nicht vom richtigen Pfad abkommen. In dieser Hinsicht ist Glück im Wesentlichen durch kulturelle Normalität bestimmt. Aber wenn der Gott verrückt spielt und uns in die falsche Richtung schickt, damit wir echtes Glück erleben, bleibt uns manchmal keine andere Wahl, als uns von seinen Normen und Werten zu distanzieren, so schwierig das auch sein mag.

Alle Anzeichen deuten darauf hin, dass die moderne Konsumkultur zutiefst gestört ist, weil die Menschen sich in ihrer Mehrzahl so weit von ihren menschlichen Grundbedürfnissen entfernt haben, dass es im Hinblick auf geistige Gesundheit, zwischenmenschliches Wohlbefinden, körperliche Fitness und das Überleben unseres Planeten zu ernsthaften Problemen kommt. Aber trotz alledem gelingt es ihr immer noch, die meisten Menschen davon zu überzeugen, dass sie glücklich sind. Wenn man dies als Verschwörung bezeichnen kann, ist sie sehr wirksam: Sie verschleiert die emotionale Leblosigkeit, die das Kennzeichen des modernen Lebens ist.

In Huxleys *Schöne neue Welt* wurde die durch die Gesellschaft erzeugte psychische Leblosigkeit mit einer Glücksdroge namens »Soma« zuverlässig aus dem Bewusstsein der Menschen verbannt. Soma erzeugt ein oberflächliches Massenglück, das sich um sinnliche Zügellosigkeit dreht. Es ist vollständig künstlich und führt dazu, dass die Menschen sich nicht darüber informieren oder beunruhigen, welche Entbehrungen sie ertragen müssen, um in ihrer unmenschlichen Umwelt »normal« zu sein. Die Vergleiche mit unserer heutigen Zeit liegen auf der Hand.

Das Trommelfeuer der Bilder, das heute unser Bewusstsein prägt, kann in seiner Gesamtheit auch auf die intelligentesten Menschen tief greifende Wirkungen ausüben. So gelingt es sehr gut, die Vorstellung von Glück mit bestimmten Waren oder Dienstleistungen in Verbindung zu bringen, die mit dem Glücklichsein in Wirklichkeit nicht das Geringste zu tun haben. In der Werbebranche wird dieser Vorgang als »Emotional Branding« bezeichnet. Die Bilder, von denen wir überflutet werden, pflanzen uns unter Umständen die falsche Wahrnehmung ein, es gebe irgendwo eine Goldmine des Glücks, die alle anderen Menschen schon gefunden haben, nur wir selbst noch nicht. In der Regel können wir solche Bilder an der Wirklichkeit messen und als Unsinn entlarven. Aber da wir der ehrlichen Kommunikation mit anderen Menschen zunehmend beraubt werden, stehen uns immer weniger Wege zur Verfügung, um die falschen Bilder und den ganzen Mythos von einer Welt des Glücks zu vertreiben.

Wo also liegt das Problem? Man könnte die Ansicht vertreten, dass ein Fernsehspot mit einer fröhlich-glücklichen Familie die Stimmung der Zuschauer hebt und sie vielleicht ein ganz klein wenig glücklicher macht – und zwar selbst dann, wenn die Familie im Fernsehen sich über einen neuen, umweltschädlichen und benzinverschwendenden Geländewagen freut. Geschieht das Gleiche nicht auch, wenn wir in einer Zeitung oder Zeitschrift ein glücklich strahlendes Gesicht sehen, auch wenn dieses Ergebnis nur einem neuen Bikinihöschen oder einem Deodorant zu verdanken ist? Immerhin stand hinter dem Ur-Happyface 1963 die Theorie, dass Menschen sich vor allem dann, wenn sie sich schlecht fühlen, von fröhlichen Bildern aufheitern lassen. Leider ist in Wirklichkeit das Gegenteil richtig.

In jüngerer Zeit werden wir Zeugen einer gewaltigen Kollision zwischen fröhlichen Bildern und Depressionen. Wie sich in wissenschaftlichen Untersuchungen gezeigt hat, lösen einfache, fröhliche Bilder wie der Smiley im Gehirn eine Reihe von Reaktionen aus, die bei depressiven Menschen und solchen, die zu Depressionen neigen, die negativen Emotionen verstärken. Ich erinnere mich noch an einen meiner depressiven Psychotherapiepatienten, der mir in einer Therapiesitzung erzählte, wie schon ein kurzer Blick auf die »Wiggles« – eine Musikgruppe für Kinder, die das fröhliche Gesicht in neue, bis dahin unbekannte Regionen trug – in ihm eine Welle von Zorn und anschließend eine Verschlimmerung der Depressionen auslöste. Solche Reaktionen sind angesichts der Tatsache, dass ein Unglück selten allein kommt, nicht verwunderlich. Aber nicht nur die vielen Millionen depressiven Menschen empfinden ewig fröhliche Gesichter als penetrant.

Wie man aus Untersuchungen weiß, hat es auch für Menschen, die nicht an Depressionen leiden, negative emotionale Auswirkungen, wenn sie immer wieder Bilder glücksstrotzender Menschen zu sehen bekommen. Die meisten Theorien erklären das damit, dass ständig wiederholte Bilder von übertriebenem Glück zu Vergleichen anregen und so das eigene Selbstwertgefühl untergraben. Wir halten uns dann nicht nur im Glücklichkeitsspiel für unterlegen, sondern wir erkennen auch, dass wir die emotionalen Höhen der Menschen in den idealisierten Bildern nicht erreichen können. Daraus folgt ein Stimmungstief, das sich durch die Anhäufung selbst empfundener Fehlschläge verstärkt.

Im Mittelpunkt einer anderen Erklärung steht aufgerührter Neid, der, wie man nachweisen konnte, ebenfalls mit Depressionen und einem Gefühl der Wertlosigkeit verbunden ist. So oder so scheint es nur natürlich zu sein, dass unaufhörlicher Kontakt mit fröhlichen Bildern viele Menschen dazu veranlasst, ein fröhliches Gemüt zur Schau zu tragen, selbst wenn es nur eine Maske ist. Auch das schuf eine Neigung zu Depressionen für Menschen, die einfach keine sonnige Stimmung empfinden oder sich in ihrer Ehrlichkeit durch Verstellung beleidigt fühlen.

Die vielen Bilder von Menschen, die vor Glück strahlen, nachdem sie irgendetwas gekauft haben, ist eine Art Propaganda für die Wunder des Konsumkapitalismus. Ellen Johnston Laing beschreibt in ihrem Buch *Selling Happiness*, wie die Plakatkunst im kommunistischen China mit ihren Darstellungen begeistert-glücklicher Genossen und Staatsdiener die Menschen indoktrinierte und sie glauben machte, sie seien im Kommunismus glücklich. Eine ähnliche Propagandawirkung haben die unzähligen Entsprechungen dieser Plakate in der heutigen Gesellschaft. Aber sie setzen nicht nur Konsum mit Glück gleich, sondern sie transportieren darüber hinaus auch die Botschaft, wir seien nicht glücklich, weil wir nicht alles nehmen, was uns angeboten wird.

Die Konsumkultur ist nicht einfach nur eine Verschwörung, die uns glücklich machen will, sondern sie hat vor allem ein

Interesse daran, uns unzufrieden zu machen – das ist das Grundprinzip, nach dem der Konsumkapitalismus funktioniert. Unzufriedenheit ist die Geisteshaltung, die mit der derzeitigen Indoktrination erreicht werden soll. In dieser Hinsicht befinden sich die Menschen heute in einer einzigartigen Situation. Einerseits ist Glück zum höchsten Ziel geworden, das die Aufmerksamkeit aller auf sich zieht – es ist überall und nirgends. Und andererseits sind wir einer erbarmungslosen Programmierung ausgesetzt, die das Ziel hat, die Menschen zu beunruhigen und in einem Zustand ausreichender Unzufriedenheit zu halten, damit sie zuverlässige Konsumenten bleiben.

Die Kommerzialisierung unserer geistigen Sphäre mag harmlos erscheinen. Bei oberflächlicher Betrachtung scheint sie nur darauf angelegt zu sein, unser Interesse an dem einen oder anderen Gegenstand aus der unendlichen Vielfalt der Produkte, Apparate und Vorrichtungen wachzuhalten, die so aggressiv um unser Geld konkurrieren. Aber wie Anna White vom Center for a New American Dream in ihrem Aufsatz »Selling Discontent« (»Wie man Unzufriedenheit verkauft«) deutlich macht, ist Unglück in Form von Unzufriedenheit die Triebkraft der gesamten Konsumkultur und ihrer Menschen. Sie zitiert einen früheren Werbemanager, der beschreibt, mit welch nahezu göttlicher Macht die Werbung bei ihren Zielgruppen ein schwarzes Loch der Unzufriedenheit ausfressen kann: »Neben dem Christentum ist die Werbung die größte Macht der Welt. Das sage ich ohne Blasphemie oder Respektlosigkeit. Werbung macht die Menschen unzufrieden. Sie bewirkt, dass sie Dinge haben wollen, die sie noch nicht besitzen. Ohne Unzufriedenheit gibt es keinen Fortschritt, keine Leistung.« Die Werbung in den Medien wirkt wie eine subtile Form von Terrorismus: Sie weckt Zweifel, Ängste und Unzulänglichkeitsgefühle. Und sie sorgt für eine starke Sehnsucht nach Lösungen für die von ihr geschaffene Beunruhigung.

Die Unzufriedenheit ist so tief in das Geflecht unserer Persönlichkeit eingewoben, dass viele Menschen die Fähigkeit, einen nachhaltigen inneren Frieden zu empfinden, praktisch völlig verloren haben. Aber die umfassende Unzufriedenheitsbranche liefert sowohl das Problem als auch die Lösung. Sie sagt uns, was uns alles fehlt, und trainiert uns darauf, mit uns selbst und dem, was wir haben, unzufrieden zu sein. Gleichzeitig zeigt sie uns, wie wir dem Mangel abhelfen können, indem wir die richtige Kaufentscheidung treffen. Aber keiner von uns hat das Geld oder die Zeit, um die unzähligen Löcher in unserem Leben zu stopfen, auf die wir ständig hingewiesen werden. In den meisten Fällen können wir so etwas als falschen Alarm abtun, wenn wir bewusst darüber nachdenken. Aber es sind einfach zu viele, als dass wir uns immer eines gewissen Gefühls des Versagens erwehren könnten.

Schlüssel zum Glück

Zufriedenheit ist ein kostbares Gut, und wer sie sich
um den Preis von zehntausend Wünschen beschafft,
hat eine kluge, glückliche Wahl getroffen.
*John Balguy*

Zufriedenheit ist ein echter Luxus. Aber wir wissen nicht mehr genau, was damit eigentlich gemeint ist. Die Zufriedenheit wurde vielfach verflucht, insbesondere in den vergangenen Jahren, als sie zu einer immer größeren Bedrohung für die Konsumwirtschaft wurde. Häufig wird sie als Form der trägen Selbstgefälligkeit verurteilt. In Wirklichkeit ist sie genau das Gegenteil: ein aktives System, mit dessen Hilfe man Sinn, Ziel und Richtung aus einem realistisch bemessenen Teil des Lebens beziehen kann. Zufriedenheit ist eine Form der Stärke. Unzufriedenheit dagegen ist nie weit von Angst entfernt. Sie gründet sich auf Unwissenheit und Illusionen. Wer an Unzufriedenheit leidet, ist zur Erfahrung der Nutzlosigkeit verdammt. Solche Menschen fühlen sich nirgendwo zu Hause. Es sind die wahren Obdachlosen dieser Welt. Aber die Unzufriedenen sind ausgezeichnete Konsumenten.

Schlüssel zum Glück
Sei glücklich mit dem, was du hast und bist,
gehe mit beidem großzügig um, dann brauchst du
nicht dem Glück hinterherzujagen.
*William E. Gladstone*

William Gladstone, im 19. Jahrhundert britischer Premierminister, hatte es richtig erkannt: Zufriedenheit entschärft das fruchtlose Streben nach Glück. Interessanterweise spielt es dabei keine Rolle, wie viel man besitzt oder wie sehr einem das Schicksal gewogen war. Menschen stellen sich sehr schnell auf das ein, was sie haben. Dann vergleichen sie sich mit anderen Menschen, die mehr besitzen, oder mit den Bildern solcher Menschen in den Medien. Der Begriff »vermögend« ist heute ganz und gar relativ. Selbst ein Milliardär, der von allem nur erdenklichen Luxus umgeben ist, kann einen Mangel empfinden. Wer einem der vielen »Luxusclubs« beitritt, die heute überall auf der Welt aus dem Boden schießen, hat offenbar das Wesentliche nicht begriffen. Materieller Besitz, so luxuriös er auch sein mag, ist kein geistiges Ziel, das man irgendwann erreichen kann. Die Menschen halten das, was sie haben, für selbstverständlich und legen die Messlatte für das, was sie angeblich endgültig glücklich macht, ständig höher. Der anfängliche Reiz eines neuen Toyota weicht sehr schnell dem vagen Gefühl, ein BMW oder Mercedes werde das Bedürfnis nach einem angemessenen Auto besser befriedigen. Dieser Weg führt nie von der Unzufriedenheit weg.

Als Sokrates einmal über einen Markt ging, fiel ihm auf, wie wenige materielle Dinge er brauchte, um glücklich zu sein. »Wie vieles gibt es, das ich nicht brauche«, verkündete er. Er erkannte, wie weise es ist, falsche Bedürfnisse aus dem eigenen Leben zu verbannen, denn dann vergeudet man keine Energie mehr auf Dinge, die emotional nichts Positives zu bieten haben. Der englische Dramatiker John Heywood brandmarkte den Reichtum im sechzehnten Jahrhundert in seinem Stück *Be Merry, Friends* als Magnet für falsche Bedürfnisse und propagierte die Armut als besseren Quell des Glücks:

*Verlust von Reichtum ist Verlust von Plagen,*
*Das wussten Wilde immer schon zu sagen;*
*Glücklich der Mann, der ohne Hemd und Kragen.*

Die Formulierung »ohne Hemd« meinte Heywood nicht wörtlich. Bittere Armut, bei der grundlegende Lebensbedürfnisse nicht befriedigt werden, ist ein Freifahrtschein ins Elend. Aber in dem Wort »arm« steckt noch eine höhere Bedeutung, und die hat im Christentum eine lange Tradition. Die Seligpreisung »selig sind, die da geistlich arm sind, denn ihrer ist das Himmelreich« sorgt für beträchtliche Verwirrung, insbesondere unter modernen Menschen, die mit Armut ausschließlich negative Assoziationen verbinden. Das Wort »selig« bedeutet im biblischen Sinn »glücklich« oder »beneidenswert«. Und »arm« heißt im ursprünglich-christlichen Sinn, dass man das materielle Gewinnstreben überwindet. Umgekehrt gilt Habgier als Sünde, die den Weg zur spirituellen Erleuchtung und zum Zustand der Gnade verdunkelt. Dass manche Religionsgelehrten von einer »Seligkeit der Armen« sprechen, liegt an der tiefen Erkenntnis, dass der Einzelne im großen Zusammenhang ein Nichts ist.

»Armut« in diesem höheren Sinn macht demütig und wirkt egoistischen Tendenzen entgegen. Sie kann eine positive Form des Mangels sein und uns die Freiheit verschaffen, unsere Aufmerksamkeit erhabeneren Dingen zuzuwenden. In dieser – unter Umständen selbst auferlegten – Armut können wir uns besser vor äußeren Elementen schützen, die den Menschen in ein frivoles Dasein hinunterziehen. Sie beschränkt die Selbstverherrlichung und begünstigt Empfindungen, die über das Ich hinausgehen, wie Liebe, Mitgefühl und Vertrauen. Unser Wohlstand ist in den vergangenen Jahrzehnten beträchtlich gewachsen. Aber er ist für viele Menschen auch zur Plage geworden, und sie nutzen ihn so, dass sie blind werden für die Armut und Einfachheit, in denen ein erfüllendes Glück liegt.

Um deutlich zu machen, wie ein Produkt Unglück in Glück verwandeln kann, enthalten viele Werbeanzeigen »Vorher-Nachher-Bilder«. »Vorher« hat die abgebildete Person stets hängende Schultern und ein mürrisches Gesicht, »nachher« ist sie verjüngt und strahlt. Der Ton der kommerziellen Indoktrination weckt die Furcht, man könne der schreckliche »Vorher«-Mensch sein, und gleichzeitig weckt sie den Wunsch, den »Nachher«-Zustand zu erreichen.

Wünsche sind ein wichtiger Bestandteil des Rezepts, mit dem man Menschen zu Geiseln der konsumorientierten Glücksvorstellung macht. Dabei werden nicht nur Ängste geweckt, die sich als Unzufriedenheit bemerkbar machen, sondern die Konsumkultur ist auch ein fein abgestimmtes Instrument, mit dem neue Wünsche geschaffen und bestehende verstärkt werden können. Sobald ein Wunsch befriedigt ist, macht sich ein anderer bemerkbar. Die Traumverkäufer, die vom Glücksboom profitieren, haben raffinierte Marketingmethoden entwickelt und können damit jeden potenziellen Wunsch ausmerzen oder aufblasen.

Der bekannte Text »I can't get no satisfaction« der Rolling Stones könnte ohne Weiteres die offizielle Hymne der Konsumkultur sein. Aber inmitten der Unmöglichkeit, Befriedigung zu erlangen, wird auch vieles befriedigt. Die modernen Menschen sind auf eine seltsame Weise ständig dabei, sich Befriedigung zu verschaffen. Dennoch sind sie nie wirklich zufrieden, weil jeder erfüllte Wunsch schnell von einem neuen verdrängt wird, der nach Aufmerksamkeit verlangt. Sie löschen ein emotionales Strohfeuer und fühlen sich dann einen kurzen Augenblick lang wohl, aber sehr schnell stellen sie fest, dass sie noch zu vielen anderen Brandherden laufen müssen. Wenn man das Inferno betritt und sie fragt, ob sie denn »zufrieden« seien, sagen sie meistens ja, weil ihre ganze Lebensweise sich um Befriedigung dreht. In Wirklichkeit aber schwankt ein solcher Mensch zwischen der Befriedigung und den ständig neu hinzukommenden Reizen hin und her.

Die Behauptung, der Durchschnittsbürger sei in einer Konsumkultur »zufrieden«, ist also absurd. Dazu ist Unzufriedenheit ein zu großer Teil unseres Daseins. Sie hält den »amerikanischen Traum« und das Streben nach dem Konsumentenglück am Leben. Das Wechselspiel zwischen Wünschen und Unzufriedenheit ist der ideale Rahmen für ein kulturelles System, das sich dem übermäßigen Konsum verschrieben hat. Wäre die große Masse glücklich im Sinne einer echten Zufriedenheit, würde die Lokomotive des Konsumkapitalismus in voller Fahrt ihre Räder verlieren.

Wünsche sind so alt wie die Zivilisation, und das Gleiche gilt für ihre Fallstricke. Die Kontrolle über die eigenen Wünsche zu behalten, erfordert Selbstdisziplin. Aber viele kluge Leute, insbesondere solche aus den fernöstlichen Denkschulen, sehen genau darin den ersten Schritt zum echten Glück. Das ist besonders wichtig in einer Zeit, in der Wünsche das innerste Wesen unseres Daseins zu zerstören drohen. Der Meister Hsing fasst die buddhistischen Ansichten über gesunde und ungesunde Wünsche so zusammen: »Erkenne, dass übermäßige Wünsche nur Leiden verursachen. Gesunde Wünsche sind ein angemessener Hunger, eine ausgewogene Sehnsucht nach Obdach und Kleidung, vernünftige zwischenmenschliche Aktivitäten, eine mäßige Sexualität und ein ausgewogenes Verfolgen von Hobbys oder anderen Vergnügungen. Übermäßige Wünsche zu haben, bedeutet, über diese Grenzen hinauszugehen. Wenn wir sie überschreiten, verursachen wir Leiden. Vernünftige Wünsche nehmen uns nicht in Besitz, und sie sind weder ablenkend noch extrem. Wenn wir sie nicht erfüllen, haben wir nicht das Gefühl, sie könnten nicht noch ein wenig warten. Übermäßige Wünsche belasten unsere Gesundheit, beeinträchtigen unsere Konzentration und sind häufig die Ursache, wenn wir wütend oder neidisch werden.«

Wie man daraus schließen kann, ist ein glücklicher Mensch nach buddhistischer Auffassung nicht derjenige, bei dem alle Wünsche erloschen sind. Glück liegt demnach viel mehr im »Mittelweg« – mit diesem Begriff beschrieb Buddha die gesunde Haltung in der Mitte zwischen Enthaltsamkeit und Übermaß. Wünsche sollten nie so stark werden, dass sie den

Mittelpunkt des Lebens bilden und die Fähigkeit mindern, sich auf die Ziele von Weisheit, Freundlichkeit und Erleuchtung zu konzentrieren. Die drei Zustände, die der Sünde in der buddhistischen Philosophie am nächsten kommen – Habgier, Unwissenheit und Zorn – werden danach alle durch unmäßige Wünsche gefördert. Nach der Lehre der hinduistischen Philosophie beeinträchtigen übermäßige Wünsche jene tieferen Formen des Bewusstseins, die unentbehrlich sind, wenn man die Höchste Seele und damit den Quell ewiger Glückseligkeit kennenlernen will.

### Schlüssel zum Glück

»Tja«, sagte Pu, »was ich am liebsten tue ...«
Und dann musste er innehalten und nachdenken. Denn obwohl
Honigessen etwas sehr Gutes war, was man tun konnte, gab es doch
einen Augenblick, kurz bevor man anfing den Honig zu essen,
der noch besser war als das Essen, aber er wusste nicht,
wie der hieß.
*A. A. Milne*

In dieser köstlichen Passage aus *Pu der Bär* macht Pu eine seiner größten Zufallsentdeckungen: Er merkt, dass der Augenblick vor dem Honigessen besser schmeckt als der Honig selbst. Ein Wort dafür hat er nicht, aber er könnte es ohne Weiteres Glück nennen. Milne hatte einen guten Blick für die subtilen Macharten unseres Glücks. Manche davon lagen nach seiner Überzeugung in unserer Fähigkeit, uns mit der Natur anzufreunden, dem tiefsten Quell des Glücks. Den Esel I-Ah, einen von Pus Kameraden, lässt er zum Beispiel zur Verteidigung eines unscheinbaren Unkrauts sagen: »Auch Unkräuter sind Blumen, wenn man sie erst einmal kennt.«

Gewisse Wünsche am Leben zu halten, bietet unter Umständen mehr Aussicht auf Glück als ihre ständige Befriedigung. Cicero erkannte, welche Weisheit es bedeutet, vor dem Schlucken innezuhalten, als er sagte: »Glück liegt im Wunsch und nicht in seiner Erfüllung.«

Nach der Lehre der sexuell orientierten hinduistischen Tantraphilosophie, die manchmal auch als »Wissenschaft der Ekstase« bezeichnet wird, liegt die größte Wonne in dem heiligen Bewusstsein für das Verlangen selbst. Die Tantralehre geht auf das vierte Jahrhundert zurück und macht deutlich, welche emotionale und spirituelle Schönheit es bedeutet, den Drang zu sexueller Befriedigung zurückzuhalten; deshalb legt sie sehr viel Wert auf »trockene Orgasmen« und andere Methoden, um den letzten Höhepunkt zu verhindern.

Wie das Glück, so wird auch das Verlangen heute als Zustand verstanden, den man verbraucht. In einer Konsumgesellschaft käme es einer wirtschaftlichen Katastrophe gleich, wenn die Menschen anfangen würden, den faszinierenden Zustand des Hinauszögerns zu genießen, der der Zerstörung des Verlangens vorausgeht. Der bevorzugte Konsumententyp ist so erzogen, dass er so schnell wie möglich auf einen Konsumwunsch nach dem anderen einsteigt, ihn befriedigt und zum nächsten springt, ohne innezuhalten oder zwischendurch zu genießen.

### Schlüssel zum Glück

Einige Dinge zu entbehren, die man sich wünscht,
ist ein unverzichtbarer Teil des Glücks.
*Bertrand Russell*

Diese Worte sprach Bertrand Russell, als er von Menschen erzählte, die unglücklich sein können, obwohl sie alles haben. Ein gewisses Maß an Entzug hält die eigenen Aussichten auf Glück und Optimismus am Leben. Man denke nur an die unglückseligen Leute, deren Haus eine schöne Aussicht hat. Fast ausnahmslos haben sie sich nach wenigen Wochen oder Monaten daran gewöhnt, und dann können sie sich nicht mehr darüber freuen. Das Gleiche gilt für Swimmingpools. Wenn man Leute finden will, die beim Eintauchen ins Wasser nicht mehr vor Freude schreien können, muss man sich nur an diejenigen halten, die einen schicken Pool im Garten haben.

Wahrscheinlich wird man sie selten im Wasser sehen, und noch weniger ist es für sie eine wirksame Quelle des Vergnügens.

Das Bestreben, sich den Himmel auf die Erde zu holen, ist immer unklug. Glück ist ein weißer Pinselstrich auf einer schwarzen Leinwand, ein Augenblick des Sonnenscheins an einem bewölkten Tag, eine Blume in der Wüste – und wie alle diese Dinge droht es ständig zu vergehen. Der humanistische Psychologe Rollo May sagte einmal: »Ohne Tod kann man nicht lieben.« Etwas Ähnliches gilt vielleicht auch für das Glück. Seine Existenz ist abhängig von seiner potenziellen Sterblichkeit. Das Paradies auf Distanz und dennoch in Reichweite zu halten, ist gewöhnlich ein viel besserer Weg, um am Leben zu bleiben. Wer alles hat, muss die Kunst, mit dem Mangel zu liebäugeln, besonders mühsam erlernen.

Ein Faktor, der viele Menschen veranlasst, sich Hals über Kopf in ständig neue Wünsche zu stürzen, sind falsche »emotionale Vorhersagen«. Sie stellen eine häufige Schwäche dar. Nach den Erkenntnissen mehrerer Wissenschaftler sind die meisten Menschen entsetzliche Versager, wenn sie voraussagen sollen, wie glücklich wir mit den Dingen, zu deren Konsum wir uns entschließen, sein werden oder wie lange sie uns voraussichtlich glücklich machen. Von ledergepolsterten Autositzen, Designerbadezimmern oder extrabreiten Surround-Plasmafernsehern erwarten wir viel mehr Glück, als sie uns geben können.

Eine wichtige Ursache für diese mangelnde Fähigkeit, die Glückswirkung materieller Produkte vorherzusagen, liegt bei der Industrie: Sie pumpt uns im Zusammenhang mit ihren vielfältigen Produkten mit Hoffnungen voll. So betrachtet, ist der Hintergrund der wiederholten Enttäuschungen, der das Streben nach materiellem Glück begleitet, oft auf übersteigerte Hoffungen zurückzuführen. In der Regel halten wir Hoffnung stets für etwas Gesundes. Aber eine Hoffnung, die dazu verdammt ist, enttäuscht zu werden, hat noch nie auch nur das Geringste zum Glück beigetragen. Darauf spielt der Schriftsteller Henry Miller in seinem Roman *Wendekreis des Krebses* an, wenn er schreibt: »Ich habe kein Geld, nichts zu essen, keine Hoffnung. Ich bin der glücklichste Mensch der Welt.«

KAPITEL 10

# Gelobt sei die Habgier

Zu den berühmtesten Konzepten in der Geschichte der Psychologie gehört die »Hierarchie der Bedürfnisse« von Abraham Maslow. Die Grundaussage seiner Theorie lautete: Menschen neigen von Natur aus dazu, ihre Aufmerksamkeit auf Bedürfnisse höherer Ordnung zu richten (das heißt auf soziale, intellektuelle und spirituelle Bedürfnisse), wenn wir die Bedürfnisse niedrigerer Ordnung nach Nahrung, Obdach und den materiellen Überlebensvoraussetzungen befriedigt haben. Indem wir unsere erfüllten niederen Bedürfnisse hinter uns lassen, so meinte er, können wir unsere Motivation auf Schönheit, Wahrheit, Zuneigung, Zugehörigkeitsgefühle, Ehre, Respekt, Wertschätzung und Würde richten.

Mit seiner Grundannahme dürfte Maslow recht gehabt haben: Menschen streben nach Höherem und bleiben von Natur aus nicht bei den Bedürfnissen niedrigerer Ordnung stehen, wenn diese befriedigt sind. Aber die Konsumkultur hat es hervorragend verstanden, die Menschen dazu zu veranlassen, dass sie an ihren materiellen Bedürfnissen kleben bleiben, obwohl diese bereits vielfach befriedigt wurden. Das liegt einfach daran, dass Bedürfnisse niedrigerer Ordnung viel größere Möglichkeiten zum Konsum bieten; deshalb widersetzt sich die Konsumkultur dem Streben nach Höherem und bemüht sich, die Menschen im Hinblick auf unser umfassendes menschliches Potenzial in einem unvollständigen, unentwickelten, unglücklichen Zustand festzuhalten.

Ein Beispiel dafür, wie wir unser Getriebe mit bereits befriedigten Bedürfnissen in Bewegung halten können, ist das Phänomen der Gourmetwässer. Jeder Mensch braucht Wasser. Es steht in Maslows Hierarchie unserer Bedürfnisse auf einer der untersten Ebenen. Viele moderne Industrieländer verfügen über eine zuverlässige, saubere Trinkwasserversorgung. Wo es Probleme mit der Reinheit des Wassers gibt, steht Trinkwasser in Flaschen relativ preisgünstig zur Verfügung, oder es gibt Möglichkeiten, es zu Hause zu filtern. Damit ergibt sich eine hervorragende Gelegenheit, dieses Bedürfnis zu vergessen und sozusagen zum Leben überzugehen.

Aber eine große, immer noch wachsende wirtschaftliche Maschinerie versucht, das Thema Wasser weiterhin in den Mittelpunkt unserer Aufmerksamkeit zu rücken. Die Milliardenbranche der Luxuswasserhersteller hat das grundlegende Bedürfnis nach Wasser in ein Streben nach Luxus und gesellschaftlicher Stellung verwandelt. Die Millionen Menschen, die sich auf das künstlich geweckte Bedürfnis nach »Premiumwasser« eingelassen haben, diskutieren das Pro und Contra ausgefallener Wassersorten wie Gerolsteiner, Badoit, Jagger's oder Evian. Ein ganzer Wortschatz hat sich nur zu dem Zweck entwickelt, die geringfügigen Unterschiede in Kohlendioxid- und Mineralstoffgehalt zu beschreiben.

Wasserbars erscheinen auf der Bildfläche, und Luxustempel wie das Ritz-Carlton in New York haben sogar einen speziell ausgebildeten Wassersommelier, der dem Kunden bei seiner schwierigen Auswahl aus der riesigen Wasserkarte zur Seite steht. Die schicksten Wasserbars vertreiben sogar Kona-Nigari-Meerwasser für 35 Dollar je 60 Milliliter. Exotische Glasflaschen in allen nur denkbaren Formen und Farben lassen manche Menschen zu eifrigen Sammlern werden, und besonders gesuchte Exemplare bringen bereits mehrere Hundert Dollar. Bücher katalogisieren und beschreiben die besten Wässer der Welt. »Wasserseminare« ziehen in den USA eine große Zahl angehender Wasserkenner an.

Das Vergnügen, das man früher an einer einfachen Tasse schwarzen Kaffees hatte, wurde kommerzialisiert und auf eine Leiter immer extravaganterer Kompositionen befördert, die verlangen, dass man sich mit dem Wortschatz der Kaffeekultur ständig auf dem Laufenden hält. Wir durften nicht bei dem großartigen Zwei-Schneiden-Rasierer bleiben, sondern wurden mit Drei-Schneiden-Apparaten bombardiert, und mittlerweile drängt man uns solche mit vier Schneiden auf, damit wir uns nur ja immer weiter mit unserer Gesichtsbehaarung beschäftigen. Die Verschwörer sind einfach gnadenlos.

Die Zahnbürste, einst ein bescheidenes, preisgünstiges Instrument zur Reinigung der Zähne, ist mittlerweile in die Regionen der Sciencefiction aufgestiegen. Wir müssen heute zwischen Dutzenden bizarr geformten Gerätschaften entscheiden, manche dunkelrot und durchscheinend mit spiralförmig gerippten Flächen zwischen ergonomisch gestalteten Handgriffen und Mikroköpfen, andere mit einem scharfen Knick, wieder andere durchscheinend mit einem Kaleidoskop glitzernder Körnchen im Griff, Gumminoppen und einem schwerfälligen Vielrichtungs-Bürstenkopf. Zahnbürsten finden auch gewaltiges Interesse bei Sammlern, insbesondere wenn es sich um Designerexemplare wie die afrikanische Safarizahnbürste oder um Berühmtheiten wie die Barbie-, Hulk- oder Spiderman-Bürste handelt. Wie beim Wasser, so besteht auch hier ein großer Spielraum, um auf der Ebene der Zahnbürste dauerhaft glücklich zu sein. Das Gleiche gilt für Tausende von Gegenständen, die im Zusammenhang mit Bedürfnissen niedrigerer Ordnung stehen und aufgepeppt wurden, damit wir den Kopf nicht aus dem Konsumsumpf ziehen.

Dem Glück erging es in vielerlei Hinsicht genauso wie Zahnbürsten, Wasser, Laufschuhen und Rasierapparaten. Es wurde unverhältnismäßig stark verfeinert, hochgejubelt, angepriesen und als Ware verkauft. Normale Angebote werden ständig verfeinert und »verbessert«, sodass wir den Blick nicht nach oben zu wenden brauchen. Das Streben nach Glück ist zum Streben nach dem Trivialen geworden.

Unter den Glückstrainern besteht die Neigung, das Glück zu einer Art »mentalem Reichtum« zu erklären, den man wie Geld oder materielle Besitztümer anhäufen kann. Die ganz ähnliche Vorstellung vom »emotionalen Überfluss« fand ihren

Ausdruck in Büchern und Seminaren zu der Frage, wie man steinreich vor Glück werden kann. Ein solcher Glücksworkshop in Großbritannien preist sich mit der Begründung an, dass »emotionaler Überfluss uns lehrt, wie wir mehr von dem erleben, was wir wirklich wollen« – als wollten die Menschen nicht ohnehin mehr als genug. Selbst wenn die Menschen unbewusst die Sehnsucht empfinden, sich um ihre höheren Bedürfnisse zu kümmern, ist die Konsumkultur so gestaltet, dass sie die Menschen in einem tiefer stehenden, materiell definierten Glück gefangen hält. Ihr Ziel besteht darin, das Streben nach Glück auf den Bereich all jener Dinge zu begrenzen, die man konsumieren kann.

Materialismus ist definiert als »kulturelles System, in dem materielle Interessen nicht im Dienste anderer sozialer Ziele stehen und in dem materielles Selbstinteresse vorherrscht«. Ein solches Wertesystem hat in den vergangenen Jahrzehnten einen gewaltigen Aufschwung erlebt, weil es sich so gut dazu eignet, aufgeregte Konsumenten auszunehmen. Seit es sich immer stärker durchgesetzt hat, glauben die Menschen, Gegenstände würden sie glücklich machen. Auch heute hört man noch vielfach, Kinder, Partner, Freunde oder ein Strandspaziergang seien die größten Quellen des Glücks. Aber die Menschen leben nicht mehr so, als würde dies wirklich stimmen.

Wenn man ausfindig machen will, wo heute die Quellen des Glücks liegen, sprechen Taten eine deutlichere Sprache als Worte. Den Forschern wird zunehmend klar, dass man den positiven oder negativen Auswirkungen bestimmter Ereignisse, die sich im Laufe des Tages abspielen, größere Aufmerksamkeit schenken sollte. Dann erhält man ein ganz anderes Bild vom Glück als in Umfragen, zu deren Beantwortung die Menschen auf ihr Langzeitgedächtnis zurückgreifen müssen und umfassende Auskünfte darüber geben sollen, was sie glücklich macht. Fragt man beispielsweise Frauen, was ihnen das größte Glück verschafft, setzen sie »meine Kinder« regelmäßig an eine der ersten Stelle der Liste. Misst man die Qualität ihrer

Gefühle aber im Laufe eines Tages von einem Augenblick zum nächsten, rutscht »mich um meine Kinder kümmern« auf der Liste ziemlich weit nach unten in die Nähe von Hausarbeit und Kochen. In einer solchen Untersuchung an 900 Frauen aus Texas fand der Wissenschaftler Daniel Kahnemann von der Princeton University heraus, dass Fernsehen und Essen im Hinblick auf angenehme Gefühle weit vor den Kindern rangierten.

Unser heutiges kulturelles System hält uns nicht mehr dazu an, unsere Werte und damit auch unser Glück über Elternschaft, sinnvolle Beziehungen oder einen schönen Geist zu definieren. Nachdem der Materialismus eine derart beherrschende Stellung erlangt hat, ist es durchaus verständlich, dass die Menschen zunehmend in Übereinstimmung mit solchen Werten leben und auf diese Weise glücklich werden wollen. Aber die Arznei des materiellen Glücks hat einige hässliche Schwächen. Auf einer grundlegenden Ebene fordert sie zunächst einmal hohen Tribut von der Gesundheit unseres Planeten. Wie sich in mehreren Studien bestätigte, haben Menschen, die auf materialistische Werte fixiert sind, eine geringere Achtung vor der Natur, der Umwelt und ökologischen Themen. Wenn sie das Glück auf dem Weg über materielle Inbesitznahme erlangen wollen, verlieren sie anscheinend die Fähigkeit, die Wunder der Erde zu schätzen oder ein Gefühl der Einheit mit der Natur zu erleben. Eine Gesellschaft voller glücklicher Materialisten beschwört den ökologischen Untergang herauf.

Aber der Materialismus öffnet dem Glück nicht ohne Weiteres Tür und Tor. Das liegt unter anderem daran, dass Geld und immaterielle Güter ihm enge Grenzen setzen. Mit einem Einkommen von 20.000 Dollar kann man sich praktisch die gleiche fortdauernde Zufriedenheit verschaffen wie mit zwei Millionen. Auch noch so viel Luxus oder Verwöhnung wirkt sich nicht sonderlich stark auf unser Glück aus. Finanzieller Überschuss bewirkt nur eines: Er treibt den Preis des Glücks in die Höhe. Dazu schreibt Mignon McLughlin in *The Neurotic's Notebook*: »Mit dem Glück ist es wie mit den Süßigkeiten für einen

Pfennig in unserer Jugend: Als wir kein Geld hatten, haben wir viel mehr für unser Geld bekommen.« Das ist kein großes Geheimnis. Zu dem Thema gibt es eine umfangreiche Literatur. Niemand vertritt mehr ernsthaft die Ansicht, ein Überfluss an Geld oder Gegenständen mache den Menschen glücklicher. Das war einer der größten Mythen in den modernen Vorstellungen vom Glück.

Wenn diese das Geld betreffende Regel eine Ausnahme hat, dann hat sie mit der Wahrnehmung zu tun, man sei das Opfer einer extremen finanziellen Ungerechtigkeit. Wie sich in wissenschaftlichen Untersuchungen gezeigt hat, sind die Menschen weniger glücklich, wenn ihr Verdienst offenkundig unter dem Durchschnitt ihres gesellschaftlichen Umfeldes liegt. Aus diesem Grund findet man in Gesellschaften, die von ihrem Wesen her gerechter sind, ein höheres Glücksniveau. Probleme ergeben sich dabei insbesondere in Ländern wie den Vereinigten Staaten, in denen sich die Kluft zwischen den Menschen an den entgegengesetzten Enden des finanziellen Spektrums aufgrund ihrer wirtschaftlichen Gesetzmäßigkeiten ständig erweitert. Wer auf den unteren Sprossen der Leiter steht, hat vielleicht genug Geld, um sich alle grundlegenden Voraussetzungen für das Glück leisten zu können. Dennoch ist das Glück immer beeinträchtigt, weil die Menschen durch Bedürfnisse und Wünsche, die ihre finanziellen Möglichkeiten übersteigen, indoktriniert sind. Sie leiden an einer Art relativem Entzug, bei dem sie jeden Tag daran erinnert werden, was sie alles nicht haben und was sie nach ihrem eigenen Eindruck haben müssten, um glücklich zu sein. Die Folge ist Frustration.

Diese Form des relativen kapitalistischen Unglücks geht in der Regel Hand in Hand mit Zorn. Meist fehlt nicht viel, damit solche Gesellschaften in eine Abwärtsspirale von Anarchie und Gesetzlosigkeit geraten. Wenn man in einem Land bei ungleicher Verteilung des Reichtums viel besitzt und dann einen gewissen positiven Einfluss auf das eigene Glück nehmen kann, liegt dies wiederum an den Kontrasten. In den Vereinigten Staaten begegnet man ständig relativen »Habenichtsen«, mit denen man sich vergleichen kann, und das führt möglicherweise tatsächlich dazu, dass man selbst glücklich wird. Aber ob diese Form von Glück einen großen Beitrag zum emotionalen Wohlbefinden des Einzelnen leistet, darf bezweifelt werden. Sein Gegengewicht ist das Wissen, dass es an einem dünnen Faden hängt und das Produkt eines Systems ist, das mit seinem Versuch, Geld mit Glück gleichzusetzen, einen Nährboden des Hasses darstellt.

Schlüssel zum Glück

Ich kann es mir nicht leisten,<br>meine Zeit mit Geldverdienen zu vergeuden.

*Louis Agassiz*

Das sagte der in der Schweiz geborene Wissenschaftler Louis Agassiz im 19. Jahrhundert im Zusammenhang mit der erbärmlichen Sitte, Vorträge gegen Bezahlung zu halten. Als Gründervater der modernen naturwissenschaftlichen Tradition hielt er Geld für eine verwirrende Ablenkung, die seinen Geist von dem viel wichtigeren Thema des Wissenserwerbs fernhielt. Heute dagegen ist Geld der Stoff, aus dem die Träume sind. Dennoch hat sich in jüngster Zeit in mehreren Untersuchungen herausgestellt, dass großer Reichtum zu einer Verminderung des Glücks führen kann. Besonders deutlich zeigte sich das bei Personen mit hohem Einkommen, die in vornehmen Wohnvierteln lebten. Solche Menschen haben häufig sehr hohe finanzielle Erwartungen, eine Einstellung, die wissenschaftlichen Befunden zufolge zerstörerisch auf das Glück wirkt. Es zeigte sich, dass die Kinder einkommensstarker Familien aus Oberschicht-Wohngebieten weniger glücklich und selbstsicher waren als solche aus Mittelschichtvierteln oder sogar aus den innerstädtischen Armenghettos.

Solche Befunde versteht man am besten vor dem Hintergrund der unrealistischen Erwartungen, die in einem Umfeld gedeihen, wo die Menschen mit dem Übermaß Karriere machen. Mehr Geld zu haben, kann tatsächlich eine Unzufriedenheit auslösen, die ihrerseits den Antrieb für neue Wünsche bildet. Das Ganze gehört zu dem Trend, dass Reichtum die Menschen gleichgültig gegenüber ihrem Besitz macht und sie veranlasst, ihre Aufmerksamkeit immer auf das zu richten, was sie noch nicht haben. Deshalb empfinden viele reiche Menschen am Ende einen größeren Mangel als ihre weniger wohlhabenden Zeitgenossen. Der Philosoph Eric Hoffer traf den Nagel auf den Kopf, als er sagte: »Man kann nie genug von dem haben, was man nicht braucht, um glücklich zu sein.« Noch schlimmer wird die Sache dadurch, dass die Welt der Oberschichtangehörigen so von übermäßiger Konkurrenz geprägt ist, dass Aussichten auf befriedigende, enge persönliche Beziehungen meist darin untergehen.

In zahlreichen Studien wurde nachgewiesen, dass Materialismus als Persönlichkeitsmerkmal ein Hindernis für das Glück darstellt. Eine starke materialistische Neigung wurde mit Neid, Narzissmus, Beziehungsproblemen und einer mangelnden Fähigkeit zu Mitgefühl in Verbindung gebracht. Materialisten sehen häufig auch im Körper einen Gegenstand, den sie manipulieren, erneuern oder wie alles andere zum Gegenstand von Investitionen machen können. Er dient dazu, Freude und Wahrnehmungen aufzunehmen sowie die Waren und Dienstleistungen zu verdauen, mit denen wir vergeblich versuchen, unseren ständig schwelenden Appetit zu dämpfen.

Unter dem Gesichtspunkt von Glück und Lebensfreude ist der Körper zu einer Einöde geworden. Heute sind 80 Prozent aller US-Amerikaner übergewichtig, und 45 Prozent leiden an krankhafter Fettsucht. Damit verbunden ist eine Epidemie der Fettphobie, deretwegen die Menschen ihren Körper mit allen nur denkbaren Formen von Diät, Trainingsmaschinen und Fitnessstudiokursen malträtieren. Das alles ist Teil einer habgierigen Industrie, die von unseren Vorurteilen lebt. Außerdem steht der Körper im Kreuzfeuer einer »Überholungsindustrie«, die Glück mit Jugend gleichsetzt. Sie verspricht uns, sie werde alles Mögliche implantieren, absaugen, wegschneiden, ausbrennen oder umgestalten, damit die betreffende Person mit ihrem äußeren Erscheinungsbild glücklicher wird. Dabei ist mittlerweile durch wissenschaftliche Untersuchungen deutlich geworden, dass körperliche Auffrischung keinen dauerhaften Nutzen im Hinblick auf die Auffrischung der Gefühle bringt.

Nachdem Glück immer stärker als Ware gilt, die man konsumieren kann, ist auch das menschliche Gehirn unter Beschuss geraten. Ein direktes Spiegelbild für den Aufstieg des Konsumglücks ist die Milliardenbranche der legalen und illegalen Drogen, die uns unter anderem immer neue »Glückspillen« verhökert. Der irische Dramatiker George Bernard Shaw schrieb 1898 in seinem Schauspiel *Candida*: »Wir haben ebenso wenig das Recht, Glück zu konsumieren, ohne es zu produzieren, wie wir das Recht haben, Reichtum zu konsumieren, ohne ihn zu produzieren.« Aber die Weisheit hinter diesen Worten ist längst verloren gegangen in einer Zeit, in der wir glauben, das Glück stünde uns zu, auch wenn wir nichts dafür getan haben.

Eine Medikamentenbranche von derzeit über 20 Milliarden US-Dollar dreht sich in den Industrieländern um das Phänomen der Depressionen. Gerechterweise muss man zugeben, dass Millionen Depressive ohne medikamentöse Behandlung keine Linderung finden konnten und nicht in der Lage waren, durch eigene Entscheidungen oder Gedanken darüber hinwegzukommen. Psychotherapie kann in vielen Fällen zumindest teilweise helfen, aber sie hat nicht dazu beigetragen, die Zahl depressiver Menschen in den Industrieländern zu vermindern oder eine Verschlimmerung der Epidemie zu verhindern. Man kann deshalb nur schwer argumentieren, die vielen depressiven Menschen hätten kein Recht auf die antidepressiven Medikamente, die herumgereicht werden wie Weihnachtsplätzchen.

Am beliebtesten sind die Serotonin-Wiederaufnahmehemmer (SSRI-Medikamente) wie Prozac, die für Millionen Menschen bei Stimmungsschwankungen zum Mittel der therapeutischen Wahl geworden sind. Zigmillionen SSRI-Rezepte werden jedes Jahr an die Angehörigen der heutigen Chemiegeneration ausgegeben. Einen immer größeren Anteil an der Kundschaft der

Depressionsbranche stellen Kinder. Im Jahr 2003 wurden Kindern und Jugendlichen ungefähr 15 Millionen Mal SSRI-Präparate verschrieben. Aber auch das verhindert offensichtlich nicht, dass junge Leute im Sumpf von Depressionen, Verzweiflung und Selbstmord versinken.

Nach Ansicht mancher Kritiker ist der Trend zu immer mehr Medikamenten einer der Gründe für die steigende Zahl der Selbstmorde unter Jugendlichen. Sie zitieren viele Studien, in denen nachgewiesen wurde, dass eine höhere Selbstmordgefährdung bei Kindern eine Nebenwirkung von SSRI-Präparaten ist. Aber es gibt auch umfassendere Argumente gegen den Trend, stimmungsverändernde Medikamente zum Objekt der Einkaufsmanie zu machen, die sich im Zusammenhang mit den Gefühlen entwickelt hat. Eines davon lautet: Wenn wir so erpicht darauf sind, uns mit Chemie zu behandeln, verbauen wir uns den Weg zu einem natürlichen Glück, das aus einer ausgeglichenen, gesunden Lebensweise erwächst.

Die Depressionen sollten für uns ein Zeichen sein, dass in unserem Leben irgendetwas aus dem Tritt geraten ist, und bei vielen Menschen ist das tatsächlich der Fall. Der Mediziner James Prescott vom National Institute of Health der USA schreibt dazu in *America's Lost Dream*: »In unserer Kultur stimmt eindeutig irgendetwas nicht, wenn unsere Kinder und Jugendlichen in Selbstmord, Verzweiflung und Medikamentenabhängigkeit getrieben werden.« Indem wir die eigentlichen Ursachen des modernen Elends mit Medikamenten übertünchen, berauben wir uns der Möglichkeit, Depressionen als das anzusehen, was sie in Wirklichkeit sind: eine gesellschaftliche Krankheit. Stattdessen gelangen wir am Ende oft zu einem »Pseudoglück«, wie es manchmal genannt wird – zu einer der vielen Nebenwirkungen, die beim Gebrauch von SSRI-Präparaten auftreten können.

Die profitorientierten Pharmakonzerne haben es meisterhaft verstanden, nicht nur ihre eigenen Medikamente zu vermarkten, sondern auch die zugehörigen Krankheiten. Nie zuvor gab es so viele Krankheiten, an denen wir unser Wohlbefinden messen sollen. Sie alle im Kopf zu behalten, ist gar nicht einfach. Es sind mittlerweile so viele, dass normale Geisteszustände mit Krankheiten verwechselt werden. Einer davon ist das Unglücklichsein. Immer mehr Menschen kommen mit einem Problem, das man am besten als Glücksangst bezeichnet, in Arztpraxen, psychiatrische Beratung und psychologische Vorträge. Viele von ihnen sind nicht depressiv und noch nicht einmal besonders unglücklich. Sie haben nur Angst, dass sie vielleicht nicht so glücklich sind, wie sie sein könnten. Unmittelbar unter der Oberfläche lauert die Furcht, ein emotionaler Verlierertyp zu sein.

Das Unglücklichsein wurde uns in neuer Verpackung als Krankheit verkauft. Ein normales Maß an positiver Stimmung wird zunehmend als zu gering wahrgenommen. Es ist eine seltsame Variante der Hypochondrie, die man in Ermangelung eines besseren Wortes vielleicht als Happychondrie bezeichnen könnte. Hypochondrie zeichnet sich dadurch aus, dass gerade besonders gesunde Menschen ständig von dem Gedanken besessen sind, mit ihnen sei körperlich etwas nicht in Ordnung. Ähnlich ergeht es auch dem Happychonder: Die Glücksangst ist angesichts der Lebensumstände und des tatsächlich erlebten Glücksniveaus häufig völlig irrational. Dennoch ist ein solcher Mensch überzeugt, dass an der Glücksfront irgendetwas fehlt oder dass es zumindest besser sein könnte, wenn nur die richtige Arznei verschrieben wird.

Antidepressiva eignen sich zwar nicht für Menschen, die bei sich selbst einen Glücksmangel festzustellen meinen, aber viele von ihnen bleiben so lange hartnäckig, bis sie das chemische Hilfsmittel bekommen. Das Ganze gehört zum Trend der »Lifestyle-Medikamente«, der sich aus der allgemeinen Überzeugung speist, die Menschen hätten das Recht, sich jederzeit wohlzufühlen. Die Pharmaunternehmen investieren massiv in diesen schnell expandierenden Markt und tun mit Vergnügen alles Notwendige, um den Menschen die Idee zu verkaufen, das Leben könne mithilfe ihrer Produkte eine emotionale Luxuskreuzfahrt ohne unangenehmen Gegenwind sein.

Es bleibt nur die Frage, ob man diese und andere künstlich manipulierten Gefühle als Glück bezeichnen kann.

Manchmal hört man den Begriff »negatives Glück« für eine Form, die es dem Menschen nicht gestattet, über jenes infantile materielle Glück hinauszugelangen, das sich aus der Befriedigung dümmlicher Wünsche und Begierden ergibt. Deal Hudson verwendet in seinem Buch *Happiness and the Limits of Satisfaction* den Begriff »Selbsttäuschungsglück« für die heutige, kommerzialisierte Form des Glücks, die zunehmend »der Rechtfertigung eines egozentrischen, selbstvergessenen Lebens dient«. Damit mag es zwar die Bedürfnisse einer Gesellschaft erfüllen, die sich ausschließlich am Bruttoinlandsprodukt misst, aber es hinterlässt beim Einzelnen ein Gefühl der Leere, selbst wenn man dabei »glücklich« ist.

In der modernen Kultur ist Habgier das stärkste Motiv. In sie setzen wir unser kollektives Vertrauen, obwohl die Habgier, die endlos immer mehr fordert, das Glück außerhalb unserer Reichweite hält. Das letzte große Neuland für die Habgier liegt in den Gefühlen. Die Menschen werden angestachelt, sich die Backentaschen mit möglichst vielen billigen, bonbonüberzogenen Gefühlen vollzustopfen, selbst wenn das zu einer Art emotionaler Fettsucht führt, die uns gegenüber den kleinen Köstlichkeiten des Lebens abstumpfen lässt.

Vor 2500 Jahren schrieb der chinesische Philosoph Lao Tse: »Es gibt kein größeres Übel als übermäßige Begierden, keine größere Missetat als Unzufriedenheit, keine größere Krankheit als Habgier.« Aber während Habgier unter verschiedenen Gesichtspunkten einschließlich des Glücks eine Katastrophe darstellt, ist sie das Feuer im Bauch der Konsumwirtschaft und damit das wichtigste Ziel ihrer Propaganda. Nach der einhelligen Meinung vieler Wirtschaftsfachleute ist Habgier der beste psychologische Ausgangspunkt für Konsumverhalten, und manche Experten machen sogar darauf aufmerksam, dass sie allmählich als Tugend neu definiert wird. Tatsächlich scheinen gute Gründe für die Annahme zu sprechen, dass Habgier sich ideal für unsere derzeitigen sozioökonomischen Strukturen eignet.

Oft glauben wir, Menschen seien von Natur aus habgierig. Aber Habgier ist in Wirklichkeit vorwiegend ein Produkt der Kultur, ganz gleich, was für angeborene Neigungen dazu wir vielleicht in uns tragen. Maximale Habgier entsteht durch eine Kombination aus Kapitalismus, Materialismus, übermäßiger Konkurrenz und Diskriminierung. Alle diese Faktoren sind heute gegeben, und damit wurde Habgier zum Grundprinzip des Wirtschaftswachstums sowie der »Landkarte des abendländischen Bewusstseins«. Zusätzliche Nahrung erhält die Habgier, wenn eine Gesellschaft ihren Mitgliedern nicht ohne Weiteres Zugang zu Weisheit, innerer Wahrnehmung und umfassenden Kenntnissen gewährt. Die »Verdummung«, von der im Zusammenhang mit der Konsumkultur so häufig die Rede ist, stellt in Wirklichkeit eine wertvolle Strategie zum Antrieb der Habgierwirtschaft dar.

Habgier sorgt auf mehreren ganz gezielten Wegen für eine glückliche Wirtschaft. Sie verringert die Sparquote, weil sie den ständigen Wunsch nach allen möglichen Konsumgütern weckt, was sich in unüberlegtem Geldausgeben und einem Heißhunger auf Kredite äußert. Eine berühmte wirtschaftliche Grundregel besagt: »Mit jedem Anstieg der Sparrate um ein Prozent sinken die Unternehmensgewinne um elf Prozent.« Würde sich das von Habgier getriebene übermäßige Geldausgeben in den Vereinigten Staaten so weit vermindern, dass die Sparrate von ihrem jetzigen negativen Wert auf bescheidene fünf Prozent anstiege, müssten die Gewinne der Unternehmen demnach um beängstigende 50 Prozent oder mehr sinken.

Habgier fördert die »Philosophie des Mehr«, die ihrerseits die Mentalität des »Je größer, desto besser« am Leben erhält. Damit heizt sie den Markt für protzige Dinge wie Villen, Allrad-Geländewagen und Luxusgüter an. Habgier war der Heizkessel für den Investitionsboom im Immobilien-, Wertpapier- und Sammlermarkt. Sie sorgt für gewaltige wirtschaftliche Aktivität, weil mit allem spekuliert wird, von Kunstwerken bis zu Schweinehälften. Mit ihrer Unersättlichkeit bringt die Habgier auch kurzfristige Vorteile: Sie steigert die Neigung zu Verschwendung, übermäßigem Konsum, vorzeitigem Wegwerfen und Neukauf, sinnlosen Aktualisierungen und einer allgemeinen Geringschätzung für den Erhalt des Alten.

Die engagiertesten Vertreter der Habgier vertreten sogar die Ansicht, die vielen wirtschaftlichen Vorteile des Besitzstrebens würden die von Kritikern hervorgehobenen Schwächen mehr als aufwiegen. Solche Schwächen sind die Kommerzialisierung der Kinder, ein ungesund hohes Maß an Materialismus, Geiz, Selbstsucht und verantwortungslosen Marketingmethoden, die zu Gesundheitsstörungen wie jugendlicher Fettsucht, Diabetes, Koffeinsucht bei Jugendlichen und vielem anderen führen können. Behauptungen, wonach unbeschränkte Habgier die Gerechtigkeit untergräbt, die Freiheit beeinträchtigt und zu einer undemokratischen Kraft wird, die eine Apartheidpolitik begünstigt, werden nicht zur Kenntnis genommen. Nur in einem Bereich verschlägt es den Befürwortern der Habgier die Sprache: wenn von den verheerenden Auswirkungen auf die Umwelt die Rede ist.

### Schlüssel zum Glück

Je mehr er wegwarf, desto mehr besaß er.
*John Bunyan*

Diese Worte gehören zu einem kurzen Rätsel aus dem berühmten Werk *Pilgrim's Progress*, das John Bunyan im 17. Jahrhundert schrieb. Mehrere Leute sitzen im Haus des einen und knacken Nüsse, da fordert ein alter Mann die anderen mit einem Rätsel heraus: »Da war ein Mann, manche nannten ihn verrückt – je mehr er wegwarf, desto mehr besaß er.« In der anschließenden Diskussion geht es um das Wesen der Habgier und um die Frage, warum sie einem Menschen letztlich seinen wahren Reichtum raubt; der wahre Goldschatz, so heißt es, liegt im Weggeben: »Der eine macht sich reich und hat doch nichts, der andere macht sich arm und hat doch großen Reichtum.« Samuel, einer der Zuhörer, die das Rätsel lösen, erlebt dabei eine solche Erleuchtung, dass er sich entschließt, im Haus zu bleiben, bis sein habgieriger Bruder neben ihm »mit dem Erbarmen verheiratet ist«.

Der Philosoph Friedrich Nietzsche meinte einmal, wer nichts abgeben könne, der könne auch nichts empfinden. Als die Habgier ihren immer größeren Aufschwung erlebte, haben sich seine Worte als nur allzu wahr erwiesen. Viele Gefühle, die wir früher empfunden haben, erleben wir heute nicht mehr. Barmherzigkeit, Mitgefühl, Liebe, Vernunft und Gemeinschaftsgefühl gehören zu den Dingen, die in unserer Kultur der Habgier rapide verschwinden. Auch der Aufstieg der Intellektfeindlichkeit und die Tatsache, dass höhere Bildung von der Geschäftswelt geschluckt wurde, sind Folgen der Habgierkultur.

Habgier, so scheint es, ist für das Glück der Menschen nicht annähernd so hilfreich wie für die Wirtschaft. In der Psychologie hat man mittlerweile den Begriff »Pleonexie« für jene krankhafte Habgier geprägt, die zu einer Fülle von Krankheiten beiträgt, so zu Stress, Burnout-Syndrom, Suchterkrankungen, zwanghaftem Einkaufen, »Besitzbesessenheit« und dem Verlust des ethischen Fundaments. Schweren Tribut fordert die Kultur der Habgier auch im Bereich von Ehe, Familie und dem Gefühl der Liebe im Allgemeinen.

Für den Menschen, der sich in der heutigen Welt so angestrengt bemüht, glücklich zu sein, stellt sich vor allem eine schwierige Aufgabe: Das Glück muss irgendwie mit den schädlichen Folgen von Materialismus, Habgier und Unzufriedenheit in Einklang gebracht werden. Ein weiterer Mühlstein, den die Konsumkultur den Menschen im Wettlauf um das Glücklichsein ans Bein gebunden hat, ist der Narzissmus.

KAPITEL 11

# Das Paradox des Narzissmus

Als ich kürzlich durch einen Park ging, joggte eine Frau an mir vorüber, die ein T-Shirt mit der Aufschrift »Love Yourself« trug. In den Sechzigerjahren des 20. Jahrhunderts gab es solche T-Shirts nicht – damals hieß es immer »Love« oder »Love One Another«. Heute sind die Prediger der Selbstliebe überall. Zahlreiche Bücher preisen die Vorzüge der Selbstliebe, darunter auch *Love 101: To Love Oneself Is the Beginning of a Lifelong Romance*. Der Untertitel ist eigentlich eine Anspielung auf eine augenzwinkernde Bemerkung von Oscar Wilde. Aber es scheint, als würden heute viele Menschen diesen Gedanken für bare Münze nehmen.

Die Eigendünkel-Bewegung ist in vollem Gange. Als Zweig der Wohlfühlkultur hat sie uns davon überzeugt, dass es nicht gut genug ist, wenn wir uns nur innerlich wohlfühlen. Wir müssen uns auch nach außen hin wohlfühlen. Die Vorstellung hat so viel Macht gewonnen, dass sie bereits die Kindererziehung neu prägt. In den vergangenen Jahren wurde den Lehrern beigebracht, dass ein hohes Maß an Selbstwertgefühl für ein Kind die Eintrittskarte zu Glück und Erfolg sowie zu einer guten Erziehung ist. Dagegen wird auf Selbstdisziplin, harte Arbeit und Zuverlässigkeit immer weniger Wert gelegt, und man hilft den jungen Leuten kaum noch, zu einer realistischen Selbsteinschätzung zu gelangen. Stattdessen erzählt man ihnen ganz automatisch, sie seien grenzenlos begabt und unglaublich kreativ. Eine Schule in Alabama ging so weit, über allen Toilettenspiegeln Schilder anzubringen, auf denen stand: »Heute siehst du aus wie einer der interessantesten Menschen auf der ganzen Welt.«

Die jungen Leute müssen sich in einer Kultur zurechtfinden, die uns sagt, wir sollten uns wohlfühlen, ganz gleich, was für ein Mensch wir sind. Ob wir unehrlich, egoistisch, gleichgültig, verschwenderisch oder grausam sind, spielt keine Rolle. Wir haben uns alle Mühe gegeben, unser Selbstwertgefühl von keiner Bedingung abhängig zu machen. Viele Erziehungswissenschaftler räumen mittlerweile ein, dass übertriebenes Selbstbewusstsein sich im Hinblick auf Erziehung und Persönlichkeitsentwicklung als gravierender Fehler erweist.

So glaubte man beispielsweise früher, ein hohes Selbstwertgefühl sei eine unentbehrliche Voraussetzung für Menschenführung, soziale Fähigkeiten und Kooperation. Das Gleiche behauptete man über die Fähigkeit, sich von gefährlichen, asozialen und selbstzerstörerischen Verhaltensweisen wie Drogenkonsum, Rauchen, übermäßigem Alkoholgenuss und unsicheren Sexualpraktiken fernzuhalten. In Wirklichkeit bedeutet hohes Selbstbewusstsein in allen diesen Fällen keinen Vorteil. Wissenschaftliche Untersuchungen haben sogar gezeigt, dass Menschen mit hohem Selbstbewusstsein mehr Experimente machen und Chancen ergreifen, was sie anfälliger für bestimmte Probleme macht.

Galt hohes Selbstwertgefühl früher als unentbehrlich für soziale Fähigkeiten und Geschick im zwischenmenschlichen Umgang, so hat sich mittlerweile herausgestellt, dass es auch auf diesen Gebieten keinen Vorteil verschafft. Es kann sogar das soziale Urteilsvermögen und die Entwicklung des Gewissens beeinträchtigen. Wie sich in neueren wissenschaftlichen Untersuchungen gezeigt hat, neigen »Selbstverstärker« mit einer sehr günstigen Meinung von sich selbst stärker zu aggressivem Verhalten, beispielsweise indem sie andere schikanieren. Ebenso legen sie häufiger verwirrende Verhaltensmuster an den Tag: Sie prahlen, halten starrsinnig an Meinungen fest oder fallen anderen in Unterhaltungen ins Wort.

Menschen mit hohem Selbstwertgefühl werden offenbar in ihrem hochgejubelten Stolz schneller verletzt, was Feindseligkeiten und andere abstoßende Reaktionen auslösen kann. Sehr selbstbewusste Menschen entfremden sich leichter von anderen, weil sie die eigene hohe Selbsteinschätzung nicht verbergen können. Starkes Selbstwertgefühl führt zwar dazu, dass Menschen sich selbst für besonders beliebt und im zwischenmenschlichen Umgang für geschickt halten, dies entspricht aber, wenn man andere nach ihrer Einschätzung fragt, nicht der Realität. Selbstbewusstsein wird zwar immer noch als Helfer zum Glücklichwerden angepriesen, mittlerweile ist aber klar, dass es bei Weitem nicht hält, was es früher zu versprechen schien.

### Schlüssel zum Glück

Die Weisheit der Welt besteht darin,
sich selbst sehr klein zu machen.
*Robert Louis Stevenson*

Diese Erkenntnis äußerte der Schriftsteller Robert Louis Stevenson 1879 in einem Brief an seinen Vater. Er hatte das Paradox begriffen, dass das Leben sich besser anfühlt, wenn man nicht darauf hinabblickt, sondern zu ihm aufsieht. Die Vorstellung, wir seien unseres Glücks nicht wert, wenn wir nicht groß und selbstbewusst sind, ist zutiefst abendländisch. In der modernen westlichen Kultur entfaltet sich Glück vor dem Hintergrund des Individualismus. Daraus folgt, dass unsere Selbstwahrnehmung entscheidend darüber bestimmt, wie wir das Ausmaß unseres eigenen Glücks beurteilen. Wenn wir mit uns selbst zufrieden sind, werden wir wahrscheinlich auch behaupten, wir seien mit dem Leben zufrieden. Das steht im Gegensatz zu kollektivistischen Kulturen, in denen Glück eng an Zusammenarbeit, zwischenmenschliche Harmonie und die Stellung als wertvolles, geschätztes Mitglied der Gruppe geknüpft ist. In einem solchen Umfeld würde man weniger Anstrengung auf die Selbstverstärkung verwenden und stattdessen die Gruppe stärken, um den Weg zum Glück zu finden.

Das schlimmste Problem stellt sich, wenn das Selbstwertgefühl so stark jedes Maß verliert, dass es zum Narzissmus wird. Unbegründetes Selbstwertgefühl dürfte in vielerlei Hinsicht ein Vorläufer des modernen »unbegründeten Glücks« sein, das kritisiert wurde, weil es kein handfestes Fundament hat. So betrachtet, sind Narzissmus und unbegründetes Selbstwertgefühl, wie sie heute vorherrschen, insbesondere vor dem historischen Hintergrund der Selbstwertgefühl-Bewegung interessant, die auf den Psychotherapeuten und Unternehmensberater Dr. Nathaniel Branden aus Los Angeles zurückgeht. Er bemühte sich zwar, der Egozentrik ihren negativen Beigeschmack zu nehmen, unterschied aber sehr genau zwischen gesundem und ungesundem Egoismus. Branden propagierte ein Selbstwertgefühl, das sich auf die Anerkennung des Bedürfnisses nach Liebe, gesunden zwischenmenschlichen Beziehungen und einem von ihm als »Seelenvollheit« bezeichneten spirituellen Bewusstsein stützte. Seit dieser Anfangszeit hat die Selbstwertgefühl-Bewegung einem ungehemmten Egoismus Platz gemacht, dem viel vom Spektrum eines sinnvollen, gemeinsamen Glücks fehlt.

Im heutigen kulturellen Klima wurde das Ego derart aufgeblasen, dass Berühmtheit geradezu als Vorbedingung für das Glück gilt. Lokaler Ruhm reicht nicht mehr. Die Ruhmsüchtigen brauchen die ganze Welt als Publikum – zum Teil ist das vielleicht eine Reaktion auf die Tatsache, dass sich in der näheren Umgebung niemand mehr wirklich um sie kümmert. Wenn ich niemandem in meinem Umfeld etwas bedeute, könnte ich vielleicht der ganzen Welt etwas bedeuten. Nachdem unser Bedürfnis nach Zuneigung sich in die Öffentlichkeit verlagert hat, ist das Buhlen um die Massenmedien zu einer beliebten Form des Balzverhaltens geworden. Unbeachtete Menschen jeglicher Couleur kommen aus allen Winkeln und stellen Weltrekorde auf oder fahren als Erste mit verbundenen Augen auf dem Einrad über einen Salzsee in Utah oder machen in fünfzehn Minuten Bocksprünge über tausend Bierfässer.

Der altbekannte Schrei »Schau mich an!«, mit dem ein vernachlässigtes Kind die Aufmerksamkeit der Eltern erregen will, hat sich in der ganzen westlichen Welt verbreitet, weil die

Menschen immer weniger sichtbar sind. Viele halten Ruhm für das Einzige, was ihre nagende Trennungsangst lindern kann. Unter dem Gesichtspunkt des Glücks stellt sich dabei allerdings das Problem, dass es im Berühmtheitsspiel nur wenige Gewinner gibt. So verzweifelt wir auch gesehen und anerkannt werden wollen – anonyme Fans zu gewinnen, ist nicht einfach. Dennoch ist das Streben nach Ruhm mittlerweile untrennbar mit dem Streben nach Glück verknüpft.

Dieser Trend vermindert die Aussichten der Menschen auf Glück, weil er sie zur nahezu sicheren Enttäuschung verdammt. Sie werden zu Sklaven einer Öffentlichkeit, die im Wesentlichen die Fiktion einer Hollywood-artigen Hysterie ist. Die wenigen Glücklichen, die es bis ins Rampenlicht schaffen, werden häufig zu Opfern ihrer eigenen Angst vor den Launen ihrer unbekannten Verehrer, ganz zu schweigen von dem Verlust der Privatsphäre und den zerbrechenden Beziehungen, die zwangsläufig dazugehören. Trotz alledem wächst der Wunsch nach Öffentlichkeit und Ruhm immer stärker, während die lokale Umgebung als Quelle der Anerkennung schwächer wird. Mit unserem eigenen Streben nach Ruhm mischt sich der Trend, sich immer stärker vor denen zu verbeugen, die bereits berühmt sind.

Die Konsumkultur hat in den Narzissmus ebenso wie in den Ruhm hohe Investitionen gesteckt. Über die heutige Kultur des Narzissmus wurde schon viel geschrieben, allerdings fast immer unter negativen Vorzeichen. Der Vorteil des Narzissmus besteht darin, dass er immer mit einem hohen Maß an Anspruchsdenken verbunden ist: Die Menschen glauben ein Recht auf die Dinge zu haben – und zwar auf viele Dinge. Die Werbeindustrie ist ganz darauf eingestellt, ihre Produkte im Fahrwasser des wachsenden Narzissmus zu verkaufen. Manches davon ist sehr krass, beispielsweise wenn die Aussage von Werbeanzeigen auf das Motto »Sie haben es sich verdient« hinauslaufen. Andere sind subtiler und verkaufen Dinge im Rahmen des wachsenden Wunsches vieler Menschen, sich selbst zu verklären. Wenn Narzissmus zu einem beherrschenden Persönlichkeitsmerkmal wird, entwickelt sich ein immer seichterer Charakter, und die Fähigkeit, tiefe Gefühle für andere Menschen zu empfinden, geht verloren. Auch das lässt die Konsumbereitschaft steigen, weil es dazu führt, dass die Menschen die erfundene Welt der Objekte eher akzeptieren.

Der ideale psychologische Nährboden für den Narzissmus ist eine Kombination aus Genusssucht und Nachlässigkeit, und diese Voraussetzungen sind bei vielen Menschen gegeben, wenn sie unter den Bedingungen unserer heutigen Kultur aufgewachsen sind. Es ist auch die klassische Vorbedingung für die Entwicklung von Soziopathen, deren Hauptmerkmal das Fehlen jedes sozialen Gewissens ist. Narzissten empfinden wie Soziopathen kaum Schuldgefühle oder ein Gefühl der Sünde. Aber Sünden sind auch für die Wirtschaft nicht gut. Nachdem Narzissmus durch den Individualismuskult immer salonfähiger wurde, verschwand das Unrechtsbewusstsein hinter dem Gefühl, man dürfe alles Notwendige tun, um sich selbst zufriedenzustellen und wohlzufühlen.

Bei den Sünden, die in unserer Kultur des Narzissmus noch verblieben sind, handelt es sich vorwiegend um Sünden gegen das eigene Ich. Wir haben den Eindruck, dass wir etwas falsch machen, wenn wir nicht das Bestmögliche für uns herausgeholt, unser Bestes gegeben oder das Beste aus unseren Gelegenheiten gemacht haben. Dagegen sind die altmodischen Sünden – Unrecht gegen andere oder gegen Gott – Schnee von gestern. Die schlimmste Sünde besteht heute darin, sich selbst etwas vorzuenthalten, und das ist wiederum Musik in den Ohren der Konsumwirtschaft. Das Gefühl, ein Sünder zu sein, kann zwar das Glück überdecken. Aber noch zerstörerischer für jedes Glücksgefühl ist das völlige Verschwinden des zwischenmenschlichen Verantwortungsbewusstseins.

Eine unaufhörliche Beschäftigung mit dem eigenen, persönlichen Glück ist in vielerlei Hinsicht ein Ausdruck von Narzissmus. Zumindest gilt das für die vielen Glückssucher, die stets danach fragen, was sie für sich selbst an Land ziehen können, und nicht was sie mit anderen teilen können. Jean-Jacques Rousseau spielte auf den Narzissmus an, als er sagte: »Das Wesen des Menschen ist nicht ausgereift, solange es nicht sozial wird.« Das Gleiche kann man über das Glück behaupten; auch Glück ist nicht reif, wenn es nicht sozial wird.

Der Narzissusmythos ist eine tragische Geschichte. Da Narziss sich nicht unterwerfen will, vertut er seine Chancen bei der schönen Nymphe Echo und wird zu einer unbarmherzigen Selbstverehrung verdammt, die ihm alle Lebenskraft und Schönheit raubt. Sein geliebtes Ich gibt die Zuneigung nie zurück, und am Ende verschmachtet er, sodass an seinem Platz nur eine Blume zurückbleibt und an seine Schönheit erinnert. Es passt sehr gut, dass die Geschichte kein Happy End hat. Dennoch könnte man die Ansicht vertreten, dass Narzissmus eigentlich kein schlechter Ansatz ist. Stell' dich selbst stets an die erste Stelle und widme deine ganze Energie dem Bestreben, dich wohlzufühlen. Aber was das Glück oder auch nur die Selbstliebe angeht, hat der Narzissmus wenig zu bieten. Gesellschaften, die bei ihren Mitgliedern Narzissmus erzeugen, funktionieren nicht und haben die Tatsache, dass Glück auf Gegenseitigkeit beruht, aus dem Blick verloren.

Die Durchschnittsform des Narzissmus, die aus der modernen Konsumkultur erwächst, wurde mit den inoffiziellen Etiketten »Mittelklasse-Narzissmus« oder »normaler Narzissmus« belegt. In ihr wurden dem Egoismus sämtliche Tabus genommen, um den Konsum anzuregen. Als Charaktereigenschaft hat der kollektive Narzissmus gewisse Vorteile, denn er ermöglicht es den Menschen, andere in einem von übermäßiger Konkurrenz geprägten Umfeld ohne Schuldgefühle auszunutzen. Gleichzeitig begünstigt er einen Mangel an Frustrationstoleranz, der Beziehungen zerstört. Am Ende schwanken die Menschen häufig zwischen dem Ausdruck von Feindseligkeit und unbeholfenen Versuchen, die Zustimmung anderer zu erlangen.

## Schlüssel zum Glück

Ich weiß nicht, was euer Schicksal sein wird,
aber eines weiß ich: Die Einzigen unter euch,
die wirklich glücklich sein werden, sind diejenigen,
die suchen und finden, wie sie dienen können.
*Albert Schweitzer*

Der große Theologe und Philanthrop Albert Schweitzer hatte es begriffen: Der Dienst an anderen ist ein wesentlicher Aspekt eines tief empfundenen Glücks. Sich selbst zugunsten anderer zu opfern, hat die paradoxe Folge, dass man mehr zurückbekommt, als man gegeben hat. Das scheint eine universell gültige Erkenntnis über das Glück zu sein. Über den Reichtum, der aus dem Dienst an anderen erwächst, sagte der US-General Peyton Conway March: »Es gibt ein wunderbares, rätselhaftes Naturgesetz, dass die drei Dinge, nach denen wir im Leben am meisten streben – Glück, Freiheit und Seelenfrieden – immer dann zu uns kommen, wenn wir sie anderen geben.« Leider geht die Freude, unseres Bruders Hüter zu sein, unter der Herrschaft des Narzissmus verloren.

Die schädlichen Auswirkungen des Narzissmus für die Qualität des Soziallebens sind einer der wichtigsten Gründe, warum Narzissmus allgemein als großes Hindernis für das Glück gilt. Eine Fülle von Indizien weist darauf hin, dass das Interesse der Menschen an ihrem größeren sozialen Umfeld immer mehr abnimmt, weil die Kultur alle Wertvorstellungen in Richtung eines egoistischen Materialismus gelenkt hat. Dies zeigt sich auf vielfältige Weise. Die Zahl der Menschen, die in sozialen Einrichtungen und ehrenamtlichen Tätigkeiten mitarbeiten, ist in den vergangenen Jahrzehnten drastisch gesunken. Gruppenaktivitäten werden immer stärker durch Tätigkeiten verdrängt, die man allein ausführt. Wir verbringen immer weniger Zeit mit Bekannten, weil jeder seinen eigenen Zielen und Wünschen oberste Priorität einräumt. Welche Spannungen sich ergeben, wenn zwei Narzissten zusammenleben wollen, zeigt sich in dem seltsamen Trend, dass immer mehr Ehepaare getrennt wohnen. Die Lebensweise der »getrennten Gemeinsamkeit« wird für viele moderne Paare zur besten Lösung, damit sie überhaupt zusammenbleiben können.

Narzissten kommen normalerweise nicht auf die Idee, dass mit ihrer ichbezogenen Orientierung irgendetwas nicht stimmen könnte, aber in dem, was der Künstler und Gesellschaftskritiker John Ruskin im 19. Jahrhundert sagte, steckt eine gewisse Wahrheit: »Wenn ein Mensch in sich selbst eingewickelt ist, wird er zu einem ziemlich kleinen Paket.« Die heutigen kleinen Pakete sind wie mit Handschellen an sich selbst gefesselt, aber andererseits steht es ihnen frei, alle Gelegenheiten zu ergreifen, ohne sich die Bürde weitreichender zwischenmenschlicher Verpflichtungen aufzuladen. Dennoch fällt es ihnen schwer, völlig dem Vakuum zu entkommen, in dem sie sich bewegen. Es ist eine wenig erfüllende Erfahrung, und sie schafft beste Voraussetzungen für Wut und spätere Verzweiflung.

Da Narzissten sich weder auf zwischenmenschlichem noch auf spirituellem Weg definieren können, versuchen sie den Mangel häufig durch Vergnügen, Besitz und eine extravagante Lebensweise zu kompensieren. Dies wird häufig zu ihrem großen Glücksrezept, aber es erweist sich als unwirksam. Vergnügungen zum Beispiel sind, was ihre Fähigkeit zur Aufrechterhaltung positiver Gefühle angeht, von berüchtigter Kurzlebigkeit. Wenn man sie genossen und konsumiert hat, sind sie zu Ende, und die betreffende Person fühlt sich wieder einmal leer und allein. Wer immer wieder ausgetrocknete Quellen des Vergnügens anbohrt, wird schnell zwanghaft und abhängig. Wenn es so weit ist, bleibt nichts mehr, womit man die eigene Welt nahhaltig ausfüllen könnte.

Narzissmus führt letztlich zu Einsamkeit, einem weiteren unangenehmen Gefühl, das wie ein Schatten über den modernen Menschen liegt, wenn sie einer Form des Glücks nachjagen, die so autistisch ist, dass sie nicht lebenserhaltend wirken kann. Glück wird nahezu unmöglich, wenn man nicht in der Lage ist, dem Gefängnis des Eigennutzes zu entkommen.

Indem die Menschen ihre Aufmerksamkeit so stark auf die Welt der materiellen Dinge richten, versuchen sie sich ein wenig Freiheit von den Einsamkeitsgefühlen zu erkaufen, die ihr vereinzeltes Dasein heimsuchen.

Manchmal wird die Aufgeblasenheit, die häufig ein Hindernis auf dem Weg zum Glück darstellt, nicht als Narzissmus, sondern als Egoismus bezeichnet. Wenn es um das Ego geht, spielt Größe durchaus eine Rolle. Die Konsumkultur liebt aufgeblasene Egos. Je größer, desto besser. Der Grund ist wieder der gleiche: Der Mensch wird auf die Überzeugung programmiert, er habe ein Anrecht auf die Goldgrube der Waren, die vor uns ausgebreitet werden. Aber wenn man die eigenen Bedürfnisse auf egoistische Weise befriedigt, ist Seichtheit die Folge. Und seichte Menschen wiederum sind zu seichtem Glück verdammt.

Im Westen haben wir fast völlig vergessen, wie wichtig »Tiefe« als Quelle des Glücks ist. Andere Kulturen dagegen sehen im Glück vorwiegend eine Frucht tiefer Empfindungen. Wir verfügen nicht einmal über ein geeignetes Wort zur Beschreibung eines Zustandes der Tiefe, der Glückseligkeit aufkommen lässt. Am nächsten kommt ihm noch der Begriff »Weisheit«, aber er fängt nicht den Überschwang ein, der aus Tiefe erwachsen kann. Es gibt bei uns keine Entsprechung für die fernöstliche Vorstellung von Erleuchtung, die dort als einziger Quell des wahren Glücks gilt.

Sein Leben im Hinblick auf mehr Tiefe zu führen, ist eine legitime Alternative, wenn man nach Glück strebt, insbesondere angesichts der Tatsache, dass die meisten Menschen auf ein zerbrechliches, vordergründiges Glück programmiert sind. Zu den Aspekten der Tiefe, die als reiche Quellen positiver Gefühle besonders hervorgehoben wurden, gehören Selbstlosigkeit, Bescheidenheit, Mitgefühl sowie die Fähigkeit, Liebe zu geben und zu empfinden.

Wir legen so viel Wert darauf, »jemand zu sein«, dass wir es in der Regel seltsam finden, wenn wir von einer Philosophie hören, die das Ego als Hindernis für das Glücklichsein bezeichnet. Aber selbst in einer Gesellschaft, in der die aktiv handelnden Personen ihre eigenen größten Bewunderer sind, kann ein großes Ego zu einem schwerfälligen Tier werden, das mehr Schmerzen als Freude verursacht.

Schlüssel zum Glück
Der Weise hinterlässt keine Fußspuren,
wenn er durchs Dorf geht.
*Chinesisches Sprichwort*

Die Aussage dieses Sprichworts steht in diametralem Gegensatz zu der abendländischen Vorstellung, wir seien glücklicher, wenn wir der Welt unseren Stempel aufdrücken können. Anders als der Weise sind wir zu menschlichem Grafitti geworden, das ständig nach einer leeren Wand sucht. Wir graben uns mit den Fersen ein und sind verzweifelt bemüht, einen dauerhaften Eindruck zu hinterlassen und durch diesseitige Leistungen sogar eine Art Unsterblichkeit zu erlangen. Dass dieses Vorgehen so töricht ist, liegt an der Tatsache unserer Vergänglichkeit.

Wenn wir begreifen, dass wir nicht von Dauer sind, erlangen wir die Freiheit, das Heilige im Leben zu erleben. Die Fantasie zu nähren, wir könnten dauerhafte Fußspuren im Sand der Zeiten hinterlassen, heißt eine destruktive Form des Leugnens zu pflegen, die uns kein Glück verschafft. Wenn wir aber so leben, dass wir keine Fußspuren hinterlassen, lösen wir uns von dem egoistischen Bedürfnis, sinnlose Verbindungen herzustellen. Wir vermeiden es, Ansprüche anzumelden, die in Wirklichkeit nicht existieren. Außerdem befreien wir uns von dem Impuls, unsere Zähne in das Glück zu schlagen, das uns allzu oft wie ein Kuchen erscheint: Wir meinen, wir müssten uns ein großes Stück sichern, damit wir den Sieg im Leben für uns beanspruchen können.

Nach den Vorstellungen des tibetanischen Buddhismus ist die Erkenntnis vom Wert der Selbstlosigkeit eine unentbehrliche Voraussetzung für inneres Glück, denn sie verschafft uns Hilfsmittel wie die Fähigkeit zum Zuhören, zum Nachdenken und zur Wahrnehmung »des Offensichtlichen«. Zu seinen spirituellen Praktiken gehören der »Tanz der goldenen Befreiung«, ein symbolischer Ausdruck des Strebens nach »klarer Sicht«, die durch den Tod des Ego zu erreichen ist. In dieser Weltanschauung ist das Ego ein unwissendes Etwas, weil es sich über sich selbst und die Welt täuscht. Das Wort für das Ego lautet in der tibetanischen Sprache »dak dzin«, was wörtlich übersetzt »Greifen nach dem Ich« bedeutet.

In der abendländischen Mentalität ist Selbstlosigkeit gleichbedeutend mit Ineffizienz und Verlust. Im östlichen Denken dagegen gilt sie als Gewinn, der sinnlichen Genuss, Frische und Aufgeschlossenheit verschafft. Die amerikanische buddhistische Nonne Pema Chodron skizziert in ihrem Buch *When Things Fall Apart* die drei Grundwahrheiten des Daseins: Selbstlosigkeit, Leiden und Vergänglichkeit. Die Selbstlosigkeit beschreibt sie als »Geisteszustand, der völliges Vertrauen in die Heiligkeit der Welt hat. Es ist bedingungsloses Wohlergehen, bedingungslose Freude, die alle Qualitäten unseres Erlebens einschließt. Im Zustand der Selbstlosigkeit strahlen wir eine natürliche Wachheit aus, weil wir nicht so stark mit uns selbst beschäftigt sind.« Im Gegensatz zu dem angenehmen Zustand der Wachheit sind ichbezogene Menschen wie gefesselt: Sie geben die emotionale Flexibilität auf und tauschen sie gegen die Illusion von Macht und Einfluss.

Der spirituelle Führer Meher Baha spürte sehr leidenschaftlich, dass das Ego die Werte verfallen lässt und das Glück verhindert. Für ihn war die Sprache ein Werkzeug, das die eigenen Prioritäten entwertet; deshalb gab er mit 25 Jahren das Sprechen auf und behielt dies bis zu seinem Tod bei. Baha erkannte, dass das Ego uns auf ungesunde Weise veranlasst, die Dinge rückwärtsgewandt zu betrachten: »Es ist eine charakteristische Eigenschaft des Ego, dass es alles Unwichtige für wichtig und das Wichtige für unwichtig hält.« Es überträgt einen Sinn auf das Sinnlose und raubt den Sinn aus jenen Bereichen, die eine reichhaltige Quelle für die Befriedigung unserer Bedürfnisse sind.

Eines meiner Lieblingsgedichte stammt von dem verstorbenen amerikanischen Dichter Cid Corman. In seinem minimalistischen Stil spiegelt sich ein starker fernöstlicher Einfluss wider. Im Jahr 1970 hörte ich ihn an der University of Wisconsin mit einer Gedichtlesung. Im gleichen Jahr war auch sein Buch *Livingdying* erschienen, aus dem das Gedicht stammt. Corman stellte gerade dieses Gedicht mit großer Dramatik vor und erklärte, es sei für ihn lange Zeit nicht fassbar gewesen, aber schließlich habe es mitten in der Nacht zu ihm gefunden. Nach einer solchen Vorrede rechnete niemand damit, dass das Gedicht nur aus sechs Wörtern bestand. Ich zitiere es hier als Schlüssel zum Glück: Die Einstellung, die es vermittelt, kann nach meiner Überzeugung viel von dem Kummer lindern, der uns überfällt, wenn wir uns selbst allzu ernst nehmen.

SCHLÜSSEL ZUM GLÜCK
Ein Fels steht
Wo ich kniee.
*Cid Corman*

Mit dieser winzigen Hand voll Wörter – und wie es dem Thema entspricht, sollte sie auch winzig sein – schuf Cid Corman eine ideale Metapher für die tiefsten Zustand der Selbstlosigkeit. Der Mensch kniet in einer Verehrungshaltung vor dem niedersten aller Erdbewohner – einem Fels. Aber selbst der Fels ist über ihm, er steht und ist der Anbetung würdig. Von diesem niedrigen Standpunkt betrachtet, ist das Glück überall. Die Selbstlosigkeit hat eine unerwartete Wirkung: Sie öffnet das Fenster zum Glück, das fest verschlossen bleibt, wenn das Ego hoch aufragt.

KAPITEL 13

# Gefangen im Spiegel

Wir leben in einer Zeit, in der es darum geht, anderen immer um eine Nasenlänge voraus zu sein. Warum es uns glücklicher machen soll, andere zu übertreffen, wissen wir nicht so genau, aber wir bemühen uns dennoch darum. In unsere grundlegenden Ansichten über das Glück und darüber, wie man mit der Welt umgehen sollte, hat der Exhibitionismus Einzug gehalten. Demut hat als Mittel zum Glücklichwerden jede Glaubwürdigkeit verloren. Und vermutlich ist sie für die Form von Glück, nach der die Menschen heute streben, kein geeignetes Attribut.

Demut ist die Fähigkeit, durch den Spiegel zu schauen und sich nicht ständig vom eigenen Spiegelbild ablenken zu lassen. Das englische Wort »humble« geht auf das lateinische *humilus* zurück, das mit Erde oder Humus zu tun hat. Demut ist ein Zustand, in dem wir uns bewusst sind, dass wir zu einem größeren Ganzen gehören. Sie verhindert jenes Abgleiten in die Arroganz, das Konflikte heraufbeschwört und die Harmonie verschleiert, sodass unser irdisches Dasein darunter leidet. Demut macht es einfacher, ehrlich und aufrichtig zu sein, und das wiederum dient gesunden zwischenmenschlichen Beziehungen und einem besseren sozialen Wohlbefinden.

SCHLÜSSEL ZUM GLÜCK
Oh Schnecke,
erklimme den Fujiyama.
Aber langsam, langsam!!
*Kobayashi Issa*

Dieses Gedicht, das der japanische Poet Issa im 18. Jahrhundert schrieb, ist eines der schönsten Beispiele für die Haiku-Dichtung, eine literarische Tradition, die in Japan mehrere Jahrhunderte weit zurückreicht. Wie die meisten Haiku-Gedichte besteht es nur aus drei Zeilen, und das subtile Thema soll eher Gefühle als Gedanken vermitteln. Das hier zitierte Gedicht spricht von der Freude, die man erlebt, wenn man das Maß an Demut erreicht, das einen die letzte Gleichberechtigung aller Lebewesen erkennen lässt. Das wiederum fördert die Ehrfurcht vor dem Lebendigen, die so unentbehrlich ist, wenn wir noch in den kleinsten Lebewesen und Ereignissen die Schönheit erkennen wollen. Es geht um eine Schnecke, die einen Berg erklimmt, was sie durchaus schaffen kann, wenn sie genug Zeit hat. Ein noch größerer Anlass zur Freude ist es aber, weil die Schnecke es langsam tut, das heißt, sie bleibt ihrem wahren Wesen treu.

Obwohl Demut auf diese Weise zu einem tief empfundenen Glück beitragen kann, ist sie als Charakterzug mehr oder weniger ausgestorben. Zu verschiedenen früheren Zeiten dagegen und in anderen Kulturkreisen galt sie als Zeichen der Größe. Demut ist ein intelligenter Selbstrespekt, mit dessen Hilfe wir eine ausgeglichene Wahrnehmung für uns selbst und die Welt um uns herum beibehalten können. Nach innen ist sie ein tröstlicher Realismus, der uns vor falschen Hoffnungen, Enttäuschungen und Ablehnung bewahrt.

Demut ist eine hohe Bewusstseinsebene, die den Geist aufnahmefähig für das Auf und Ab des Lebens macht. Sie kann die Übergänge von einem Lebensabschnitt zum nächsten reibungsloser gestalten. Dass viele Menschen allein durch das Älterwerden ein solches emotionales Chaos erleben, liegt zum Teil daran, dass sie nicht genügend Demut entwickelt haben. Das unterstreicht, wie wichtig es ist, Demut regelmäßig zu praktizieren – eine übliche Empfehlung fernöstlicher Philosophen, die Glück mit Erleuchtung gleichsetzen.

Als Weg zum Glück fördert Demut auch das Mitgefühl, einen weiteren Charakterzug, der in der Kultur des Narzissmus weitgehend ausgestorben ist. Echtes Mitgefühl ist das schlimmste Gift für unsere heutigen Wirtschaftsinstitutionen. Das derzeitige Ethos der »wirtschaftlichen Rationalisierung« dreht sich im Wesentlichen um erbarmungslosen Überlebenskampf, und dabei wird alles abgelehnt, was den Profit vermindert oder potenziellen Konkurrenten einen Vorteil verschafft. Die gleiche Denkweise hat sich auch im Alltagsbewusstsein breitgemacht: Die Menschen halten sich heute für ihre eigenen Sozialfälle.

Echtes Mit-Leid zu empfinden und damit das Leiden anderer zu lindern, ist vielleicht der höchste Sinn des Lebens überhaupt. Aber für den Geschmack der meisten heutigen Menschen ist es mit zu vielen Unannehmlichkeiten verbunden. In geringer Dosis fühlt Mitleid sich gut an, und kleine mildtätige Taten sind sogar in Mode gekommen, insbesondere wenn es dafür ein Publikum gibt. Aber bei den heutigen schmerzallergischen Konsumenten setzt sehr schnell die Mitleidsmüdigkeit ein.

Mitgefühl und Narzissmus sind die entgegengesetzten Pole eines ununterbrochenen Spektrums. Während der selbstversunkene Narzisst einen ausgezeichneten Konsumenten abgibt, sind Menschen mit starkem Mitgefühl der Schrecken der Konsumwirtschaft. Mitgefühl ist von seinem Wesen her eine Einstellung, die nicht Gegenstände und Vergnügungen, sondern Menschen und ihr Leben in den Mittelpunkt stellt. Das ganze Ziel der Konsumentenindoktrination besteht aber gerade darin, die Prioritäten in den Bereich des Materiellen zu verlagern, während Gedanken über das Leben unter den Teppich gekehrt werden.

Dass sich das Mitgefühl in den vergangenen Jahrzehnten in einem rapiden Niedergang befindet, ist allgemein bekannt. Wer Mitgefühl heute als wichtigstes Lebensziel betrachtet, gilt entweder als naiv oder als verdächtig rechtschaffen. Zumindest gilt der Mitleidige als töricht, weil er seine Zeit auf einem Gebiet vergeudet, das uns auf der Leiter von Erfolg und finanzieller Sicherheit nicht weiter nach oben bringt. Selbst Menschen, die von ihrem Wesen her dazu neigen, Mitgefühl zu einem zentralen Bestandteil ihres Lebens zu machen, unterdrücken meist aus Angst diese Tendenz. Zwar empfinden sie manchmal Schuldgefühle, wenn sie anderen den Rücken kehren, aber das reicht nicht aus, um den Eindruck zu vertreiben, dass Mitgefühl in einer Welt, in der man nur mit Geschäftstüchtigkeit überlebt, einfach zu gefährlich ist.

Wer sich aber Sorgen um das Verschwinden des Mitgefühls macht, sieht in diesem Schwund einen zerstörerischen Trend, der das Glück vermindert, das gesamte Gewebe der Gesellschaft auflöst und sogar noch größere soziale Ungerechtigkeiten heraufbeschwört, als wir sie heute schon haben. William Eckhadt beginnt sein Buch *Compassion: Toward a Science of Value* mit den Worten: »Die Welt stirbt an einem Mangel an Mitgefühl.« Es ist ein Mangel, der uns auf da gewesene und nicht da gewesene Weise umbringt: durch Umweltverschmutzung, Armut, Vorurteile, Gewalt, Überbevölkerung und Krieg. Wenn diese radikale Form des Vertrauens schwindet, verlieren wir den Blick für kostbare Wege zum Glück, die in dem überragend wichtigen Wert der Gerechtigkeit liegen. Mitgefühl spricht einen grundlegenden Aspekt unseres menschlichen Wesens an, der uns zur sinnvollsten Form des Erfolges führen kann: zur Selbstaufopferung.

Schlüssel zum Glück

Wenn du willst, dass andere glücklich sind, habe Mitgefühl.
Wenn du glücklich sein willst, habe Mitgefühl.
*Dalai Lama*

In diesen Worten des Dalai Lama hallen die Lehren mehrerer fernöstlicher Denkrichtungen wider, in denen Mitgefühl eine machtvolle, für das Glück der Menschen unentbehrliche Eigenschaft ist. Mitgefühl geht über Bedauern und Sympathie hinaus. Es umfasst eine Zuneigung, mit der wir begreifen, was es wirklich bedeutet, die Welt mit den Augen eines anderen zu sehen. Mitfühlende Menschen halten sich in ihrem Leben ausreichend Zeit und Spielraum frei, um ihr Mitleid auch in Taten umzusetzen, statt ihrem Gefühl nur von Zeit zu Zeit verbalen Ausdruck zu verleihen. Mitgefühl ist das Wissen, dass mein Glück ohne dein Glück nicht möglich ist. Es ist eine Belohnung, die man nie erhält, wenn man auf das eigene Wohlergehen fixiert ist.

Ermutigend ist, dass einige Psychologen bestrebt sind, uns die Früchte des Mitgefühls wieder näherzubringen. Lorne Ladner greift beispielsweise in seinem Buch *Die verlorene Kunst des Mitgefühls* auf buddhistische Traditionen zurück und legt dar, welchen Wert Mitgefühl für die seelische Gesundheit und das Glück hat. Er bezeichnet die Kultivierung des Mitgefühls als wirksamsten Weg, um psychisch gesund, glücklich und fröhlich zu werden. Mitgefühl ist nach seinen Worten ein direktes Gegenmittel gegen Vorurteile und Aggressionen. Etwas ganz Ähnliches sagte auch Eric Hoffer: »Mitgefühl ist das Gegengift der Seele: Wo Mitgefühl herrscht, bleiben noch die übelsten Impulse relativ ungefährlich.«

Durch die Entdeckung des Mitgefühls und seiner heilenden Wirkung kann sich das Leben positiv wandeln. Wenn die Menschen lernen, konstruktiv in einem Bereich tätig zu werden, der jenseits ihrer eigenen Grenzen liegt, kann sich sogar ein Gefühl der Wiedergeburt und einer viel größeren Lebendigkeit entwickeln, das dem Erlebnis, in sich selbst gefangen zu sein, bei Weitem überlegen ist.

In unserer heutigen Zeit leben wir auf der hohen Klippe der Leblosigkeit und tun fast alles, um das Nichts, das nie weit weg ist, zu meiden. Das Gefühl des Totseins gehört zu den beherrschenden Aspekten der narzisstischen Lebensweise. Fachleute für seelische Gesundheit sprechen häufig von einer Epidemie der »psychischen Leblosigkeit«, die im derzeitigen kulturellen Umfeld ans Licht gekommen ist. Sie wird normalerweise als Langeweile wahrgenommen, die in der westlichen Welt zur vorherrschenden Krankheit wird. Langeweile verwehrt dem Menschen die Fähigkeit, irgendetwas zu empfinden – einschließlich des Glücks.

Chronische Langeweile gibt es ausschließlich in der abendländischen Kultur. In traditionellen Gesellschaften findet man sie kaum oder gar nicht: Dort liefert eine Fülle gemeinsamer Aktivitäten, zwischenmenschlicher Kommunikation, familiärer Beziehungen, gemeinschaftlicher Tätigkeiten sowie anderer gesellschaftlicher und spiritueller Aktivitäten Anregung und Lebenssinn. Selbst Menschen, die wie beispielsweise die Wüstenbeduinen in einer sehr unwirtlichen Umwelt zu Hause sind, lassen keine Anzeichen der Langeweile erkennen, die sich in der modernen Konsumkultur breitgemacht hat.

Im Jahr 1952 wurde in den Vereinigten Staaten in einer Umfrage festgestellt, dass Langeweile für 26 Prozent der Befragten ein »großes Problem« war. Als man die Umfrage 1978 wiederholte, war der Anteil auf 38 Prozent gestiegen. Heute findet man kaum noch jemanden, der Langeweile nicht für eine ernste Schwierigkeit hält. Sie ist sogar bis in die Schlafzimmer vorgedrungen. Kürzlich lautete die Überschrift einer Zeitungskolumne »Mein Mann schläft beim Sex ein«. Einer Untersuchung zufolge finden 31 Prozent der Frauen und 23 Prozent der Männer Sex »völlig langweilig«. In einer anderen Studie gaben 43 Prozent der Frauen und 31 Prozent der Männer an, sie hätten »keine Lust auf Sex«, und dabei wurde Langeweile am häufigsten als Grund genannt. Hitzige Diskussionen löste eine große australische Umfrage aus dem Jahr 2005 aus: Darin wurde festgestellt, dass 50 Prozent der Frauen jedes Interesse am Sex verloren hatten. Die Hauptursachen waren Überarbeitung und Langeweile. Nachdem die Sexualität heute weitgehend von Regeln befreit ist und in unzähligen Varianten zur Verfügung steht, sollte man eigentlich annehmen, dass die Menschen sich den emotionalen Nutzen nicht entgehen lassen. Aber als Beitrag zum Glück verliert der Sex sehr schnell an Wirksamkeit. Und der fortdauernde Trend, Ausgefallenes und Perverses für normal zu erklären, ist dabei keine Hilfe, sondern trägt ebenfalls zum Niedergang bei.

Langeweile greift die Fundamente des Glücks von verschiedenen Seiten her an. Wie sich in wissenschaftlichen

Untersuchungen gezeigt hat, ist ein hohes Maß an Langeweile Gift für das spirituelle und existenzielle Wohlbefinden, und sie beraubt uns der Fähigkeit, im Leben ein Ziel zu erkennen. Langeweile wurde mit einer Fülle sozialer Störungen in Verbindung gebracht, darunter Drogen- und Alkoholmissbrauch, Spielsucht, Übergewicht, Suchterkrankungen, extreme Risikofreude, eheliche Untreue, zwanghafte Internetnutzung, Vandalismus und andere »Verbrechen aus Langeweile« sowie eine gnadenlose Verkürzung der Aufmerksamkeitsspanne. US-Amerikaner wechseln heute durchschnittlich alle drei Minuten und 42 Sekunden den Fernsehkanal. Auch noch so viel mentales Fast Food kann den Drang nicht lindern, und irgendwann kommt unter Umständen Verärgerung hinzu. Die steigende Zahl von »Spaßmorden« und »Abfackelungen« lässt sich in vielen Fällen auf seelentötende Langeweile zurückführen. Wenn Menschen in diesem Stadium angelangt sind, ist ihre Langeweile so tief in sie eingedrungen, dass sie fast überhaupt nichts mehr empfinden.

Sozialhistoriker bezeichnen die Langeweile als Erfindung des 18. Jahrhunderts, die nach und nach zu einem kollektiven Zustand wurde und heute einen großen Teil der menschlichen Erfahrungen ausmacht. Wurde sie früher als »Traumvogel« gepriesen, der Neuerungen und den Fortschritt der Zivilisation vorantreibt, so gilt sie heute allgemein als die tödliche Krankheit unserer Zeit. Sie erfüllt uns mit einer Ruhelosigkeit, die nirgendwohin führt außer zu Verzweiflung und Unglück. Wenn es die Langeweile vor dem 18. Jahrhundert so gut wie überhaupt nicht gab, dann hatte das seinen Grund: Niemand erwartete, dass ständig, vom Frühstück bis zum Schlafengehen, irgendetwas die Sinne kitzelte. Heute verspricht dank WC-Enten, Schaumspülung und der glänzenden Aussicht auf ein himmlisch weiches dreilagiges Finale sogar der Besuch auf dem Porzellanthron zu einem spannenden Vergnügen zu werden.

Seit wir an die Fantasievorstellung glauben, das ganz normale Leben könne eine unendliche Abfolge von Nervenkitzel und immer neuen Dingen sein, sind wir einer tödlichen Macht zum Opfer gefallen, die »alle Dinge und andere Menschen und mich selbst zu einer farblosen Gleichgültigkeit verschmelzen lässt«, wie der Philosoph Martin Heidegger im 20. Jahrhundert die Langeweile charakterisierte. Für die neue psychische Last, die den heutigen Menschen aufgehalst wurde, gibt es auch einen neuen Begriff: »Stress durch Langeweile«.

Zu den führenden Experten für Langeweile gehört Alan Caruba, der das Problem in einem eigenen Institut erforscht. Er bezeichnet die Langeweile als einen der wichtigsten heutigen Glückszerstörer. Wie er aber auch erläutert, bleibt sie vielfach unbemerkt, weil sie in unserer Zeit so allgegenwärtig ist. In seinem Aufsatz »Dying of Boredom in America« (»In Amerika vor Langeweile sterben«) schreibt er: »Sie ist die Luft, die wir atmen. Sie ist überall, in der Werbung, in der Unterhaltung, in Bildung, Politik und Nachrichten.« Und er fügt hinzu: »Wir leben in einer Kultur, die entschlossen ist, den Menschen zu helfen, damit nur keine Langeweile aufkommt, und gleichzeitig spuckt sie endlose Mengen von geistigem Müll aus, der jeden Menschen zu Tode langweilen kann. Dazu gehören geistlose Fernsehsendungen, dumme Zeitschriften, Computerspiele, die einen in Trance versetzen, eine Bildung, die an Backe-Backe-Kuchen erinnert, idiotische Modetorheiten, einfältige Kunst und Musik, die man sich nicht anhören kann. Wer sich in der Konsumkultur nicht langweilt, mit dem stimmt etwas nicht. Aber einen Ausweg zu finden, ist gar nicht einfach.«

Oft unterschätzen wir, wie unglaublich langweilig ein eng definiertes Konsumentenleben sein kann. Ihm fehlt fast die gesamte wichtige Teilhabe an der Welt, durch die Menschen über sich hinauswachsen. Die bösartigsten Formen der Langeweile sind Früchte einer Lebensweise, die man auf den höheren Stufen der sozioökonomischen Leiter findet. Ein Highschool-Leiter aus einem Nobelwohnviertel, der im Rahmen einer Studie zum Thema »Langeweile in den Vorstädten« befragt wurde, sagte einmal: »Das hier ist der langweiligste Ort, an dem ich jemals gewohnt habe. Es gibt einfach nichts zu tun.« Architekten und Stadtplaner, die sich in die Diskussion über das Glück eingemischt haben, stimmen interessanterweise allgemein darin überein, dass traditionelle Lebensgemeinschaften viel bessere Aussichten auf Glück bieten als die Lebensverhältnisse, die aus der Zersiedelung in den Vorstädten geboren wurden. Manche sagen für die Zukunft einen Massenexodus aus den vielen Tausend Bilderbuchsiedlungen voraus, die der Entfremdung Vorschub leisten und die Menschen mit Langeweile umbringen.

Im 19. Jahrhundert wusste der Geistliche und Dichter Charles Kingsley, dass wir oft nichts anderes als Begeisterung brauchen, um glücklich zu sein. Aber Begeisterung findet man in der Landschaft unserer Zeit nur selten. Stattdessen herrscht überall Gleichgültigkeit. Eine Wolke des Überdrusses hängt über den Menschen und beraubt sie jeder Leidenschaft. Schon von achtjährigen Kindern kann man jenen unendlich traurigen Satz hören: »Da bin ich schon gewesen, das hab' ich schon gemacht.«

Spannung ist zu einer solchen Mangelware geworden, dass die Menschen ihr Leben riskieren, um sich wenigstens eine kleine Dosis davon zu verschaffen. Extremsportarten sind dabei nur eine von mehreren »normalen« Methoden, um sich einen kleinen Schuss Lebendigkeitsgefühl zu sichern. Nur sehr wenige Extremsportler sind sich bewusst, warum sie eigentlich das Schicksal so trotzig herausfordern. In einem Interview erklärte ein Mann, der sich einen Nervenkitzel verschaffte, indem er ohne Sicherheitsausrüstung an nackten Felswänden hochkletterte, es so: »Die Menschen setzen sich selbst Grenzen. Wenn man sich keine Grenzen setzt, ist man ein Erfolgstyp.« Manche sprechen sogar von einem Schub des »äußersten Glücks«, der einem spirituellen Hochgefühl mit Turbolader ähnelt. Aber irgendwann kommt der gefürchtete Tag der Abrechnung: Dann haben sie das Ende des Weges erreicht, und nichts, sei es auch noch so extrem, kann ihrer grundlegenden Langeweile noch Konkurrenz machen.

## Schlüssel zum Glück

Für Wilbur war es der schönste Ort, den es gab, dieser warme,
wunderbare Stall mit den schwatzhaften Gänsen, den wechselnden
Jahreszeiten, der Sonnenhitze, dem Flug der Schwalben,
der Nähe der Ratten, dem Gleichmut der Schafe, der Liebe der Spinnen,
dem Geruch des Mists und überhaupt der ganzen Herrlichkeit von allen.
*E. B. White*

In dieser Passage aus dem Kinderbuchklassiker *Wilbur und Charlotte*« von E. B. White beschrieb White genau jenen Geisteszustand, der größtmögliches Glück ermöglicht, weil er alles selten und zugleich vollkommen macht. Wilbur lebt in einer so köstlichen Welt, weil alles lebendig ist und weil auch Wilbur für alles lebendig ist.

E. B. White interessierte sich sehr für die Frage nach dem Glück. In seinem 1938 erschienenen Aufsatz »Removal« schrieb er: »Als ich klein war, blickten sie Leute sich einfach ein wenig um und waren einigermaßen glücklich; heute lassen sie den Blick über alle sieben Weltmeere schweifen, vergraben sich hüfttief in Neuigkeiten, und was sie dabei sehen und hören, macht sie im Großen und Ganzen schrecklich traurig.« Eine ähnliche Aussage machte er auch an anderer Stelle, und dabei nannte er das Fernsehen als Beispiel für Produkte der zweifelhaften Theorie, wonach alles, was irgendwo geschieht, von allen Menschen gesehen und gehört werden sollte. Eine solche Einstellung, so erklärte er, werde der normalen Alltagswelt ihren »Seltenheitswert« rauben, sodass die Menschen sich »für nahezu nichts mehr besonders interessieren«.

Aber die moderne Wirtschaft liebt nichts so sehr wie eine Gesellschaft aus Menschen, die ständig bemüht sind, sich einen Ausweg aus Langeweile und Überdruss zu erkaufen. Der Anthropologe Gregory Bateson schrieb dazu: »Unsere Wirtschaft ist mittlerweile abhängig von dem ganzen Kreislauf aus Langeweile, Neuheiten, mehr Langeweile und mehr Unterhaltung.« Ähnliche Ansichten vertritt auch James Fitchett von der University of Nottingham. Er hielt bei einer Tagung kürzlich einen Vortrag mit dem Titel »Die Anatomie der Teilnahmslosigkeit: Sichtweisen für die Langeweile der Verbraucher«. Darin erklärte er:

»Langeweile ist in unserer konsumorientierten, marktkonform strukturierten Zeit zur Krankheit der Wahl geworden. Eines ist klar: Der Musterbürger ist heute derjenige, dessen Bemühungen um Glück so kanalisiert werden, dass er der ›Hölle des immer Gleichen‹ entgeht, wie sie genannt wurde. Die boomende ›Langeweileindustrie‹ tut alles in ihrer Macht Stehende, um den Gedanken zu verkaufen, dass wir es verdient haben, in jedem Augenblick unseres Lebens Spannung zu empfinden.«

Allgemein nimmt man an, der beste Weg zum Besiegen der Langeweile müsse darin bestehen, etwas Anregendes zu finden. Aber diese Methode hat sich bei der chronischen Langeweile, die heute so weit verbreitet ist, als unwirksam erwiesen. Es sieht so aus, als würde der gelangweilte Mensch durch Anregung und Ablenkung noch schneller den Punkt erreichen, an dem es kein Zurück mehr gibt, weil wir nicht mehr reagieren und sogar neurologisch ausgelaugt sind. Mittlerweile sind die Langeweileexperten zu der Erkenntnis gelangt, dass das beste Rezept gegen Langeweile – Langeweile ist. Das eigene Gefühl der Langeweile auszukosten, ist viel besser, als ständig dagegen anzukämpfen, denn damit durchbricht man den Kreislauf, in dem man immer stärkere Reize braucht, um Linderung zu finden. Gleichzeitig schafft es die Möglichkeit, den Kreislauf allmählich umzukehren und Gefühle wieder ohne die ganzen erzwungenen Auslöser zu erleben.

Wer schon einmal in Disneyland war, ist vielleicht erstaunt darüber, wie viel dort gegähnt wird. Während der ersten halben Stunde ist es vielleicht der glücklichste Ort auf Erden, aber danach wird es zum Schlachtfeld im Kampf gegen Langeweile und Reizüberflutung. Wenn man die emotionale Entwicklung von Kindern fördern will, bringt man sie besser an einen Ort, wo sie auf ihre eigene, natürliche Beobachtungsgabe zurückgreifen müssen, um mit den Feinheiten und Nuancen ihrer Umwelt umgehen zu lernen.

Eine ideale Metapher für die Wirkungsweise des Glücks ist die Wüste. Sie ist so schön und bewegend, weil sie einen unverfälschten Hintergrund bildet und so die kleinen Schätze, die ihre Gleichheit unterbrechen, deutlicher hervortreten lässt. Diese Gleichheit ist keineswegs ein Anlass für Langeweile, sondern sie betont die unterschiedlichen Schattierungen, die unsere Gefühle am Leben erhalten. Das Leben ähnelt einer schönen Wüste viel stärker als dem turbulenten Disneyland. Die Wüste ist für das Glück ein ideales Übungsfeld.

### Schlüssel zum Glück

Eine gewisse Fähigkeit, Langeweile zu ertragen,
ist für ein glückliches Leben unentbehrlich.
*Bertrand Russell*

Bertrand Russell bezeichnete es als Pflicht der Eltern, ihren Kindern die Fähigkeit zum Ertragen von Langeweile zu vermitteln. Es hilft, sie auf eine grundlegende Realität des Lebens vorzubereiten: Die meisten Tage ähneln einander, und das Leben verläuft in einem langsamen Rhythmus. Gegenüber den kleinen, langsamen Veränderungen, die unseren Alltag akzentuieren, wach zu bleiben, ist lebenswichtig. Sich zu langweilen, ist eine Kunst: Übt man sie elegant und im Einklang mit dem natürlichen Fluss des Lebens aus, wird sie zu einem Tor zum Glück.

Unsere ständigen Bemühungen um Anregung laden uns eine drückende Last auf und programmieren uns auf Abstumpfung. Irgendwann schalten die Gefühle ab. Russell formuliert es so: »Wer an zu viel Aufregung gewöhnt ist, gleicht einem Menschen mit einer krankhaften Sucht nach Pfeffer. Er schmeckt am Ende selbst bei einer Pfeffermenge, bei der andere sich verschlucken würden, nichts mehr.« Überlässt man die Menschen sich selbst, finden sie ihre eigenen Methoden zum Umgang mit der Langeweile, und damit fahren sie auf lange Sicht besser. Es ermutigt sie, selbstständig zu denken und neue innere Ressourcen zu mobilisieren. Wir tun uns einen großen Gefallen, wenn wir anerkennen, dass normale Langeweile ein Zeichen für Lebendigkeit ist. Der Versuch, ihr durch Konsum zu entkommen, ist die schlechteste aller Lösungen. Konsum ist eine Einladung zu chronischer Langeweile.

KAPITEL 13

# Das Versagen des Erfolges

Nicht nur über das Glück, auch über den Erfolg hören wir heutzutage ständig das Gleiche: Es ist einfach nur eine Frage unserer Entscheidung. Die Regale der Buchhandlungen biegen sich unter Titeln wie *Choose Success* (»Wählen Sie den Erfolg«), *Success Is a Choice* (»Erfolg: Sie haben die Wahl«) oder *Choose Your Personal Success Strategies* (»Wählen Sie Ihre persönlichen Erfolgsstrategien«).

Anders als positiv über Erfolg zu denken, ist schwierig. Erfolg und Glück bedeuten heute fast das Gleiche. Wenn Menschen ankündigen, sie wollten glücklich werden, nennen sie »Glück und Erfolg« meist in einem Atemzug. Wenn man sagt, jemand sei erfolgreich, meint man damit also in der Regel auch, dass derjenige glücklich ist. Aber je nachdem, wie man Erfolg definiert, muss es nicht immer so sein. Tatsächlich haben Psychotherapeuten es heute immer häufiger mit Fällen von pathologischem Erfolg zu tun.

Der Psychologe Arthur Jonathan vom Londoner Regent's College schrieb kürzlich einen Aufsatz mit dem Titel »Unhappy Success« (»Unglücklicher Erfolg«). Darin beschrieb er den Fall einer höchst erfolgreichen Geschäftsfrau, die irgendwann in der Therapie sagte: »Es kommt Ihnen sicher seltsam vor, dass ich jemanden wie Sie aufsuche, wo ich doch im Leben alles habe, wovon andere nur träumen. Ich müsste eigentlich glücklich sein, aber ich bin es nicht und habe keine Ahnung, warum.« In Wirklichkeit ist es überhaupt nicht seltsam, dass der Erfolg, dessen diese Frau sich erfreut, sie unglücklich macht. Sie ist ein gutes Beispiel dafür, wie Menschen für den Erfolg unter Umständen mit dem Gefühl bezahlen, dass ihrem

Leben etwas Entscheidendes fehlt. Das Glück kann sich schnell verflüchtigen, wenn man das Leben zu einer eindimensionalen Übung werden lässt, in der man sich ständig um die eigene Achse dreht.

In seinem Buch *The Paradox of Success* untersucht John O'Neil sehr genau, wie das moderne Erfolgsdrehbuch für immer mehr Menschen zur Geschichte eines verfehlten Lebens wird. Einer der wichtigsten Gründe ist die »No-Limits«-Denkweise, die zusammen mit einem ständigen Trommelfeuer von Botschaften nach dem Motto »du kannst alles erreichen« dazu geführt hat, dass der Erfolg geradezu mystische Dimensionen annimmt. Nach O'Neils Ansicht wird der Erfolg von verschiedenen Wahnvorstellungen über das wahre Wesen des Erfolgs beherrscht.

Einer der Mythen über den Erfolg, die wir heute für wahr halten, ist der Gedanke, er werde uns Freiheit verschaffen. In Wirklichkeit ist Erfolg eher so etwas wie ein trojanisches Pferd. Trotz aller oberflächlichen Kinkerlitzchen raubt er den Menschen häufig ihre Zeit und hält sie gerade in den Verhältnissen gefangen, von denen sie sich angeblich befreien. Nach Gesprächen mit vielen erfolgreichen Managern und beruflichen Überfliegern gelangt O'Neil zu dem Schluss: »Manche haben den Eindruck, dass entscheidende Teile ihrer Persönlichkeit durch die Unterwerfung unter die Rolle, die zu ihrem Erfolg geführt hat, gefesselt und gegängelt werden. Wenn solche Gefühle sich zu lange aufstauen und nicht abgebaut werden, kann am Ende eine Explosion stehen, die Beziehungen und Karrieren zerstört.«

Ein anderer Mythos besagt: Erfolg ist etwas Endgültiges, und wenn man es »geschafft hat«, sind unsere Wünsche für immer befriedigt. Aber eine solche Art von Erfolg ist ein Lebensziel, das keinen anderen Höhepunkt kennt als immer größeren Ehrgeiz und das weitere Rennen auf einem nie endenden Weg. Er bietet kein Glück und macht das Leben insgesamt nicht leichter, sondern die Gewinner sind auch mit noch so viel Erfolg nie zufrieden. Man kann vorhersagen, dass sie sich immer wieder verführen lassen, ihren Gewinn auf zusätzlichen Wegen zu vergrößern. Beim derzeitigen Stand der Dinge ist Erfolg oft ein sicheres Rezept für das Versagen.

*Success*, das englische Wort für »Erfolg« stammt vom lateinischen *succedere*, was wörtlich »unter etwas gehen« bedeutet. Seit es erfunden wurde, hatte es genau wie »Glück« viele Bedeutungen. Die altgriechischen Philosophen hatten über den Erfolg als eigenständige Größe kaum etwas zu sagen. Er ergab sich in der Regel von selbst, wenn man zu echtem Glück gelangt war. Aristoteles zum Beispiel beschreibt in seinen Schriften, wie Glück und Erfolg das Erreichen eines Wachstumsstadiums darstellen, in dem »die Energie des Geistes die Essenz des Lebens ist«, wobei die eigenen Werte um Freundschaft, Würde, Lernen, Wissen, Wahrheit, innere Größe, die Zähmung niederer Begierden und das Streben nach Schönheit kreisen.

SCHLÜSSEL ZUM GLÜCK

Wenn die Dinge sich nicht so erweisen, wie wir es uns wünschen, sollten wir sie uns so wünschen, wie sie sich erweisen.

*Aristoteles*

Für Aristoteles war Erfolg oder ein glückliches Leben die Entfaltung eines Bewusstseins, das es ihm ermöglichte, »die Schönheit der Seele leuchten zu lassen«, wie er selbst es formulierte. Einmal sagte er: »Ordnung, Symmetrie und Beschränkung; das sind die großartigsten Formen des Schönen.« Ständig darauf zu beharren, dass die Dinge so sind, wie wir sie gern hätten – das heißt, uns ständig abzumühen, damit unser Leben den fixen Ideen vom Erfolg entspricht – heißt die Symmetrie aufzugeben, die für ein Leben in Schönheit notwendig ist.

Der Mensch gibt sich von seinem Wesen her leicht der Illusion hin, Leben müsse darin bestehen, irgendwo anzukommen oder irgendwo hinzugehen. Aber die Ankündigung »ich will Erfolg haben« hätte während des größten Teils der Menschheitsgeschichte geradezu verrückt geklungen. Zumindest aber hätte sie angesichts der allgemeinen Überzeugung, dass unser Schicksal in den Händen einer höheren Macht liegt und dass wir an unseren Platz im Leben gekettet sind, keinen großen Sinn gehabt. In der Bibel wird der Erfolg nur ein einziges Mal erwähnt: In Josua 1,8 verspricht Gott dem Josua, dieser werde Erfolg haben, wenn er gehorsam, stark und mutig sei. Als die Religion noch untrennbar im Gewebe unseres Wissens eingewoben war, meinte man mit Erfolg meist ein Leben, das für Gott und andere geistliche Mächte wohlgefällig war. Eine Vorstellung von »persönlichem Erfolg«, wie wir ihn heute mit aller Macht anstreben, gab es kaum oder gar nicht.

Auch ein anderer Faktor verzögerte das Aufkommen des toxischen Erfolges: Die Menschen waren so stark in die Solidarität und die Überlebensbemühungen ihrer Gruppe eingebunden, dass kein Einzelner zum erfolgreichen Überflieger werden konnte. Wer in der Steinzeit über mangelnden Erfolg gejammert hätte, wäre zu einem jener seltenen Exemplare geworden, die tatsächlich einen Knüppel auf den Kopf gebraucht hätten. Die Notwendigkeit, zusammenzuarbeiten, schob den meisten Primadonna-Allüren einen Riegel vor.

Erst mit Beginn der industriellen Revolution nahm eine nennenswerte Zahl von Menschen den Gedanken an persönlichen Erfolg ernst. Bis zur Mitte des 19. Jahrhunderts hatte sich die Vorstellung so weit entwickelt, dass bereits ein gewisser Bedarf an Beratung und Richtlinien bestand. Die ersten »Wie-werde-ich-erfolgreich«-Bücher sprachen noch von gesellschaftlichen, moralischen und religiösen Verpflichtungen als Voraussetzungen für den Erfolg. Aber als man die umfassendere Verantwortung zugunsten ausschließlich egoistischer Erfolgsbemühungen aufgab, schwanden solche Vorstellungen dahin. Der Erfolg hatte sich eindeutig im Bereich des materiellen Wohlstandes eingenistet, und dieser Wohlstand war zunehmend verfügbar, wenn man auf den neuen Zug der wirtschaftlichen Entwicklung aufsprang.

Das 1874 erschienene Buch *Getting on in the World: Hints on Success in Life* von William Matthew warnt als einer der ersten Erfolgsratgeber vor jeder gefährlichen Form des Erfolges, der Menschen mit zu starken egoistisch-materialistischen Neigungen zum Opfer fallen können. Das Kapitel mit der Überschrift »Wahrer und falscher Erfolg« leitet er mit einem provokativen Zitat des Schriftstellers G. S. Hilliard ein, der im Hinblick auf den Erfolg desillusioniert war: »Ich muss gestehen, dass die Jahre zunehmend einen Respekt für Menschen mit sich bringen, die im Leben keinen Erfolg im Sinne der üblichen Bedeutung des Wortes haben.« Im weiteren Verlauf gebraucht Mathews dann den Begriff »erfolgloser Erfolg« zur Beschreibung eines Lebens, das alle Ziele erreicht hat und doch als Ganzes gescheitert ist.

Manche Gedanken von Mathew klingen bemerkenswert modern, beispielsweise wenn er fragt: »Sollen wir uns jenem gefährlichen Materialismus unterwerfen, der sich durch das amerikanische Leben zieht und predigt, Geld sei das große Ziel und ein Beleg für den Besitz von Intelligenz, und ein Mensch müsse ein Versager sein, wenn er sich am Ende nicht im Besitz eines dicken Scheckbuches befindet?« Anscheinend war er seiner Zeit weit voraus: Er sprach vom Verschwinden des Sozialen und dem Übergang zu einem »Wettlauf durchs Unterholz, bei dem man angesichts jeder Gefahr den Mann zur Rechten blenden und dem zur Linken ein Bein stellen muss, obwohl man Mühe hat, überhaupt vorwärtszukommen.« Zu jener Zeit engte privater Ehrgeiz bereits das Leben vieler Menschen ein, was Mathews zu der Äußerung veranlasste, dieser ständig ansteigende Weg sei »zu schmal für Freundschaften, zu steil für sicheres Gehen und zu eilig zum Ausruhen«. Das, so meinte er, sei ein so hoher Preis, dass wir inzwischen »dem an den Felsen des Kaukasus geschmiedeten Prometheus ähneln«. Dabei wusste er vor mehr als 100 Jahren noch nicht, dass er nur die Generalprobe für einen derart ehrgeizigen Wettlauf durchs Unterholz miterlebte und dass die Straße zum Erfolg uns von einem großen Teil unserer Menschlichkeit hinweg bergab führen sollte.

## Schlüssel zum Glück

Wenn der Ehrgeiz zu Ende ist, fängt das Glück an.
*Thomas Merton*

Thomas Merton war viele Jahre lang ein Trappistenmönch, der sein Leben dem Schweigen und der spirituellen Versunkenheit gewidmet hatte. Er schrieb aber über 50 Bücher, 2000 Gedichte und zahlreiche andere Schriften, mit denen er zu einer der führenden spirituellen und literarischen Gestalten des 20. Jahrhunderts wurde. Gelinde gesagt, war er aktiv. Aber das ist nicht das Gleiche, als wenn man ehrgeizig ist. Man kann auch ohne Ehrgeiz höchst aktiv und produktiv sein. Diese Unterscheidung ging verloren, als man den früheren negativen Beigeschmack des Begriffs »Ehrgeiz« beiseiteschob, um Raum für Habgier und ungeheure materielle Bestrebungen zu schaffen.

Heute verstehen wir unter Ehrgeiz eine positive Energie, mit deren Hilfe Menschen den Erfolg anstreben. Mein Wörterbuch definiert Ehrgeiz sogar als »die Entschlossenheit, Erfolg oder Ansehen zu erreichen«. Eine derart freundliche Definition wirft die Frage auf, warum so viele große Denker der Vergangenheit den Ehrgeiz als völlig falschen Weg verdammten, wenn es um Mittel zum Erreichen des Glücks ging. Im 17. Jahrhundert tat Thomas Brooks den Ehrgeiz als Kraft ab, die das Glück aus vielen Richtungen bedroht: »Ehrgeiz ist ein vergoldetes Elend, ein heimliches Gift, eine verborgene Seuche, der Baumeister der Täuschung, die Mutter der Heuchelei, der Vater des Neides, der größte Fluch, der Nachtfalter der Heiligkeit, ein Blender der Herzen, der Arzneien zum Gift und Linderung zur Krankheit macht.« Eine derart negative Bewertung ist für uns heute kaum zu verstehen, weil der Ehrgeiz einen entscheidenden Aspekt seiner ursprünglichen Bedeutung verloren hat: den des Übermaßes.

Das mittelenglische Wort für Ehrgeiz lautete *ambicioun* und bezeichnete eindeutig ein übermäßiges Verfolgen von Zielen wie Reichtum, Macht oder Ehre. Im alten Griechenland wurde Ehrgeiz häufig als *eritheia* bezeichnet, was ebenfalls mit Übermaß und Egoismus in Verbindung gebracht wurde. Nachdem wir heute dem Begriff des Ehrgeizes die negativen Nebenbedeutungen genommen haben, verfügen wir über kein Wort mehr für den blinden Ehrgeiz, der durch ungesunde Übertreibungen gekennzeichnet ist. Diese Art von Ehrgeiz ist so weit verbreitet, dass sie in der Normalität aufgegangen ist. Dennoch verursacht sie viel Unglück, denn sie veranlasst die Menschen, den Blick ausschließlich auf überzogene Ziele zu richten, sodass die Enttäuschung mit ziemlicher Sicherheit vorprogrammiert ist. Ein Leben, das mit bombastischem Ehrgeiz bis an die Grenzen des Möglichen strapaziert wird, spricht aller Weisheit, wonach das Glück eine Art Reise ist, Hohn. Es fühlt sich vielleicht wie eine Arznei an, aber nur allzu oft stellt sich heraus, dass es die Krankheit ist. Viele Menschen müssen auf unangenehme Weise lernen, dass Ehrgeiz ein unglückseliger Gott ist. Manche von ihnen experimentieren mit Lebensweisen, die weniger mit Ehrgeiz und mehr mit Sinn zu tun haben, aber das unbarmherzige Drehbuch, das für den Erfolg geschrieben wurde, hält den blinden Ehrgeiz am Leben.

Gegen Ende des 19. Jahrhunderts war der süße Duft des Erfolges zu einem unangenehmen Gestank geworden, obwohl das massenhafte »Erfolgssyndrom« noch nicht zutage getreten war. Das fiel schon William James auf, der 1906 in einem Brief an H. G. Wells die »moralische Schwammigkeit der Hure und Göttin namens ERFOLG« erwähnte. Sie, so meinte er, sei »mit der schmutzigen Bargeld-Interpretation, die man dem Wort ›Erfolg‹ beilegt, unsere nationale Krankheit«. Er machte sich Sorgen darum, dass Erfolg als Voraussetzung für das Glück galt, sodass die Menschen ihre eigene Stimme verloren und keine einzigartigen Qualitäten mehr entwickelten. Als William James um sich herum die neue finanzielle Interpretation des Erfolges betrachtete, erkannte er darin eine Bedrohung für das »wirkliche Ich«, nach seiner Überzeugung »die besondere geistige Haltung, mit der man sich am tiefsten und kraftvollsten wahrhaft lebendig fühlt«.

Zu Beginn des zwanzigsten Jahrhunderts stellten große Teile der Literatur den Erfolg in den Zusammenhang eines gesellschaftlichen Umfeldes, das noch nicht völlig zerfallen war. Es war eine Übergangszeit, und eine in Auflösung begriffene gesellschaftliche Welt ließ zu, dass man Erfolg vorwiegend als die wirksame Manipulation anderer Menschen definierte. Ein gutes Beispiel ist der 1937 erstmals erschienene Klassiker *Wie man Freunde gewinnt und Menschen beeinflusst* von Dale Carnegie. Es predigt, wie nützlich es ist, wenn man Methoden erlernt, um »Menschen zu handhaben« und »für sich zu gewinnen«, um sie zu einem »eifrigen Wollen« anzuregen und als Trittbretter für persönlichen Erfolg und ein gutes Leben zu benutzen. Aber auch der Erfolg à la Carnegie durchlief noch die Schritte, die dem traditionellen Kodex von Ehrlichkeit und Aufrichtigkeit entsprachen. Sich aktiv für andere Menschen zu interessieren, war ein wichtiger Teil des Bildes.

Schon in den Dreißigerjahren des 20. Jahrhunderts gab es aber auch erste Anzeichen, dass die neue, marktwirtschaftliche Vorstellung vom Erfolg für viele Menschen zu einer Privatreligion werden sollte. Bertrand Russell schrieb 1930 über den tranceartigen Zustand einer zunehmenden Zahl von Geschäftsleuten, die so stark vom Erfolg getrieben waren, dass sie dafür nahezu alles andere opferten – mit Ausnahme des sonntäglichen Golfspiels. Nachdem der Erfolg zum Anlass für geradezu religiösen Fanatismus und blinde Gefolgschaft geworden war, warnte Russell: »Wenn der amerikanische Geschäftsmann glücklicher werden will, muss er zuerst seine Religion ändern.« Ansonsten, so schrieb er, werde die neue Art des Erfolges nur zu armseligen Geschöpfen führen, die von Ängsten, Sorgen und Konzentrationsschwäche geplagt sind.

Auf einen Teil des Problems machte Russell mit folgenden Worten aufmerksam: »Die Schwierigkeiten haben ihre Wurzel darin, dass man auf Konkurrenzerfolg als wichtigste Quelle des Glücks zu großen Wert legt.« Schon vor fast achtzig Jahren beschrieb er die wachsende Epidemie der »nervösen Müdigkeit«, die wir heute manchmal als »chronisches Erschöpfungssyndrom« bezeichnen. Aber auch er konnte nicht wissen, wie viel weiter diese Kommerzialisierung des Erfolges noch gehen sollte.

In den Achtzigerjahren stand die Vorstellung, Leben sei ein Mittel zum Profitmachen, in voller Blüte; die neue Gottheit trug den Namen »Unternehmergeist«. Dieser besondere Geist war von den meisten sozialen Verpflichtungen befreit und an Dinge wie Entschlossenheit, Engagement, Selbstdisziplin und maximalen Energieaufwand gebunden. Fast alle Erfolgsgurus gehörten zur »Think Big«-Spezies und befürworteten ungezügelten Ehrgeiz oder Machttaktik mit dem ausschließlichen Ziel, gegenüber anderen einen Konkurrenzvorsprung zu erzielen. »Die Kurve kriegen« bedeutete, anderen voraus zu sein und wenn nötig auch über Leichen zu gehen. Die Triebkraft für dieses weitgehend antisoziale Erfolgsmodell war eine beispiellos starke Konkurrenz, die als Begleiter der Habgier im Mittelpunkt des modernen Lebens stand. Heute ist Konkurrenz die Ausrede für jene Form des Erfolges, der fast jede Spur von Gewissen fehlt, und das manchmal sogar gegenüber den engsten Angehörigen der erfolgreichen Person.

Als das soziale, religiöse, intellektuelle und natürliche Umfeld immer stärker zerfiel, gab es für den Erfolg keine andere Orientierung mehr als das Wertsystem unserer Zeit. Die Menschen waren zur materialistischen Variante des Erfolges verdammt, und damit wurde er zu einem nie endenden Wettlauf um einen emotionalen Trostpreis. Als der Erfolg zum kulturell akzeptierten Weg zu einem guten Leben wurde, gewann die Anstrengung eine völlig neue Bedeutung. Das konnte nicht ausbleiben, denn Erfolg war im Wesentlichen zu einem Wettbewerb geworden. In früherer Zeit war ein von Arbeit beherrschtes Leben nichts, worauf man stolz sein konnte. Es war die Domäne der einfachen Leute und unteren Schichten, die nicht über Freizeit für Müßiggang, Lernen, Nachdenken und Ausruhen verfügten.

Die »Arbeitsethik«, zu der Martin Luther und Johannes Calvin sich im 15. und 16. Jahrhundert bekannten, verlieh der

Vorstellung von harter Arbeit einen positiven moralischen Unterton und hielt die Menschen aus des Teufels Küche fern. Aber erst vor recht kurzer Zeit wurde die selbstzerstörerische Variante der Arbeit zu einer Tugend erklärt. Jetzt trug man Symptome des Burnout-Syndroms wie Orden vor sich her. Wenn Menschen klagen, dass ihnen »alles über den Kopf wächst«, erklären sie damit gegenüber sich selbst und anderen, dass sie auf dem richtigen Weg sind. Auffällige Stresssymptome werden lautstark zur Schau gestellt wie das Blut auf der Rüstung des Kriegers oder der klebrige Schweiß, der dem Marathonläufer vom Körper tropft – alles Zeichen, dass der Sieg nahe ist.

Auf einer anderen Ebene haben mittlerweile viele Menschen erkannt, dass Überarbeitung ihre Chancen auf Glück und Wohlergehen zunichtemacht. In einer groß angelegten Studie wurde gefragt, wie viele Stunden pro Woche die Menschen in den verschiedenen Stadien ihres Lebens am liebsten arbeiten würden. Über 57 Prozent der 25-Jährigen wollten zwischen null und 30 Stunden in der Woche tätig sein. Dieser Wert stieg bei den Vierzigjährigen bis auf 68 Prozent an. Dennoch treibt die heutige Vorstellung vom Erfolg die Menschen dazu, ihre Arbeitszeit weit über das hinaus zu verlängern, was für ein glückliches, ausgeglichenes Leben ideal wäre.

Das »Leben im Schnellgang« ist zu einem Mittel geworden, mit dem man die eigene Produktivität und Arbeitsleistung maximieren kann. Je schneller alles geht, desto mehr haben wir das Gefühl, dass wir in Richtung von Erfolg und Glück sausen. Wir leben heute in einer Zeit, in der die überaktive Persönlichkeit des »Typs A« der Normalfall geworden ist. Aber Psychologen haben mittlerweile den Begriff »Eiligkeitskrankheit« für jenen Zustand des emotionalen Schwindelgefühls geprägt, der aus dem gleichzeitigen Jonglieren mit viel zu vielen Aufgaben und Tätigkeiten erwächst. Sie weisen auf Forschungsergebnisse hin, wonach das unmenschliche Tempo, das eiligkeitskranke Menschen vorlegen, Gedächtnis und Konzentrationsfähigkeit beeinträchtigt. Es kann auch dazu führen, dass die Leistung schlechter wird als bei Menschen, die es langsam angehen lassen und sich Zeit zum Nachdenken, Abwägen und dem altmodischen Aus-dem-Fenster-Gucken lassen.

Mit einem hektischen Leben verpasst man die meisten Auswege, die zu Glück und Ruhe führen. Aber die Menschen suchen aus Angst nach immer neuen Wegen, um ihr Leben zu beschleunigen. Eine Fülle von Selbsthilfebüchern beschreibt, wie man alles noch schneller machen kann. Es gibt Bücher über »Eine Minute Eltern sein« oder »Gutenachtgeschichten für eine Minute«, aus denen Eltern lernen sollen, wie sie ihre Kinder in möglichst kurzer Zeit disziplinieren oder zum Schweigen bringen. Viele Menschen sehnen sich nach einem langsameren Tempo, und es gibt sogar eine »Langsamkeitsbewegung«. Die Betreffenden sind sich bewusst, dass ihr Leben unter Übermotivation und einem Mangel an Inspiration leidet. Dennoch hat sich die Formel »niemals die Hände in den Schoß legen« in das Bewusstsein des modernen Erfolgsmenschen eingegraben.

Manche Menschen können Freizeit überhaupt nicht mehr ertragen. Im Streben nach dem Topf voller Narrenglück, der über erfolgreiche Sklaven ausgeschüttet wird, werden die persönlichen Ziele höher und immer höher gesteckt. Mit dem Begriff »Freizeitangst« beschreibt man das Problem jener Unglücklichen, die in Angst und manchmal geradezu in Panik verfallen, wenn sie eine Pause einlegen sollen. Ein Urlaub ist für sie gleichbedeutend damit, dem Feind die nackte Kehle darzubieten. Manch einer ist im Streben nach Erfolg an einem Punkt angelangt, an dem Erschöpfung ebenso einen Trost bietet wie der Hunger für den Magersüchtigen.

Ständige harte Arbeit ist zu einem immer größeren Teil des allgemeinen Bildes vom Erfolg geworden. Manche Menschen fühlen sich dabei sicherer. Gnadenloser Wettbewerb hat die Leistungsmaßstäbe gesetzt und den Perfektionismus zu einer unabdingbaren Voraussetzung für den Erfolg gemacht. Ein Leistungsniveau, das früher die Domäne von Genies und Virtuosen war, wird heute von jedem erwartet, der etwas erreichen will, und insbesondere wenn er etwas Großes erreichen will.

Das unaufhörliche Streben nach immer größerer Produktivität verursacht am Arbeitsplatz einen Stress, der die Menschen an ihre Belastungsgrenze treibt. Das neueste Phänomen, das daraus erwachsen kann, ist die »Schreibtischwut«. In den Vereinigten Staaten berichteten in einer landesweiten Umfrage 42 Prozent der Befragten, verbale Entgleisungen kämen an ihrem Arbeitsplatz häufig vor. Fast 30 Prozent räumten ein, die übermäßige Arbeitsbelastung habe dazu geführt, dass sie Kollegen beschimpften. Ein Viertel der Beschäftigten erklärte, der Stress bei der Arbeit habe sie in Tränen ausbrechen lassen, und über ein Drittel gab an, diese Form von Stress sei verantwortlich für Probleme wie Schlaflosigkeit, Alkoholmissbrauch, Rauchen oder Esssucht. Arbeitspsychologen sagen voraus, die Schreibtischwut werde sich explosionsartig ausbreiten, wenn die Produktivität gegenüber den Menschen den Vorrang habe.

### Schlüssel zum Glück

Das Wenigste gerade, das Leiseste, Leichteste, einer Eidechse Rascheln, ein Hauch, ein Husch, ein Augen-Blick – ein Wenig
macht die Art des Glücks.
*Friedrich Nietzsche*

Diese Worte aus *Also sprach Zarathustra* sprechen wunderhübsch von den winzigen Siegen und Geschenken, die uns so hervorragend das Glück verschaffen können. Aber dieses zarte Gewirk wird mit der Dampfwalze in die Vergessenheit befördert, wenn wir dazu indoktriniert werden, im Zusammenhang mit dem Erfolg immer nur Großes anzustreben. Kleinlich zu denken, fühlt sich wie eine Bedrohung an. Aber die Entschlossenheit der Menschen, im großen Maßstab Erfolg zu haben, macht sie nicht nur unglücklich. Viele kommen damit auch nicht zurecht. Wie Elizabeth Hertley-Brewer in ihrem Artikel »Addicted to Success« (»Süchtig nach Erfolg«) darlegt, entwickeln viele emotional ausgelaugte Menschen unbewusst Methoden, um sich selbst ein Bein zu stellen, sodass sie sich aus dem Erfolgsspiel ausklinken können und eine Ausrede haben, warum sie nicht nach den Sternen greifen.

Bei solchen »Selbstbehinderungsmaßnahmen« kann es sich um alles Mögliche handeln, von Essstörungen über Selbstverletzung und Hypochondrie bis zu Depressionen. Die extremste Form, sich auszuklinken, ist der Selbstmord. Selbst die fast völlig veralteten »hysterischen Lähmungskrankheiten« erleben offenbar eine Renaissance. In Japan, wo Erfolg besonders hohe Leistungen und kompromissloses berufliches Engagement erfordert, ist eine Krankheit namens »hikikomori« zu einer richtigen Epidemie geworden: Von ihr sind zwölf Prozent der männlichen Jugendlichen zwischen zehn und zwanzig Jahren und sechs Prozent dieser Altersgruppe insgesamt betroffen.

Die Hikikomori-Kranken behindern sich selbst, indem sie sich in ihr Zimmer einschließen und dort monate- oder manchmal sogar jahrelang bleiben. Oft drohen sie mit Selbstmord, wenn man Druck auf sie ausübt, sich wieder an dem – in den meisten Fällen schulischen – Rattenrennen zu beteiligen. Allmählich breitet die Krankheit sich auch in die höheren Altersgruppen aus, die unter dem Druck einer übermäßig konkurrenzbetonten Arbeitswelt zu leiden haben. Wie nicht anders zu erwarten, erhebt Hikikomori auch in den westlichen Industrieländern sein Haupt, weil immer mehr Menschen bei der Jagd nach Erfolg die Luft ausgeht. In den Vereinigten Staaten wurden 2004 bereits über 5000 Fälle dokumentiert. Und das ist nur die Spitze eines Eisberges, denn es handelt sich hier um eine jener Krankheiten, über die nur in seltenen Fällen berichtet wird.

Heute trägt diese »Krankheit des Überflusses« die offizielle psychiatrische Bezeichnung »akuter sozialer Rückzug«. Er kommt fast ausschließlich bei Personen vor, die aus materiell erfolgreichen Familien stammen und auch selbst mit ihren verschiedenen Tätigkeiten viel erreicht haben. Nach den Voraussagen von Jerry Koepp, der in Florida ein Rehabilitationsprogramm zur Behandlung des akuten sozialen Rückzugs leitet, wird die Häufigkeit dieser Krankheit explosionsartig zunehmen, weil immer mehr Menschen von dem Erfolgsmodell, das sie heute erwartet, zugrunde gerichtet werden: »Es ist die Folge eines zusammengebrochenen Gesellschaftssystems. Je mehr junge Leute den Kernbestand unserer Werte ablehnen und sich weigern, sich der Hauptrichtung unserer Kultur anzupassen, desto größer wird die Wahrscheinlichkeit, dass wir in die japanischen Fußstapfen treten.« Dazu trägt nach Koepps Überzeugung auch bei, dass »das Leben in Amerika entsetzlich langweilig ist«, und mit dem Familienleben verhält es sich in seinen Augen noch schlimmer: Viele Eltern denken nicht nach, können nicht mit ihren Kindern kommunizieren oder lehnen es ab, sich mit ihrer Teilnahmslosigkeit auseinanderzusetzen.

Aber obwohl dieses und andere Syndrome so viel Elend heraufbeschwören, sollte man die Opfer nicht ausschließlich als krank betrachten. Der Auslöser für die Symptome ist häufig die gesunde Seite des Menschen, die unbewusst erkennt, dass sie nach den vorhandenen Regeln nicht gewinnen kann. Zwar würde man keinen der Betroffenen als »glücklich« bezeichnen, aber viele geben an, das Erlebnis sei für sie eine große Erleichterung gewesen. Manchmal erklären sie sogar, es biete einen gewissen spirituellen Überschwang und ein willkommenes Gefühl der persönlichen Sicherheit. Manche beschreiben ihr Zimmer wie eine Kirche oder Kathedrale, das heißt sie bezeichnen es als eine Art Heiligtum, das sie vor dem draußen lauernden Gespenst des Erfolges schützt.

Der kleine Anteil der gefeierten Gewinner in unserer Gesellschaft wird weit mehr als aufgewogen durch die vielen, die durch Versagensangst und das innere Gefühl, auch noch so viel Erfolg werde nicht ausreichen, erschöpft sind. Aber wie Paul Pearsall in seinem Buch *Toxic Success* schreibt, fühlen sich mittlerweile selbst die Gewinner einsam, unausgefüllt und weit entfernt von ihrem eigenen Erfolg. Viele sind aufgrund der Art, wie sie den Erfolg erzielt haben, regelrecht unglücklich. Er legt dar, wie das Syndrom des toxischen Erfolges zu einer Geißel geworden ist: Die Jagd nach Erfolg bringt eine Gesellschaft aus überdrehten Menschen hervor, die Patienten mit Aufmerksamkeitsdefizit und Hyper-Aktivitätssyndrom (ADH) ähneln. Da ihre Aufmerksamkeit sich ausschließlich auf das Ziel des Erfolges richtet, bemerken sie kaum, welchen Preis sie in Form von Gesundheit, zwischenmenschlichen Beziehungen und Lebensfreude für den Sieg bezahlen. Der neue Erfolg dient zwar auf ideale Weise der Konsumwirtschaft, Gewinner und Verlierer bleiben aber gleichermaßen unzufrieden wegen »einer gespenstischen geistigen Leere«, wie Pearsall sie nennt.

Der Tennisstar Jimmy Connors sagte einmal: »Ich hasse das Verlieren stärker als ich das Gewinnen liebe.« Mit dieser Einschätzung steht er nicht allein. Keinem geistig gesunden Menschen macht es Spaß, einen Fehlschlag zu erleben. Aber diejenigen, die uns den übermäßigen Wettbewerb als Vorbild für Erfolg verkaufen, haben sogar das Versagen zu einer Form des Sieges gemacht. In den vergangenen Jahren erschienen Bücher und Videofilme, die das Versagen als Weg zum Erfolg feiern. Charles Manz beispielsweise erklärt in seinem Buch *The Power of Failure,* wir sollten anerkennen, »dass das Versagen das Lebenselixier des Erfolges ist und dass Erfolg das eine Prozent darstellt, das aus den 99 Prozent, die wir Versagen nennen, erwächst.« Seine Argumente dafür, uns mit einem Leben abzufinden, das sich um das Versagen dreht, fasst er mit folgenden Worten zusammen: »Indem wir uns mit dem Versagen herumschlagen, erwerben wir starke Flügel, mit denen wir zum Erfolg aufsteigen können.« Eine solche Denkweise erscheint denen, die vollständig in der Vorstellung vom Erfolg als Wettbewerb gefangen sind, ganz und gar logisch.

Schlüssel zum Glück

Nackt bin ich geboren und nackt bin ich jetzt,<br>ich gewinne und verliere nicht.

*Miguel de Cervantes*

Der eigentliche Held in Cervantes' Klassiker *Don Quijote* ist Sancho Pansa, der treue Weggefährte, der Don Quijote auf seine eigene bescheidene Art davon überzeugen will, wie nutzlos seine ständigen Kämpfe mit Windmühlenflügeln und anderen eingebildeten Feinden sind. Auf ihrer schicksalhaften Reise verkündet Sancho immer wieder das genannte Motto von der »Nacktheit«, die ihn von der Bürde des Gewinnens und Verlierens befreit. Wie wir im *Dhammapada* nachlesen können, lehrte auch Buddha, wie wertvoll diese nackte Lebenseinstellung ist; er erklärt: »Wenn du Sieg und Niederlage aufgibst, schläfst du nachts ohne Furcht.«

Wo wir gerade beim Schlaf sind: An ihn denken wir selten, wenn wir unser potenzielles Glück einschätzen wollen. Aber die Glücksforscher konzentrieren sich auf dieses Thema angesichts der Tatsache, dass Schlafstörungen immer stärker zu einer Begleiterscheinung der allgemeinen Hast geworden sind. Das Schlafbedürfnis ist zwar von Mensch zu Mensch ein wenig unterschiedlich, die ideale Dauer liegt aber nach Ansicht der Experten bei ungefähr neun Stunden pro Nacht. Diesen Durchschnittswert erreichten die Menschen in den Industrieländern noch 1910. Bis 1975 war er auf 7,5 Stunden gesunken, und heute liegt er bei 6,9 Stunden bei weiter fallender Tendenz.

Schlaflosigkeit wurde mit Erfolg in Verbindung gebracht. Sie kann sogar eine Beruhigung darstellen, weil die Menschen dann nicht glauben, sie würden bei ihrem Strampeln um Erfolg Zeit verlieren. Aber nach den Schätzungen von Schlafexperten leiden in den Vereinigten Staaten schätzungsweise 50 Millionen Erwachsene an so starkem Schlafmangel, dass Stimmungslage, geistige Fähigkeiten, Energie, Stoffwechselfunktion und Gedächtnis beeinträchtigt sind. Wie man aus wissenschaftlichen Untersuchungen weiß, stumpft Schlafentzug nicht nur allgemein positive Gefühle ab, sondern er begünstigt auch Pessimismus, Ängste und Reizbarkeit. Die National Sleep Foundation of America führt verschiedene gesellschaftliche Probleme auf die Epidemie der Schlaflosigkeit zurück, unter anderem auch das immer schlimmer werdende Gewaltproblem. Mit Sicherheit fordert Schlafmangel seinen Tribut vom Glück, denn dieses überlebt nicht lange, wenn man nur halb wach ist.

Als indigene Völker sich darum bemühten, mit der Lebensweise ihrer europäischen Eroberer zurechtzukommen, bestand eines der größten Probleme darin, dass sie die Vorstellung, »pünktlich« zu sein, nicht begriffen. Starre Zeitpläne erschienen ihnen als etwas Unnatürliches, das sehr leicht ihr gemeinsames Wohlbefinden zerstören konnte. Wir haben zu unseren Uhren eine so enge Beziehung, dass wir nicht mehr verstehen, welchen emotionalen Preis es fordert, wenn wir uns ans Kreuz der Zeit nageln lassen. Mit der Zeit verbindet sich heute ein Gefühl der Dringlichkeit, und das treibt uns zu immer neuen Bemühungen, Zeit zu sparen, Zeitmanagement zu betreiben und nach allem zu streben, was uns von dem quälenden Gefühl befreit, dass der Tag zu wenige Stunden hat. Wenn das alles von unserer Gesundheit und unserem Glück einen zu großen Tribut fordert, erhalten wir häufig den Rat, uns mehr Zeit für uns selbst zu nehmen. Aber das macht die Menschen nur noch ängstlicher, denn das Bekenntnis »Zeit ist Geld« lässt sie glauben, sie könnten sich Zeitvergeudung nicht leisten. In Wirklichkeit haben viele Menschen einfach keine Zeit mehr, um glücklich zu sein. Sie sind zu erfolgreich.

KAPITEL 14

# Wir töten, was wir lieben

Würde man vom Mars auf die Erde hinunterblicken, so würde die allgemeine Hast für eine Spezies, die so intelligent ist wie wir, ziemlich dumm aussehen. Besonders rätselhaft wäre die Frage, warum wir so viel Glück zugunsten jener übermäßigen Konkurrenz aufgeben, die nirgendwohin führt außer zu noch mehr Konkurrenz. Die Anhänger der Konkurrenz als beherrschendes Thema unserer Kultur weisen stets eilig darauf hin, welche Vorteile sie hat: Innovation, Wirtschaftswachstum und so weiter. Insgesamt aber hat der übertriebene Wettbewerb, den die Gesellschaft heute verlangt, auf unser Gefühlsleben weitaus mehr negative als positive Auswirkungen. Eine ihrer Folgen ist Angst, und manchmal spricht man sogar von »konkurrenzbedingter Angst« oder »Konkurrenzmüdigkeit«. Über lange Zeiträume kann diese Angst die Leistungsfähigkeit mindern, die Moral untergraben und einen Menschen veranlassen, zwischenmenschliche Beziehungen zu vernachlässigen. Statt uns in der triumphalen Konkurrenzsituation zu sonnen, wie wir es uns manchmal ausmalen, landete ein Großteil der Menschen in der Konkurrenzfalle, in der man meistens zum Verlierer wird.

Aus Angst, im Konkurrenzspiel zum Verlierer zu werden, geben die Menschen einen großen Teil ihrer Freiheiten auf und machen sich in viel zu jungen Jahren zu Sklaven ihrer Arbeit. Dabei verfallen sie leicht in eine Geisteshaltung, bei der man alles auf später verschiebt und sich einredet, lange Arbeitsstunden würden irgendwann später in Glück umgemünzt. Das widerspricht allen Erkenntnissen über die wahre Natur des Glücks und hat schädliche Auswirkungen auf das

Wohlbefinden. Letztlich ist es eine Form der von Angst getriebenen Selbsttäuschung.

Der Trend zur Ablehnung des Glücks speist sich zum Teil aus dem wachsenden Streben nach einem teuren Lebensstil. Ein hoher Prozentsatz der sogenannten »Ablehner« hat das Gefühl, sie könnten sich nicht alles leisten, was sie brauchen. Wie man aus wissenschaftlichen Untersuchungen weiß, gilt das sogar für die Hälfte der Menschen, die zu den reichsten 20 Prozent der Bevölkerung gehören. In Wirklichkeit wünschen sich die Menschen immer größere, teurere Dinge. Das Phänomen wird auch »Supersizing« genannt.

Um Glück und Gesundheit in einer Zeit gefährlicher Ressourcenknappheit und Umweltkrisen zu schützen, sollten wir alle kleinen Dinge schätzen lernen. Aber vom Hamburger bis zum Wohnhaus werden die Dinge immer größer. Die durchschnittliche Größe der Häuser hat sich in den Vereinigten Staaten während der vergangenen fünfzig Jahre mehr als verdoppelt, obwohl die Familiengröße in der gleichen Zeit zurückgegangen ist. Besonders stark hat sich die Zunahme in den vergangenen zehn Jahren beschleunigt. In Südkalifornien beispielsweise schoss die durchschnittliche Größe neuer Einfamilienhäuser zwischen 1996 und 2003 um fast 16 Prozent in die Höhe. Eine neue durchschnittliche Garage ist heute in den Vereinigten Staaten größer als ein durchschnittliches Wohnhaus aus den Fünfzigerjahren des 20. Jahrhunderts. Außerdem wird Luxus vermarktet und gekauft, als sei er lebensnotwendig.

Eine Gruppe von Wirtschaftswissenschaftlern stellte kürzlich eine interessante Berechnung an: Wenn wir bereit wären, uns mit dem Lebensstandard von 1948 zufriedenzugeben, bräuchten wir heute nur noch zwanzig Stunden in der Woche zu arbeiten. Den Standard der Siebzigerjahre könnten wir uns mit höchstens dreißig Wochenstunden leisten. In Wirklichkeit aber arbeiten wir immer länger, und das trotz aller technischen Fortschritte, mit deren Hilfe die Menschen dieser Gefangenschaft eigentlich entkommen sollten.

## Schlüssel zum Glück

Die Glücklichen haben ganze Tage,
und die haben sie sich gewählt.
Die Unglücklichen haben nur Stunden,
und die haben sie verloren.
*Coley Cibber*

Coley Cibber war im England des frühen 18. Jahrhunderts ein beliebter Schauspieler und Dramatiker. Er spricht hier von dem Glück, das, so scheint es, sich mit einer üppigen Freizeit verbinden sollte. Immerhin stehen uns in dem Paradies, nach dem wir seit zehntausend Jahren streben, ganze Tage nach unserem eigenen Belieben zur Verfügung. Cibber schrieb einmal, eine einfache Tasse Tee könne großes Glück mit sich bringen, wenn man sie ohne den bitteren Geschmack der eiligen Stunden genießt: »Tee! Du sanftes, nüchternes, weises, ehrwürdiges Getränk! Du weiblich über die Zunge rinnender, Lächeln glättender, Herz öffnender, Schlaf vertreibender Herzerwärmer, dessen prachtvoller Fadheit ich die glücklichsten Augenblicke meines Lebens verdanke, vor dir falle ich in den Staub!« Auf ganz ähnliche Weise könnten wir viele schöne Kleinigkeiten im Leben genießen, wenn wir uns nur die Zeit dafür nehmen würden.

Die besten Aussichten auf die Rückkehr in das glückliche, friedliche Paradies der Legenden bot die technische Revolution. Die Hochtechnologie stellte uns vor einen Scheideweg und hätte für alle Menschen den Verlauf des Alltagslebens verändern können. Sie war genau das, worauf wir gewartet hatten: ein Ausweg aus der Schinderei und eine Befreiung vom Zeitdruck. In den Siebzigerjahren des 20. Jahrhunderts wurde uns die junge Hightech-Revolution noch als historisches Ereignis angepriesen, das genau diese Wirkung haben sollte.

Wir hatten Visionen von einer neuen Welt der Technik, voller wiedergefundener Freiheiten, die unsere Gesellschaft spirituell, intellektuell und sozial aufwecken sollte. Heute dagegen behauptet niemand mehr, die Technologie werde uns das Joch von den Schultern nehmen. Ganz im Gegenteil. Wir sind den umgekehrten Weg gegangen, haben die Technik kommerzialisiert und zu einem Teil der immer größeren Bürde unserer persönlichen Bestrebungen gemacht. Der Traum von einer teilweisen Rückkehr ins Paradies löste sich in Luft auf, und die Technologie erwies sich als Sklaventreiber, der uns mit einer weiteren gesellschaftlich bedingten Krankheit belohnen sollte: mit dem »Techno-Stress«. Statt uns den geliebten Menschen wieder näherzubringen, führte uns unsere kommerzielle Liebesaffäre mit der Technologie noch weiter von ihnen weg.

### Schlüssel zum Glück

Das höchste Glück im Leben ist die Überzeugung,
dass wir geliebt werden.
*Victor Hugo*

Im Laufe der Jahrhunderte sind viele Menschen zu der gleichen Erkenntnis gelangt wie der Schriftsteller und Politiker Victor Hugo im 19. Jahrhundert, als er in *Les Miserables* diese Worte formulierte. Sein heißt geliebt werden. Umgekehrt besteht die gesündeste Form von Glück darin, Liebe zu erfahren und auszudrücken. Es gibt kaum eine Quelle des Glücks, die sich nicht auf Liebe zurückführen ließe. Durch ihre höchste Wertschätzung macht Liebe uns vollständig, bringt uns in Einklang mit uns selbst, vermittelt uns einen Sinn und verbindet alle Elemente des Universums. Liebe in ihren verschiedenen Formen ist das, was Menschen aus ihrem Bedürfnis nach Intimität machen. Ohne Intimität gibt es kein Glück. Wer keine Intimität findet, dem gehen Glück und Lebensfreude schneller verloren als alles andere.

Dass die technologische Revolution uns nicht vollständig von der Arbeit befreite, lag unter anderem daran, dass die Arbeit als solche zu einer ausschließlichen Lebensweise geworden war. Die moderne Gesellschaft verfügte zwar über den Schlüssel, um die arbeitenden Menschen zu einem gewissen Grade zu befreien, aber die arbeitenden Menschen selbst wussten nicht, wohin. Das wiederum lag daran, dass alle anderen Lebensbereiche verkümmert waren. Die modernen Arbeitsbienen hatten in vielerlei Hinsicht vergessen, wie man liebt und wie man sich spirituell, intellektuell und körperlich ausdrückt. Geist, Körper, der »andere«, Gott – sie alle waren Fremde geworden. Im Grunde ihres Herzens hatten die Menschen Angst davor, ihre Arbeit aufzugeben, und wir messen ihr bis heute einen immer noch wachsenden Wert zu.

Gleichzeitig sehen die arbeitenden Menschen im Arbeitsplatz auch ihre seelische Heimat. Wie wir aus mehreren Untersuchungen wissen, hält ein wachsender Prozentsatz der Menschen sich lieber am Arbeitsplatz auf als zu Hause bei der Familie. Verstärkt wurde dieser Trend durch Arbeitgeber, die ihre Arbeitsplätze immer weiter umgestalten, sodass ihre Arbeiter trotz längerer Arbeitszeiten und höherer Produktivitätsanforderungen glücklich sind. Wenn arbeitende Menschen sagen: »ich liebe meinen Beruf«, beschreiben sie damit in vielen Fällen die einzige Liebe ihres Lebens. Für viele ist die Arbeit zum einzigen Lebensinhalt geworden. Aber nur in den seltensten Fällen befriedigt sie die emotionalen Bedürfnisse so, dass sie dem wahren Glück dienlich ist.

In den unsterblichen letzten Zeilen seiner *Ballade vom Zuchthaus zu Reading* klagt Oscar Wilde:

> Doch jeder tötet, was er liebt.
> Ich sage es, dass es jeder hört!
> Der tut es mit dem bösen Blick,
> der mit dem Schmeicheln, das betört.
> Der Feigling tötet mit einem Kuss,
> Der Kühne greift zum Schwert.

Zu dieser List können wir heute noch Arbeit und Erfolg hinzufügen. Heute spricht man vom »unsichtbaren Elternteil«. Zwischen 1960 und 1986 ging die Zeit, in der die Eltern für die Kinder zur Verfügung stehen, um mehr als zehn Stunden pro Woche zurück. Seither ist sie weiter gesunken, und das ist der

Grund, warum viele Kinder heute überhaupt keine »Bezugsperson« mehr haben. Wie wir aus Umfragen wissen, räumen über 40 Prozent aller Berufstätigen ein, dass die langen Arbeitszeiten sich schädlich auf ihr Familienleben auswirken. Aber viele behaupten im gleichen Atemzug, sie seien ein Opfer ihrer finanziellen Verpflichtungen. Ein Heim im früheren Sinne des Wortes gibt es nicht mehr. In Wirklichkeit dienen die immer längeren Arbeitsstunden im Wesentlichen zur Befriedigung der falschen Bedürfnisse, die viele Menschen sich zu eigen gemacht haben. Für die eigene Familie zu arbeiten, ist zum Ersatz dafür geworden, sich um die Familie zu kümmern.

In einer britischen Studie stelle sich kürzlich heraus, dass 70 Prozent der Kinder im Alter zwischen fünf und zwölf Jahren sich schlecht benehmen. Dies wurde auf häufige Abwesenheit der Eltern, inkonsequente Disziplinierung, schlechte Ernährung und die starke Beschäftigung mit Technik zurückgeführt. Noch schlimmer ist die Neigung berufstätiger Eltern, sich für die Kinder zwanghaft »Quality Time« zu nehmen, auch sie ein bequemer Mythos des Konsumzeitalters. In der Regel wird das Kind in dieser Zeit übermäßig verwöhnt, und die Eltern setzen ihm keine Grenzen. Deshalb ist es verständlich, dass die »dysfunktionale Familie«, wie sie heute genannt wird, mittlerweile der Normalfall ist.

Ein Normalfall ist auch die »hektische Familie«, in der Eltern und Kinder von einem Termin zum nächsten hasten, während sich ihre inneren Welten kaum noch berühren. Die Wohnung ist kaum mehr als eine kurze Zwischenstation im Marathon des modernen Konsumentenlebens. Nicht jeder ist glücklich damit, dass persönlicher Ergeiz mehr Macht hat als die Liebe in der Familie. Immer mehr Mütter und Väter leiden sogar an Schuldgefühlen. Aber meist sind diese nicht stark genug, um sie von ihrem Ziel, alles haben zu wollen, abzubringen. Viele Arbeitswesen erleben den eigenen Ehrgeiz als zuverlässigsten Freund. Es fühlt sich an wie eine Rettungsleine. Aber wenn wir dabei die töten, die wir lieben, folgt die Leere dem Ehrgeiz häufig auf dem Fuße.

### Schlüssel zum Glück

Weisheit ist oft um ein Vielfaches näher, wenn wir keine Höhenflüge machen, sondern uns herablassen.
*William Wordsworth*

Diese Worte, die Wordsworth in *The Excursions: Book III* schrieb, wären genauso wahr, wenn wir »Glück« anstelle von »Weisheit« setzten. So oder so lautet die Aussage: Oft verpassen wir eine Menge, wenn wir nach den Sternen greifen. Richten wir den Blick auf das Näherliegende, so haben wir größere Aussichten auf das Glück, weil wir die Liebe als zentralen Punkt unseres Lebens festhalten.

Die Liebe ist eines der schlimmsten Opfer der Konsumkultur, denn die schafft es kaum, in ihr breites Spektrum von Arbeit und Konsum echte Liebe aufzunehmen. Sie begünstigt Individualismus, Narzissmus und Materialismus, und damit drängt sie die Liebe an den Rand. Gefüllt wird die Lücke, die die Liebe hinterlassen hat, mit einer gesteigerten Wertschätzung für persönliches Glück, Besitztümer, Geldwert und Image. War die Liebe früher eine Macht, der man sich unterwerfen musste, so ist sie heute ein bewusster Teil im Arsenal des eigenen Lebens. Nicht einmal wenn es um Kinder geht, werden noch kompromisslose Liebe und Aufmerksamkeit erwartet. Auch sie müssen sich damit zufriedengeben, ein Teil das Repertoires zu sein.

Wir leben im Zeitalter der »Tauschbeziehungen« und »Konsumentenehen«; beide haben sich entwickelt, um für die neue Form von Glück und Erfolg den notwendigen Platz zu schaffen. Die altmodische Beziehung war eine Sache der Gemeinsamkeit, das heißt, sie gründete sich auf Gegenseitigkeit. Wenn der eine dem anderen etwas gab, galt dies als Beitrag zur Beziehung insgesamt. In der modernen Tauschbeziehung dagegen sind die beiden Beteiligten vor allem auf sich selbst konzentriert und sehen die Gemeinsamkeit unter dem Gesichtspunkt eines Tauschhandels. Man hat die Erwartung, dass jede Investition in die Beziehung – Energie, Zeit oder finanzielle Mittel – eine lohnende Rendite bringen sollte. Die andere Person ist dabei entbehrlich, wenn man glaubt, dass sie den Aufwand nicht lohnt.

Wie sich so etwas auf Ehen auswirkt, erkennt man nicht nur an der hohen Scheidungsquote, sondern auch an den Faktoren, die zur Scheidung führen. Früher ließ eine Scheidung einfach auf eine unglückliche Ehe schließen, und die steigende Zahl der Scheidungen führte man auf einen immer geringeren Anteil glücklicher Ehen zurück. Anders heute: Glücklich verheiratet zu sein, ist allein kein Grund mehr zusammenzubleiben. Etwa 30 Prozent aller Scheidungen erfolgen heute »im gegenseitigen Einverständnis«, das heißt, ein Partner oder auch beide haben das vage Gefühl, das Leben könne anderswo besser sein. In Wirklichkeit bedeutet das: Die Bindungswirkung der Liebe ist so schwach geworden, dass viele Ehemänner und Ehefrauen zur Auflösung der Ehe bereit sind, nur weil sie die unbestimmte Ahnung haben, sie würden dann glücklicher werden. Wie wissenschaftliche Untersuchungen gezeigt haben, sind sie am Ende keineswegs glücklicher, aber sie folgen trotzdem ihren Launen.

Unter solchen Scheidungen im gegenseitigen Einverständnis leiden die Kinder am meisten: Sie sind zutiefst verwirrt und müssen sich mit der Frage herumschlagen, warum ihre offenkundig glücklichen Eltern sich entscheiden, die Familie auseinanderzureißen. Mit großer Wahrscheinlichkeit geben sie sich auch selbst die Schuld. Früher hatten die Menschen zuerst das Kindeswohl im Auge, selbst wenn in einer Ehe Konflikte auftraten. Im Jahr 1962 gaben 50 Prozent der Paare an, sie würden um der Kinder willen zusammenbleiben, heute liegt dieser Anteil nur noch bei knapp über 10 Prozent. Die engagierte, bedingungslose Liebe zu anderen geht als Quelle des Glücks verloren.

Das gleiche Schicksal hat auch die Freundschaft als Quelle des Glücks ereilt. Liest man historische Berichte über Freundschaften, so stellt man fest, dass sie in alten Zeiten allgemeinen mit großer Ehrerbietung betrachtet wurden. Aristoteles maß der Freundschaft als Quelle eines sinnvollen

Glücks einen so hohen Wert bei, dass er einen Freund als »zweites Ich« bezeichnete, das uns unser eigenes Dasein bewusst macht. In der Vergangenheit wurde wahre Freundschaft zu verschiedenen Zeitpunkten als »Krone des Lebens« oder »glücklichste und menschlichste aller Formen der Liebe« gepriesen. Ebenso wurde sie als »spirituellste aller Zuneigungen« bezeichnet. Kurz gesagt, galt Freundschaft als großer, wichtiger Teil eines glücklichen, erfolgreichen Lebens. Noch im 16. und 17. Jahrhundert standen Freundschaften in hohem Ansehen; einen zusätzlichen Wert hatten sie als Zuflucht vor politischen Intrigen und religiöser Unterdrückung, aber auch als Ort der Erholung von unmenschlicher Arbeit. Man gewinnt viel an Trost und Freude, wenn man einen wahren Geistesverwandten hat – jemanden, der uns das Leben gibt und für den wir sterben würden.

SCHLÜSSEL ZUM GLÜCK
Um Freude zu haben, muss man sie teilen.
Das Glück wurde als Zwilling geboren.
*Lord Byron*

Seit der Dichter Lord Byron Anfang des 18. Jahrhunderts diese Worte schrieb, hat die Freundschaft einen großen Wandel durchgemacht, und das mit negativen Auswirkungen auf das Glück. Der Religionsgelehrte C. S. Lewis erkannte in seinen Schriften in den Fünfzigerjahren des 20. Jahrhunderts als einer der Ersten, wie die moderne Freundschaft nichts anderes mehr war als »etwas, das einem die kleinen zeitlichen Löcher füllt«. Seither ist sie weiter in den Hintergrund getreten, weil eigene Interessen und die hektische Lebensweise des Konsumenten uns nicht mehr viel Zeit lassen, einander wirklich kennenzulernen.

Durch das starke Konkurrenzelement in unserer Gesellschaft hat sich die Sichtweise für andere Menschen verändert. Das Vertrauen, das wegen seiner gesundheitsfördernden Wirkung manchmal als »Kraftbrühe des Soziallebens« bezeichnet wurde, ist in den vergangenen Jahrzehnten immer mehr geschwunden. Im Jahr 1960 hatten 58 Prozent der Menschen gegenüber anderen ein Gefühl des »allgemeinen Vertrauens«. Bis 2003 war dieser Anteil auf 34 Prozent gesunken.

Das Gleiche gilt für die Loyalität, ein weiteres Kernelement der Freundschaft, das im Wesentlichen ausgestorben ist. Der römische Senator Seneca pries die Loyalität als »heiligste Tugend im Herzen der Menschen«. Wie das Vertrauen, so trägt auch sie auf die gleiche Weise wie der Glaube zu Glück und Wohlbefinden bei. Loyalität ist die Bereitschaft, der Liebe entsprechend zu handeln und an ihr festzuhalten. Das Erlebnis von Loyalität verstärkt das eigene Engagement und erkennt an, wie stark und wichtig es ist.

Aber wie wir aus wissenschaftlichen Untersuchungen wissen, ist die Loyalität mehr oder weniger verschwunden, und zwar nicht nur aus Freundschaften, sondern auch aus allen anderen Lebensbereichen. In ihrer kürzlich erschienenen Studie »The Decline of a Prized Virtue« (»Der Niedergang einer geschätzten Tugend«) stellten die australischen Wissenschaftlerinnen Sharyn Rundle-Thile und Rebekah Bennett fest, dass je nach Altersgruppe nur sechs bis neun Prozent der Menschen »sehr loyal« sind. Eine Ausnahme bildeten nur die über 55-Jährigen, bei denen der Anteil 15 Prozent betrug. Bei den 18- bis 25-Jährigen waren null Prozent »sehr loyal«; dies führten die Wissenschaftler auf einen Trend in der modernen Gesellschaft zurück: Die Menschen sind zynischer, haben weniger Vertrauen, sind weniger opferbereit und stärker als früher auf unmittelbare Belohnung aus. Zum Schluss erklären sie, die jüngere Generation habe möglicherweise die Loyalität nie kennengelernt.

Der größte Vertrag, den wir mit unserem
Kameraden schließen können, lautet:
»Lass für alle Zeiten Wahrheit zwischen uns sein.«
*Ralph Waldo Emerson*

Ehrlichkeit, auch sie eine nahezu ausgestorbene Charaktereigenschaft, ist sicher die ideale Grundlage für jede sinnvolle Beziehung und für eine erfüllende Form des Glücks. Unehrlichkeit nimmt uns am Ende immer mehr als sie gibt. Aber die Jagd nach dem Glück findet heute in einem »Zeitalter der angenehmen Persönlichkeit« statt, wie Erich Fromm es so treffend nannte. Beziehungen aller Arten werden zunehmend unter dem Gesichtspunkt gepflegt, den äußeren Schein zu wahren und das Richtige zu sagen. Das Ziel, nett zu sein und andere mit einer Charmeoffensive glücklich zu machen, gilt als Teil des neuen persönlichen Erfolges. In Wirklichkeit ist es eine Form der Machtausübung.

Der Schwund der Authentizität zeigt sich darin, wie wir mit unseren Kindern, Partnern und Freunden kommunizieren. Er trägt zu der gewaltigen Einsamkeit bei, die das Umfeld für die verzweifelte Suche der Menschen nach Verbindungen zu anderen bildet. Viele bindungslose Menschen erklären, es sei nahezu unmöglich, einen ehrlichen Menschen zu finden, und bezeichnen dies als größtes Problem ihres Lebens. Nie zuvor war es so schwierig, Ehrlichkeit bei anderen zu finden. Tricksereien und Ausnutzung sind uns so zur zweiten Natur geworden, dass wir reflexhaft darauf zurückgreifen, wenn wir potenziellen Partnern begegnen. Vor 40 Jahren wurde in einer Studie an der amerikanischen Midwestern University untersucht, welche Sätze am erfolgreichsten sind, wenn ein Mann eine Frau ansprechen will. Dabei hatte ein einziger gegenüber allen anderen die Nase vorn: »Wissen Sie, ich bin ein bisschen nervös, aber ich würde Sie wirklich gern kennenlernen.« Wenn man heute die ganzen komplizierten Ratschläge liest, wie man andere Menschen mit List und Berechnung ansprechen soll, so erkennt man sofort, dass einfache Ehrlichkeit uns als Weg zu neuen Beziehungen immer stärker verschlossen bleibt. Und wenn zwei Menschen sich tatsächlich kennenlernen, gleitet das Ganze meist sehr schnell in die Beurteilung der Vorzüge und Potenziale des anderen ab. Eine Studie aus dem Jahr 2005, in der zwei britische Psychologen verschiedene »erste Sätze« untersuchten, gibt nicht gerade Anlass zu Optimismus; am erfolgreichsten war demnach: »Es ist heiß heute, was? Das ist das beste Wetter, wenn man für den Marathon trainiert.«

Aber auch wenn Menschen sich selbst die Unehrlichkeit zu eigen gemacht haben, erkennen sie sie doch bei anderen. Das gilt selbst dann, wenn es um die Unehrlichkeit geht, die zur Zerstörung des sexuellen Glücks beiträgt. So wissen wir beispielsweise aus wissenschaftlichen Untersuchungen, dass vorgetäuschte Orgasmen insbesondere bei Männern auf dem Vormarsch sind. Noch vor 30 Jahren war der Anteil der Männer, die dazu neigten, einen Orgasmus vorzuspielen, verschwindend gering. Neueren Forschungsergebnissen aus England, Frankreich und den Vereinigten Staaten zufolge täuscht jedoch heute ein Drittel aller Männer einen Orgasmus vor, wobei allerdings 75 Prozent der Frauen die Täuschung durchschauen. Zu dem Bedürfnis, einen Orgasmus vorzuspielen, trägt die Langeweile im Schlafzimmer zweifellos bei. Aber Täuschungsmanöver sind in allen Lebensbereichen salonfähig geworden. Wir verlieren den Blick dafür, wie viel Spaß es macht, wenn wir mit allen unseren Unvollkommenheiten wir selbst sind. Der Höhepunkt wird als Ursache des Glücks bei Weitem überschätzt. Das Gleiche gilt für die Perfektion.

KAPITEL 15

# Glückliche Gesellschaften

An die Frage nach der Geografie des Glücks kann man auf mehreren Wegen herangehen. Geistige Gesundheit macht einen großen Teil des Glücks aus. Sie ist zwar nicht alles, aber wir können viel über das Glück lernen, wenn wir uns ansehen, warum die Menschen in manchen Gesellschaften nicht mit bestimmten seelischen Problemen zu tun haben.

Außerhalb der Industriestaaten gibt es zahlreiche Gesellschaften, die dem Westen im Hinblick auf die psychische Gesundheit weit überlegen sind. In der medizinischen Anthropologie sind beispielsweise mehrere Kulturkreise dokumentiert, in denen nach einer Entbindung keinerlei Depressionen auftreten. Die Gründe haben damit zu tun, dass der Geburt eines Kindes ein großer Wert beigemessen wird, aber auch mit kulturellen Ritualen beispielsweise in Form von Liedern, Gedichten, Massagen, raffinierten Mahlzeiten und der gemeinsamen Betreuung des Nachwuchses. Damit verbinden sich vor und nach der eigentlichen Geburt andere Formen der aktiven Beteiligung einer Lebensgemeinschaft, die der Mutter ein tiefes Gefühl der emotionalen Unterstützung vermittelt. Häufig steigt die Frau mit der Geburt ihres Kindes in eine höhere gesellschaftliche Stellung auf. Heute sind sich die Fachleute im Wesentlichen einig, dass die nachgeburtliche Depression vorwiegend ein Phänomen der modernen abendländischen Kulturkreise ist; die Häufigkeit der voll ausgebildeten Krankheit, die bis zu klinisch ausgeprägten Depressionen reicht, liegt hier bei rund 20 Prozent, für die weniger schwere »mütterliche Schwermut« sogar bei über 50 Prozent.

Seltsamerweise verursachen mittlerweile auch Eheschließungen im Westen eine solche Schwermut, sodass die Wissenschaftler heute auf die steigende Häufigkeit der »postmaritalen Depression« aufmerksam machen. Zur Erklärung führen sie ganz ähnliche Gründe an wie bei der postnatalen Depression. In beiden Fällen folgt auf fantasievoll aufgeblähte, kommerzialisierte Erwartungen ein beunruhigendes Gefühl der Einsamkeit und der Gleichgültigkeit des Umfelds. Im Gegensatz zu Gesellschaften mit einem intakten moralischen Netzwerk sind die abendländischen Industriegesellschaften voller depressiver Mütter, Bräute und Bräutigame.

Auch die »Midlife-Crisis«, die in der modernen Konsumkultur für so viele Menschen eine Quelle des Unglücks darstellt, ist außerhalb der westlichen Industriestaaten unbekannt. In traditionellen Kulturkreisen bringt man Menschen im mittleren Alter meist hohe Achtung entgegen. Sie sind weitgehend immun gegen die Selbstverachtung, die sich breitmacht, wenn eine Kultur verkommt und nur noch die Jugend anbetet. Eine Midlife-Crisis findet man jedenfalls nirgendwo. Viele Gesellschaften außerhalb des Westens kennen nicht einmal die Vorstellung vom »biologischen Verfall«, der eine Folge der normalen Alterung ist und im Westen angeblich das Glück vermindert.

Beunruhigend ist, dass die westliche Midlife-Crisis in immer jüngeren Jahren auftritt, weil den Menschen große Zweifel an ihrer Tätigkeit und ihren Leistungen kommen. Schon in den Zwanzigern oder Dreißigern haben viele Menschen sich in die Sackgasse der Konsumkultur manövriert. Viele sind in den »Erfüllungsdefizit-Kreislauf« geraten, wie Wirtschaftswissenschaftler ihn nennen: Sie werden durch die Befriedigung der falschen Bedürfnisse, die in ihnen geweckt wurden, nicht mehr zufriedengestellt. Selbst das bewusste Streben nach Glück kann zur Krise beitragen, wenn die Menschen den Eindruck gewinnen, das Leben habe ihnen das Glück nicht im erwarteten Umfang gebracht, und wenn sie dann den innersten Bestand ihrer Lebensstrategien infrage stellen.

In der Regel begünstigen Gesellschaften, die sich positiv auf die geistige Gesundheit auswirken, auch das Glück, aber diese Regel hat ihre Ausnahmen. Ich beschäftige mich in meinen Untersuchungen und Schriften schon seit Jahren mit dem Volk der Kaluli in Neuguinea. Sie sind eines der am besten untersuchten Beispiele für eine Gesellschaft, in der es keine Anzeichen für Depressionserkrankungen gibt. In 35 Jahren der anthropologischen Forschung wurde kein einziger Fall dokumentiert. Der Kulturfahrplan dieser Menschen lässt offenbar längere Phasen mit schlechter Stimmung nicht zu. Die Sprache der Kaluli kennt kein Wort für Depression, Traurigkeit oder irgendetwas, das einem Zustand des dauerhaften Unglücklichseins ähneln würde. Aber gerade deshalb, weil die Kaluli gegenüber Depressionen völlig immun sind, würde ich ihre Gesellschaft auch nicht als außergewöhnlich glücklich bezeichnen.

Wenn das kulturelle Umfeld es den Menschen ermöglicht, sich mit einem breiten Spektrum von Gefühlen ungehindert auszudrücken, werden Depressionen wesentlich unwahrscheinlicher. Das liegt daran, dass Depressionen im Wesentlichen eine Folge der Internalisierung von Gefühlen sind. Insbesondere wurden Depressionen häufig mit der Internalisierung von Wut in Verbindung gebracht, und deshalb behandelt man sie mit Selbstbehauptungstraining und anderen Therapieformen, die darauf abzielen, den Gefühlen Luft zu machen. Die Kaluli haben, was Wut angeht, keinerlei Probleme. Ganz im Gegenteil: Wut auszudrücken, ist in ihrer Kultur das beherrschende Thema. Die soziale Stellung hängt davon ab, wie eindringlich jemand seine Verärgerung zum Ausdruck bringen kann. Wenn die Götter ihnen nicht gewogen sind, ärgern sie sich sogar darüber und zeigen es durch sehr energiegeladene Zeremonien, in denen die betreffende Gottheit symbolisch angegriffen wird. Hochzeiten werden zu kollektiven Wutausbrüchen, weil die Menschen sich damit für mögliche Ungerechtigkeiten wie den Tod eines Ehepartners oder Kindes rächen können.

Kurz gesagt, können die Kaluli durch diesen kulturell anerkannten Wutmechanismus praktisch alle negativen Emotionen nach außen tragen. Eine möglicherweise vorhandene biologische oder genetische Disposition zu Depressionen hat angesichts eines solchen emotionalen Reinigungsprozesses keine Chance. Aber diese Form der Anpassung hat auch ihren Preis: Sie führt zwangsläufig zu Konflikten und lenkt zu viele Formen des Gefühlsausdrucks in die Richtung der Verärgerung. Damit ist sie zwar ein höchst wirksames Gegenmittel gegen Depressionen, aber sie ist kein Patentrezept für allgemeines Glück und gesellschaftliches Wohlbefinden. Wenn man diese Menschen sieht, würde man nicht automatisch zu dem Schluss gelangen, dass sie wie bestimmte andere Menschengruppen eine Kultur der Freude sind.

Mit einer Menschengruppe, die außergewöhnlich glücklich zu sein schien, kam ich erstmals 1978 in Kontakt. Damals hatte der Tazara train – ein Eisenbahnzug, der vom Norden Sambias nach Dar es Salam in Tansania fährt – in einer abgelegenen Buschregion im Osten Tansanias eine Panne. Die Fahrgäste gingen mehrere Stunden lang spazieren, bis die Reparaturen abgeschlossen waren. Ich wanderte zum Rand der Buschlandschaft, wo eine Gruppe vergnügter Kinder mir mit Handbewegungen bedeutete, ich solle ihnen folgen. Eine Stunde lang hielt ich mich in einem kleinen Dorf auf, und dort sah ich mehr Glück und Lebensfreude, als ich je zuvor erlebt hatte.

Es scheint höchst paradox angesichts der materiellen Umstände, aber der Eindruck, dass die Bewohner ländlicher Gebiete Afrikas besonders glücklich sind, scheint die Regel zu sein. Man kann den Leiter jeder beliebigen afrikanischen Hilfsorganisation fragen, immer wird man erfahren, dass die ehrenamtlichen Mitarbeiter durch das große Maß von Glück bei den Afrikanern wie vor den Kopf gestoßen sind. Der Direktor einer amerikanischen Hilfsorganisation in Kenia meinte dazu, es sei geradezu zum Klischee geworden, dass die Freiwilligen über die Begeisterung und Fröhlichkeit der Afrikaner staunten und dann verwundert sagten: »Die Menschen hier sind so arm, sie haben überhaupt nichts – und doch haben sie so viel Spaß und scheinen so glücklich zu sein.«

Zu den vielen angesehenen Denkern, die sich über den emotionalen Mangel der materiell wohlhabenden abendländischen Gesellschaften äußerten, gehört auch der Dalai Lama. Er schrieb in seinem Werk *Das Buch der Menschlichkeit. Die neue Ethik für unsere Zeit*: »Seltsamerweise habe ich den Eindruck, dass diejenigen, die in den materiell weiterentwickelten Ländern leben, trotz aller technischen Errungenschaften weniger glücklich sind und auf gewisse Weise mehr leiden als jene, die in weniger fortschrittlichen Ländern leben ... Das Streben nach weiterem Besitz nimmt sie derart gefangen, dass sie nichts anderem mehr in ihrem Leben einen Platz einräumen können ... Infolgedessen sind sie ständigen Qualen ausgesetzt.«

Ungefähr seit fünf Jahren wird in der Presse häufig über die wissenschaftliche Glücksforschung berichtet, die sich bemüht, Staaten anhand ihres Glücks in einer Rangliste zu erfassen. In den meisten Fällen wurden dazu Fragebogenaktionen durchgeführt, in denen die Menschen angeben sollten, ob sie »sehr glücklich«, »ziemlich glücklich«, »nicht sehr glücklich« oder »überhaupt nicht glücklich« seien. Geht man aber in dieser Weise in eine Gesellschaft und fragt, wie glücklich die Menschen sind, so stellt sich ein großes Problem: Die Antwort hängt teilweise davon ab, wie sie sich selbst im Vergleich zu anderen in ihrem Umfeld einschätzen. Selbst wenn die Menschen in dem Dorf in Tansania, in dem ich zu Gast war, die Glücksweltmeister wären, würde ein Teil von ihnen höchstwahrscheinlich angeben, sie seien nur Durchschnitt. Und das, obwohl noch die am wenigsten Glücklichen von ihnen möglicherweise glücklicher sind als die glücklichsten Menschen einer weniger glücklichen Gesellschaft. Umgekehrt würden die Menschen in einem Land der Glücks-Dünnbrettbohrer ihr eigenes Glück in beträchtlichem Umfang im Vergleich zu anderen Dünnbrettbohrern beurteilen und wiederum zu dem Schluss gelangen, sie seien nicht weit vom Durchschnitt entfernt.

Weiterhin stellt sich die Frage, welche kulturellen Werte oder Tabus sich mit dem Glück selbst verbinden und die Menschen veranlassen, ihre eigenen Berichte darüber zu übertreiben oder herunterzuspielen. Im Gegensatz zur abendländischen Gesellschaft, wo man stolz darauf ist, glücklich zu sein, rümpfen beispielsweise die Menschen vom Volk der Ifaluk in Mikronesien die Nase über jene, die ihr Glück offen zeigen; der Grund: Sie nehmen an, das Glück verführe die Menschen dazu, ihre gesellschaftlichen Verpflichtungen zu vernachlässigen. Aber solche und andere Überlegungen haben Wissenschaftler nicht davon abgehalten, mit übermäßig vereinfachten Befragungen das Glück verschiedener Gesellschaften zu vergleichen. Gerechterweise muss man einräumen, dass die Befunde uns am Ende vermutlich tatsächlich einen gewissen Eindruck verschaffen, den man als Ausgangspunkt für Diskussionen über kulturelle Einflüsse auf das Glück nutzen kann.

Im Rahmen der World Values Survey werden in regelmäßigen Abständen und in zahlreichen Ländern Daten über das Glück gesammelt. Außerdem liefert die Untersuchung auch Informationen über viele andere Werte und Lebensbedingungen, und damit gibt sie einen Anhaltspunkt für das allgemeine Wohlbefinden der Menschen in verschiedenen Gesellschaften. Eine der letzten Umfragen wurde in 65 Staaten durchgeführt, aber leider fehlten einige der aussichtsreichsten Anwärter für den Titel des glücklichsten Landes. Ein solcher Staat ist Thailand, das seit langem in dem Ruf steht, die Heimat besonders glücklicher, lächelnder Menschen zu sein und deshalb sogar als »Land des Lächelns« bezeichnet wird. Dies deckt sich mit meinen eigenen Erfahrungen aus Thailand, wo ich früher gelebt, gearbeitet und sogar geheiratet habe. Am deutlichsten zeigte es sich in den ländlichen Gebieten, aber selbst das anstrengende Leben in Bangkok konnte das Lächeln, das den Thais so leichtfällt, nicht von ihren Gesichtern vertreiben. Ihr offenkundiges Glück war unter uns neidischen Bewohnern des Westens ein regelmäßiges Gesprächsthema.

Die Befunde der World Values Survey wurden unterschiedlich gedeutet. Betrachtete man die Selbstauskünfte über das

Glück im weiteren Zusammenhang von Faktoren wie Qualität von Freundschaften, Glück in der Ehe und der Möglichkeit, in Würde alt zu werden, erwies sich überraschenderweise Nigeria als Sieger. Knapp dahinter lagen Mexiko, Venezuela, El Salvador und Puerto Rico. Allgemein schnitten die lateinamerikanischen Staaten gut ab, und das sowohl bei isolierter Betrachtung der Angaben über das Glück als auch im Zusammenhang mit indirekten Maßstäben für Wohlbefinden und Zufriedenheit. Auch in einer internationalen Untersuchung über das Glück von Universitätsstudenten lagen sie an der Spitze. In dieser Studie belegten Puerto Rico, Kolumbien und Spanien die ersten Plätze. Man kann auch einfach den Prozentsatz der Menschen betrachten, die sich selbst als »sehr glücklich« bezeichnen. Dann liegt Venezuela mit 55 Prozent an der Spitze.

Venezuela leidet unter Korruption, innenpolitischen Konflikten und einer wachsenden Armut, von der nach Schätzungen 75 Prozent der Bevölkerung betroffen sind. Das überraschend hohe Glücksniveau wird in der Regel damit erklärt, dass die Menschen in der Lage sind, die einfachen Freuden von Gesundheit, Familie und Freunden zu genießen. Auch ihre starke religiöse Bindung leistet dieser Deutung zufolge einen Beitrag. Von Depressionen und Selbstmord hört man dort nur selten, und fast niemand beklagt sich, das Leben sei ungerecht oder das Schicksal habe es nicht gut mit einem gemeint. Auch in einer internationalen Umfrage zum sexuellen Glück belegten die Bewohner Venezuelas kürzlich den ersten Platz. Sie leben trotz aller Knüppel, die ihnen zwischen die Beine geworfen werden, in einer Leben versprühenden, sinnlichen, genussfreudigen Kultur.

Wegen der Unannehmlichkeiten, mit denen sie sich auseinandersetzen müssen, haben die Bewohner Venezuelas ihre Erwartungen heruntergeschraubt, und zwar so, dass sie dem Leben mit einer umfassenden Haltung der Genügsamkeit und des Dankes begegnen können. Paradoxerweise ist ein gewisses Maß von Not für die Förderung des Glücks sogar nützlich, weil es die Erwartungen nicht ins Unendliche steigen lässt. Das ist einer der Gründe, warum häufig behauptet wird, die Venezolaner seien eines der zufriedensten Völker der Welt. Steigende Erwartungen führen immer dazu, dass die Messlatte, die wir überspringen müssen, um glücklich und mit der Welt im Reinen zu sein, höher und höher gelegt wird.

Ein weiteres lateinamerikanisches Land, das in vielerlei Hinsicht eine ähnliche Gesellschaftsstruktur hat wie Venezuela, ist Guatemala. Dort gewinnen Besucher häufig den Eindruck, dass die Bewohner des Landes und insbesondere seiner ländlichen Gebiete glücklich und zufrieden sind. Mein Neffe Ben Schumaker ist ein eifriger Philanthrop: Er gründete das Memory Project mit dem Ziel, ein größeres Bewusstsein für die Notlage von Waisenkindern in der Dritten Welt zu schaffen. Auch sein kürzlich erschienenes Buch *Astonishing Stories for a Hopeful Humanity* lenkt die Aufmerksamkeit auf internationale humanitäre Fragen und ermutigt die Leser, sich für positive Veränderungen einzusetzen. Nachdem Ben sich einige Zeit in ländlichen Gebieten Guatemalas aufgehalten hatte, schilderte er seine Eindrücke über die dortigen Menschen in einem Bericht, der uns manche Aspekte des Glücks besser verstehen lässt:

»Als Erstes fiel mir auf, dass sie von Natur aus zufriedener mit dem Leben und entspannter sind. Sie arbeiten jeden Tag, sind dabei aber nicht sonderlich gestresst. Sie gehen nicht so schnell; sie bewegen sich in ihrem eigenen Tempo und reden auch langsamer als Menschen aus den Industrieländern. Die Landbewohner von Guatemala lächeln sehr schnell über Dinge, die wir vermutlich nicht erfreulich finden würden. In den Vereinigten Staaten suchen Kinder ihr Vergnügen bei Hightech-Videospielen, albernen Fernsehsendungen und übermäßiger Reizung durch Lasershows oder Adrenalin-stimulierende Extremsportarten. Das alles haben die Kinder in den ländlichen Gebieten Lateinamerikas nicht, aber dafür machen ihnen Tätigkeiten Spaß, bei denen sich die meisten nordamerikanischen Kinder langweilen würden. Sie spielen einfache Spiele wie Fangen. Ich konnte zusehen, wie drei Mayamädchen von etwa neun oder zehn Jahren sich alle Zeit der Welt nahmen, um rund um einen Teich zu rennen und hin und wieder mit dem Wasser zu spritzen. Vielleicht könnte man auch drei nordamerikanische Mädchen bei dem gleichen Spiel beobachten, aber dort wäre es eine Abweichung von der Norm, während es hier in Lateinamerika allgemein üblich ist. Die Erwachsenen lächeln und lachen schnell, einfach wenn sie eine Unterhaltung beginnen; am meisten fiel mir an den Erwachsenen auf, dass ich von ihnen niemals sarkastische Äußerungen gehört habe. Humor und Glück scheinen sehr unverfälscht zu sein. In den Vereinigten Staaten dagegen hört man häufig einen sarkastischen, verbitterten, kranken Humor. Für Spaß haben wir eine viel höhere Hemmschwelle als die Landbewohner Lateinamerikas. Wir geben viel Geld für Urlaub, Boote, Whirlpools, Oldtimer, riesige Bildschirme und anderes aus, einfach nur, weil wir glücklich sein wollen. Aber diese Menschen sind genauso glücklich oder vermutlich sogar glücklicher, obwohl sie alle diese Privilegien nicht haben. Von ihnen habe ich gelernt, dass die Schwelle für Spaß und Glück bei uns viel zu hoch geworden ist.«

Unter anderem zeigt Bens Beschreibung, wie wichtig Arglosigkeit als kurzer Weg zum Glück ist. Eines ist allen glücklichen Gesellschaften gemeinsam: Sie haben sich ein gewisses Maß an Arglosigkeit bewahrt. Ohne sie entgeht das Glück den Menschen. Aber das Wort »Arglosigkeit« das ursprünglich »ohne schlechte Absichten« bedeutet, weckt heute auch negative Assoziationen wie Unwissen, Unaufmerksamkeit und fehlende Erfahrung. Für jüngere Menschen hat es zusätzlich den Beigeschmack von Leichtgläubigkeit und sexueller Unerfahrenheit.

Die moderne Konsumkultur kann Arglosigkeit nicht ertragen. Sie muss zerstört werden, denn die Menschen sollen zu hungrigen Geschöpfen gemacht werden, die sich durch nichts mehr beeindrucken lassen und bereit sind, sich für jedes Produkt und jedes Erlebnis zu prostituieren. Schon Zehnjährige tragen das Gehabe eines alten Seebären zur Schau, der mit gelangweilter Weltläufigkeit verkündet, er habe schon alles gesehen und finde nichts mehr überraschend, aufregend oder bemerkenswert. Das ist vor allem deshalb tragisch, weil der Tod der Arglosigkeit auch den Tod des Glücks, der Leidenschaft und des Gefühls für Erhabenes nach sich zieht.

Manche Autoren unterscheiden zwischen »negativer Arglosigkeit« und »positiver Arglosigkeit«. Die Letztere entspringt der Erkenntnis, dass man sich im eigenen Charakter gewisse kindliche Elemente erhalten sollte. Diese werden dann zur Grundlage für zukünftiges Glück. Es ist wichtig, dass man all die Dinge schätzt, die man nie getan hat und von denen man nichts weiß. Glück hängt davon ab, dass man sich ein gewisses Maß an Jungfräulichkeit bewahrt.

### Schlüssel zum Glück

Die Welt zu sehen im Korn aus Sand,
das Firmament im Blumenbunde.
Unendlichkeit halt in der Hand
und Ewigkeit in einer Stunde.
*William Blake*

Besser als mit diesen Eröffnungszeilen aus Blakes *Auguries of Innocence* kann man wohl kaum beschreiben, welche Geisteshaltung auf dem Weg über die Arglosigkeit zum Glück führt. Im weiteren Verlauf des Gedichts schreibt Blake, wir würden dazu verführt, an Lügen zu glauben und jenem Kinderglauben zu entsagen, mit dessen Hilfe wir in einfachen Freuden schwelgen können, wenn wir ewig die kleinen Kinder bleiben. An anderer Stelle beschreibt Blake einen ähnlichen Zustand der Arglosigkeit, und dieser bringt nach seinen Worten Menschen hervor, die allein durch Spielen in den Himmel kommen. Manche Autoren haben verstanden, wie der Tod der Arglosigkeit unsere Aussichten auf das Glück ruiniert hat, und deshalb predigen sie, wir müssten irgendwie zu einer »zweiten Naivität« gelangen, damit wir das Glück wieder ohne die Bürde übermäßiger Verfeinerung erleben können. Aber die meisten Menschen haben vor der Arglosigkeit einfach zu viel Angst.

Die Nachricht, Nigeria sei das glücklichste Land, war für die Presse ein gefundenes Fressen. Zum Teil lag das daran, dass Nigeria in dem Ruf stand, ein politisch instabiler, unsicherer Staat zu sein – nicht gerade ideale Voraussetzungen für den Titel des Glücksweltmeisters. Mich überraschte es nicht, dass ein afrikanischer Staat an der Spitze stand. Wäre die Umfrage auch in anderen Ländern Afrikas durchgeführt worden, hätten nach meiner Überzeugung viele von ihnen mindestens ebenso gut abgeschnitten wie Nigeria. Ich selbst betrieb in Nigeria kulturübergreifende theologische und psychologische Forschung, und dabei wurde mir bewusst, was für religiöse Menschen die Bewohner des Landes sind. Ganz gleich, wie stark spirituelles Glück zum Glück insgesamt beiträgt: Ich konnte mir sofort vorstellen, dass sie trotz ihrer unangenehmen Lebensumstände einen der Spitzenplätze belegen würden.

Ein weiterer Faktor, der immer erwähnt wird, wenn man das paradoxe Glück vieler Afrikaner erklären will, ist der lockere Umgang mit der Zeit. Wer mit diesem Aspekt der traditionellen afrikanischen Kultur nicht vertraut ist, verwendet den Begriff »afrikanische Zeit« manchmal in einem abschätzigen Sinn. Aber dabei vergisst man, dass der hohe Wert, den wir der Pünktlichkeit und der gewinnbringenden Verwendung der Zeit beimessen, häufig auf Kosten unserer zwischenmenschlichen Bedürfnisse geht. Die afrikanische Zeit wird mit einer sozialen Uhr gemessen. Die Menschen nehmen sich Zeit füreinander. Außerdem gibt es in fast allen afrikanischen Gesellschaften eine Formulierung, die so viel wie »keine Sorge« bedeutet – eine Einstellung, die viel einfacher wird, wenn die Zeit keine Bedrohung mehr darstellt. Ebenso leiden viele Afrikaner nicht an der modernen Illusion, jeder Einzelne habe sein Leben total im Griff oder die Welt müsse auf jedes Fingerschnippen reagieren. Die Zeit vermischt sich mit dem natürlichen Bedürfnis, zu lachen und sich über die Gesellschaft anderer Menschen zu freuen.

Nosson Slifkin, Rabbiner und Autor mehrerer Bücher, schrieb kürzlich einen Artikel mit dem Titel »Hakuna Matata«, was in der Sprache der kenianischen Massai so viel wie »keine Sorge« bedeutet. Darin kommt er im Zusammenhang mit seinen persönlichen Erlebnissen in Ostafrika auch auf den Begriff der afrikanischen Zeit zu sprechen. Er schreibt: »Die Afrikaner waren die glücklichsten, zufriedensten Menschen, die ich jemals kennengelernt habe. Sie waren wahrhaft glücklich. Obwohl sie entsetzlich arm waren, lächelten und sangen sie ständig.«

Slifkin begegnete auch einem wohlmeinenden Amerikaner, der diesen Menschen helfen wollte, indem er ihre Dörfer ans Internet anschloss. Slifkin lehnte das Vorhaben ab und berichtete: »Die Menschen wirkten so glücklich und zufrieden; warum soll man sie in Amerikaner verwandeln – in neurotische, depressive Menschen, die eine Therapie brauchen?« Mit dieser Ansicht stützte er sich auf den Eindruck, dass die Menschen der Region deshalb so bemerkenswert glücklich waren, weil sie kaum Vergleichsmöglichkeiten hatten und deshalb nicht das Gefühl bekamen, ihnen könnte etwas fehlen oder das Leben könne besser sein, wenn sie mehr hätten. In diese Gefahr gerät man unter Umständen sehr schnell, wenn man das eigene Glück im Licht der unzähligen Alternativen betrachtet, die zumindest theoretisch zu mehr Glück führen könnten. Aus der Sicht des Glücks ist es ein großer Vorteil, wenn einem solche Vergleiche erspart bleiben oder wenn man sie durchschauen kann.

Die Nigerianer sind wie andere Afrikaner für ihren Optimismus bekannt. Im Januar 2000 wurde Menschen aus verschiedenen Staaten im Rahmen einer internationalen Umfrage eine einfache Frage gestellt: »Wird 2000 besser als 1999?« Nigeria war das Land mit dem höchsten Prozentsatz bejahender Antworten, gefolgt von Venezuela und Malaysia. Im Jahr 2003 wiederholte man die gleiche Umfrage und erkundigte sich, ob 2003 besser werden würde als 2002. Dieses Mal lag Kenia auf dem ersten Platz, Nigeria auf dem dritten. Die positiven Gefühle, die aus dem unverbesserlichen Optimismus dieser Menschen erwachsen, ist offenbar – anders als in europäischen und nordamerikanischen Gesellschaften – nicht an wirtschaftliche Faktoren geknüpft. Sie scheinen vielmehr ein dauerhafter Bestandteil ihrer Kultur zu sein, der sich als emotionaler Rettungsring entwickelt hat und in schlechten wie auch in guten Zeiten zur Verfügung steht. In Nigeria hört man überall ständig die Worte »ee go better, ee go better«, mit denen in Pidginenglisch gesagt werden soll, dass es aufwärtsgeht. Mit einer solchen Geisteshaltung fällt es nicht schwer, das sprichwörtliche Glas nicht für halb leer, sondern für halb voll zu halten.

In der Folge unternahm man mehrere Versuche, um herauszufinden, warum die Nigerianer so glücklich sind. Als häufigste Gründe wurden Gott, Musik, Tanz und einfache Bedürfnisse genannt. Der britische Außenpolitik-Korrespondent Jonathan Power schrieb einen Artikel mit der Überschrift »Nigeria: das glücklichste Land auf Erden?« Darin zitiert er einige gezielte Bemerkungen, mit denen Nigerianer selbst ihr Glück erklären. Sehr typisch ist die Äußerung einer Frau: »Viele von uns sind glücklich, weil wir nicht viel verlangen. Wenn Gott uns etwas zu essen gibt, sind wir sehr schnell glücklich. Wir sind nicht habgierig.«

Nach Ansicht einer nigerianischen Geschäftsfrau trägt das starke Gefühl ihrer Landsleute für Fürsorge und soziale Verantwortung entscheidend zum üppigen Glück bei: »Wir Nigerianer kümmern uns umeinander. Wenn ich weiß, dass du Hunger hast oder krank bist, werde ich mich bemühen, dir zu helfen.« Ein Ingenieur wies auf den religiösen Faktor hin: »Das Glück war ein Teil unserer Stammestradition, und darauf baut die Religion auf. Haben Sie schon einmal ein so religiöses Volk gesehen? Natürlich geht es in vielen Fällen zu weit, und wir werden zu fatalistisch.« 90 Prozent der Nigerianer gehen regelmäßig zur Kirche, im Vergleich zu 40 Prozent in den Vereinigten Staaten, einem der am stärksten religiös geprägten Industrieländer.

Die nigerianische Prinzessin Gloria Iweka vertrat die Ansicht, ihre Landsleute hielten sich selbst tatsächlich für eine außergewöhnlich glückliche Gesellschaft. Sie formulierte es so: »Man sieht es daran, wie wir uns bewegen. Es ist eine Bewegung in uns und in der Gesellschaft. Wir haben das Gefühl, dass wir voller Musik und voller Liebe zu Gott sind.« Aufgrund seiner eigenen Erfahrungen und seiner vielen Gespräche mit Menschen gelangte Jonathan Power zu dem Schluss: »Ich kann das ganze Wenn und Aber erkennen und habe alle Einschränkungen gehört, und doch glaube ich: Nigeria hat vom Glück gekostet, und das mehr als die meisten anderen.« Ich selbst würde noch hinzufügen: Viele afrikanische Bevölkerungsgruppen können uns, was das Geheimnis des Glücks angeht, eine Menge lehren.

### Schlüssel zum Glück

Und verloren sei uns der Tag, wo nicht einmal getanzt wurde!
*Friedrich Nietzsche*

Zeige mir eine Gesellschaft, in der jeden Tag getanzt wird, und du hast eine glückliche Gesellschaft gefunden. Tanz ist ein kulturelles Allgemeingut, und er hat uralte Verflechtungen mit dem Glück. Wie Prinzessin Iweka deutlich machte, hat Glück eine Menge mit Bewegung zu tun. Überall in Afrika und insbesondere außerhalb der Großstädte fällt sofort auf, wie gern alle Menschen tanzen. Kinder tanzen den ganzen Tag über, und auch viele Erwachsene fangen beim geringsten Anlass damit an, manchmal schon nach einem Witz oder einer lustigen Bemerkung. Während meiner Jahre in Afrika lernte ich den Tanz als einen der wirksamsten Mechanismen schätzen, mit denen man Raum für positive Gefühle schafft. Historischen Befunden zufolge war das Wunder des Tanzes auch Jesus Christus nicht unbekannt, und er baute es in seine Lehren ein. Ein früher christlicher Mystiker schrieb in der Tradition des heiligen Bernard:

Jesus ist ein Meistertänzer
Sehr geschickt er tanzen kann,
Wenn er rechts und links sich wendet,
Niemals seine Lehre endet.

Im Jahr 1983 arbeiteten meine Frau und ich an einem Projekt zur Erhaltung der traditionellen Musik in den Industrieländern. Im Rahmen dieser Tätigkeit hatten wir die Ehre, dass wir von den amerikanischen Ureinwohnern der Six Nations in das Grand River Reserve in Kanada eingeladen wurden, um dort live die Auftritte der Iroquois-Ältesten Jimmy Sky und Hubert Buck aufzunehmen. Als wir uns mit ihnen unterhielten, waren wir verblüfft darüber, was für eine große Rolle Musik und Tanz historisch für das Glück und das soziale Wohlbefinden dieser Menschen gespielt hatten.

Kürzlich fiel mir zufällig die gedruckte Version eines Interviews mit Jimmy Sky in die Hände, das Jim Metzner geführt hatte, der Produzent der Radiosendung »Pulse of the Planet« (www.pulseplanet.com). Das Gespräch hatte im Jahr 2000 kurz vor Jimmy Skys Tod stattgefunden. Darin bezeichnet der Stammesälteste den Tanz als überragend wichtige Sprache, mit der die Menschen vom Stamm der Iroquois ihr Glück erlebten und weitergaben. Insbesondere über die Tänze sagte er: »Sie haben die Aufgabe, unser Glück zu zeigen. Wie unsere Sänger, so macht es sie glücklich, diese Menschen tanzen zu sehen.« Im weiteren Verlauf beschreibt er, wie der Tanz immer ein unverzichtbarer Lebensbestandteil war: »Tanzen ist einfach ein Teil von uns, das war es immer. Wie lange das schon so ist, kann man wirklich nicht sagen. Wir haben zu Hause getanzt. Mein Großvater kam zu uns, und nach dem Abendessen ließen wir ihn singen, und wir drei tanzten um den Tisch. Mein Enkel da drüben, der stand ganz allein da, und plötzlich fing er an herumzuhüpfen. Dann hörte er wieder auf, sah sich um, ob jemand mit ihm tanzen würde, und sie taten es. Das gefällt ihm.«

Die bekannte Choreografin Martha Graham sagte einmal: »Tanz ist die verborgene Sprache der Seele und des Körpers.« Tanz lügt nicht. Er ist einer jener urtümlichen Impulse, die den Geist befreien und uns in einen Dialog mit ungreifbaren Aspekten der Schöpfung eintreten lassen. Er ist eine einzigartige Form der Kommunikation und stellt Verbindungen zu anderen her, wie man sie mit Worten nicht erreichen kann. Tanz hat sogar die Macht, einen Menschen zu verwandeln und das eigene Bewusstsein dauerhaft auf eine neue Ebene zu heben. Diese Art des Tanzes, bei der unser ganzer Körper über längere Zeit hinweg und gemeinsam mit anderen in einem sinnvollen sozialen Zusammenhang einem unwiderstehlich vorwärtsdrängenden Rhythmus unterliegt, ist eine uralte Quelle des Glücks. In manchen Regionen außerhalb des Abendlandes findet man sie noch.

In den Industrieländern müssen junge Leute viel Kritik wegen ihrer Partys einstecken, in denen stundenlanger, intensiver Tanz zu einem Erlebnis der Bewusstseinsveränderung dazugehört. Sieht man aber von den Drogen und der jugendlichen Rebellion einmal ab, so greifen diese Tänzer nur auf einen historischen Erfahrungsbereich zurück, der früher für den gesunden Ausdruck menschlicher Gefühle eine zentrale Rolle spielte. In glücklichen Gesellschaften nimmt man sich viel Zeit für gesunden Tanz.

Wie der Tanz, so sind auch Berührungen eine der ältesten Formen der Kommunikation und eine der üppigsten Quellen für das Glück. Als ich nach Afrika kam und meine Lehrerstelle antrat, fiel mir als Erstes auf, wie oft und freigebig die Menschen einander berühren. Als mir mein Lehrassistent vorgestellt wurde, schüttelte er mir die Hand und hielt sie dann eine halbe Stunde lang fest, während er mich über das Universitätsgelände führte. Überall sah man Männer, die sich an den Händen gefasst hatten und sich gegenseitig festhielten. Frauen, alte wie junge, schienen stets wie aneinander festgekettet zu sein.

Nach einigen Wochen merkte ich, dass ich noch nie ein schreiendes Baby gehört hatte. Darf ich mich zu der Behauptung versteigen, dass die Babys glücklich waren? Der Hauptgrund war nach meiner Überzeugung der ständige Körperkontakt, den die Säuglinge den ganzen Tag über erlebten. Auf den vielen Tanzböden im Busch, die ich mit einem befreundeten Anthropologen aufsuchte, tanzten Mütter sogar mit ihren auf dem Rücken festgebundenen Kindern. Im Vergleich dazu erhalten die Menschen in den Industrieländern, was Berührungen angeht, eine ausgesprochene Magerkost, auch das ein Grund, warum wir ständig nach irgendetwas schreien. Ein Mangel an körperlichen Berührungen ist einer der Gründe für die vielen psychischen und sozialen Störungen, unter denen die moderne Gesellschaft leidet.

Berührungen sind die stumme Sprache von Liebe und Respekt; sie haben eine ungeheure Heilwirkung und sind in der Lage, Stress und Ängste zu lindern. Insgesamt sind sie unabhängig vom Lebensalter für das Glück unentbehrlich. Wir sind biologisch auf Berührungen angelegt. Sie sind für unsere emotionale und körperliche Entwicklung unentbehrlich. In der Medizin gewinnen Berührungstherapien zur Behandlung verschiedener Störungen immer stärker an Bedeutung. In allen Studien, die zu diesem Thema durchgeführt wurden, zeigten sich positive emotionale Ergebnisse.

### Schlüssel zum Glück

Musik drückt das aus, was man nicht in Worte fassen
und worüber man nicht schweigen kann.
*Victor Hugo*

Wie Tanz und Berührungen, so hat auch die Musik in glücklichen Gesellschaften häufig einen hohen Stellenwert. Sehr deutlich erkennt man dies in lateinamerikanischen und afrikanischen Kulturkreisen, aber es gilt auch für viele andere. Wie Victor Hugo sehr richtig erkannte, ist Musik eine Ausdrucksform, die über die Sprache hinausgeht und dennoch verlangt, gehört zu werden. Die kulturelle Sprache der Musik entwickelt sich in jeder gesunden Gesellschaft. Sie verhilft einem Menschen zu einer tiefen emotionalen Erfahrung, die ansonsten nicht möglich wäre. Musik verschmilzt verschiedene Teile unseres Daseins und trägt dazu bei, unsere Erfahrungen zu organisieren. Eine der schönsten Erkenntnisse über die Bedeutung der Musik in der Menschheitsgeschichte verschaffte uns der große Musiker, Schriftsteller und Historiker Yehudi Menuhin.

Er befasst sich in seinem Werk *The Music of Man* mit den höheren Funktionen der Musik: »Musik schafft Ordnung aus dem Chaos, denn Rhythmus zwingt die Vielfalt zur Einmütigkeit, Melodie zwingt das Vereinzelte zur Kontinuität, und Harmonie zwingt das Widersprüchliche zur Verträglichkeit.«

In vielen traditionellen Gesellschaften hatte die Musik magische Eigenschaften; sie galt als Mittel, um mit der Welt der Geister in Kontakt zu treten und die Vergangenheit mit der Gegenwart zu verbinden. Wenn sie wie in vergangenen Zeiten zur sozialen und spirituellen Harmonie beitragen kann, besitzt Musik das Potenzial, einen großen Beitrag zum Wohlbefinden der Menschen in einer Gesellschaft zu leisten. Musik kann unser Gefühl, dass das Leben einen Sinn hat, ebenso verstärken wie unsere Wertschätzung für die Schönheit. Für die jüngere Generation unserer Zeit ist Musik im Wesentlichen zu einem sichtbaren Erlebnis geworden, zu dem man sich den Zugang durch Musikvideos und andere visuelle Medien verschafft. Im Bereich der »ernsten« Musik wird heute praktisch kein Komponist von Orchestermusik mehr ernst genommen, wenn seine Werke auch nur den geringsten Anklang an Tonalität, Harmonie oder Melodie enthalten. Ein zeitgenössischer Komponist, dem in den Medien weltweit vor kurzem große Aufmerksamkeit zuteil wurde, lässt in einem seiner »Musikwerke« einen Violinbogen über den Draht eines Zauns im australischen Outback kratzen.

Schon seit mehreren Jahrzehnten entfernt sich die Musik immer weiter von ihren ursprünglichen Zielen und Potenzialen; sie wird zusammenhangloser, aggressiver und zum bloßen Lärm. Dass die heutige Musik so schmerzhaft und dissonant ist, wird häufig damit entschuldigt, dass man sie »zeitgenössisch« nennt. Aber in ihr spiegeln sich die Missklänge und die Verzweiflung, die hinter unserer kulturellen Krise stehen und die Menschen wie die Musik kalt und ziellos machen. Menuhin beklagt, dass historische Musikformen aufgegeben wurden, und schreibt: »Die Tragödie besteht heute darin, dass unsere Kulturen darum wetteifern, möglichst schnell und wirksam das angeborene Gefühl des Menschen für das Gute zu zerstören, jenes Gute, das zu einem Leben mit Ziel, Gerechtigkeit und Ausgeglichenheit gehört.« Die Musik einer Gesellschaft liefert Anhaltspunkte dafür, wie die Emotionen und das Glück der Menschen koordiniert und erlebt werden. Die schreckliche Musik, die heute konsumiert wird, erfüllt keine ihrer früheren Funktionen für die Schaffung positiver Gefühle. Vielfach ist sie deprimierend. Meistens ist sie langweilig. Und manchmal macht sie Angst.

Wenn ich mich frage, in welcher Gesellschaft die Musik noch lebendig ist, fallen mir sofort die Philippinen ein. Dort ist Musik fast nie außer Hörweite, ganz gleich, ob man durch ein Dorf oder durch die Straßen einer Großstadt geht. Aber außer der Liebe zur Musik gibt es noch andere Gründe, warum die Filipinos hier einer Erwähnung wert sind. Glück ist ein hoch geschätzter Teil ihrer nationalen Identität. Im Gespräch behaupten sie sehr schnell, sie seien das glücklichste Volk der Welt. Fred de la Rosa, der Chefredakteur der *Manila Times*, schrieb in einem Artikel mit der Überschrift »Unsere nationale Identität: ein höchst glückliches Volk«, das hohe Glücksniveau sei unter anderem darauf zurückzuführen, dass die Menschen sich über ihr Lebensschicksal freuen könnten.

Es gibt sogar ein beliebtes Sprichwort: »mababaw ang kaligayahan ng mag Pinoy« bedeutet so viel wie »Filipinos kann man leicht erfreuen«. De la Rosa meint dazu: »Wir erwarten nicht viel. Wir denken im kleinen Maßstab.« Ein anderer Ausdruck, den man ständig hört, lautet »ok lang« – das bedeutet »ist schon gut, keine große Sache« und drückt aus, wie man sogar schwierige Situationen auf die leichte Schulter nimmt. Außerdem besitzen die Filipinos einen ausgeprägten Sinn für Humor, der sich bei ihnen als Überlebensstrategie entwickelt hat. Die Menschen auf den Philippinen sind ebenfalls ein Beispiel für ein Volk, bei dem eine verstärkte Fähigkeit zum Glück die Reaktion auf widrige Umstände darstellt, die den Menschen ansonsten vom Glück ablenken würden. Wieder einmal erkennen wir, wie emotionale Widerstandsfähigkeit und die Fähigkeit der Menschen, glücklich zu sein, durch ein gewisses Maß an Mühsal und Entbehrungen gestärkt werden.

Auf den Philippinen mischen sich verschiedene kulturelle Einflüsse auf einzigartige Weise. Die malaiischen Wurzeln sind mit der katholischen Tradition ebenso verschmolzen wie mit den Fiesta- und Siesta-Gewohnheiten der spanischen Eroberer. In anderen Gesellschaften tragen die Menschen ihr Glück vielleicht sichtbarer zur Schau, aber auch die »hartnäckige Fröhlichkeit« der Filipinos, wie sie manchmal genannt wird, ist nicht zu übersehen. In mehreren Umfragen hat sich herausgestellt, dass es auf den Philippinen den größten Prozentsatz »sehr glücklicher« Menschen Asiens gibt. Auch von der Weltspitze waren sie dabei in der World Values Survey nicht weit entfernt.

Nach Ansicht von Filipe de Leon, Professor für Philippinenstudien an der Universität Manila, ist das angeblich besonders hohe Glücksniveau der Filipinos ein echtes Phänomen. Nach seinem Eindruck ist es auf einen Aspekt der dortigen Kultur zurückzuführen, der als »kapwa« bezeichnet wird; das Wort aus der Tagalog-Sprache bedeutet »gemeinsames Sein«. Das Glück der Filipinos ist in allererster Linie ein zwischenmenschliches Glück. Nur selten tun die Menschen dort etwas ganz allein. Erst in Gesellschaft blühen sie auf. Die Gesellschaft auf den Philippinen ist eine der offensten und sozialsten der ganzen Welt, fast das genaue Gegenteil der westlichen Gesellschaft, in der Privatsphäre und das Ziel der persönlichen Entfaltung eine hohe Priorität genießen. Sie unterscheidet sich aber auch von den meisten kollektivistischen Gesellschaften, in denen Stellung und Hierarchie eine große Rolle spielen.

Traditionell unterscheiden die Filipinos nicht zwischen ihrer eigenen Identität und der der Gruppe. Darüber sagt Leon: »Der stärkste soziale Drang des Filipino besteht darin, Verbindungen einzugehen, eins mit anderen Menschen zu werden.« Mit dieser Geisteshaltung sind sie geneigt, alles zu teilen, ganz gleich, wie groß oder klein es ist. Das ist mit Aufwand und Opfern verbunden, aber es erzeugt ein Gefühl der kollektiven

Stärke und macht die Menschen immun gegen Einsamkeit, Entfremdung und die Ängste, von denen eine individualistische Reise durchs Leben begleitet ist. Zusammenfassend sagt Leon über das Glück der Filipinos und das Glück im Allgemeinen: »Zusammensein ist Glück. Das mag sich naheliegend oder sogar banal anhören, sodass man es eigentlich gar nicht erwähnen müsste, wenn nicht so viele Menschen auf der ganzen Welt es vergessen hätten.«

Federico Pascual, ein Altmeister des philippinischen Journalismus, beschreibt in einem Artikel mit der Überschrift »Warum die Filipinos glücklich sind«, wie sich das Teilen auch auf völlig Fremde erstreckt. Selbst der Trend zum »bayanihan« – damit ist gemeint, dass Einzelne in ein anderes Land ziehen, dort Geld verdienen und es nach Hause an die Familie schicken – bezieht sein Motiv daraus, dass man sich eins mit seiner Familie fühlt. Es gilt als Geste der Liebe und als ein weiteres Mittel, der Zusammengehörigkeit Ausdruck zu verleihen. Das Wort bayanihan bedeutet sogar Zusammengehörigkeit.

Häufig hört man, Glück bestehe für die Filipinos darin, bei ihrer Familie zu sein. Die Familie ist eine Art Musterbeispiel für ihre gesamte Kultur. Soziologen gebrauchen manchmal den Begriff »heiliges Familienleben« und meinen damit die tief verwurzelten familiären Werte, die bei den Bewohnern der Philippinen die Grundlage für das persönliche und soziale Wohlbefinden schaffen. In den letzten Jahren ging der Trend allmählich zu einem »säkularen Familienleben«, das stärker an materiellen Erfolg geknüpft ist. Aber das fordert unter Umständen seinen Tribut von dem Glück, auf das die Filipinos so stolz sind.

Wenn es darum geht, herauszufinden, welche Kulturen das Glück stärker begünstigen als andere, stehen wir noch ganz am Anfang. Der gesunde Menschenverstand sagt uns, dass die ersten Befunde zum Teil recht zweifelhaft sind. So kann man beispielsweise nicht ernsthaft glauben, dass es in der Schweiz fast doppelt so viele »sehr glückliche« Menschen gibt wie jenseits der Grenze in Frankreich, oder dass in Spanien fast zweimal so viele »sehr glückliche« Menschen wohnen wie im benachbarten Portugal. Genau das geht aber aus den Ergebnissen der World Values Survey hervor. US-Amerikaner schneiden deutlich besser ab als Kanadier. Großbritannien, das niemals im Ruf einer besonders glücklichen Nation stand, beherbergt fast dreimal so viele »sehr glückliche« Menschen wie Italien, das häufig als Land der Leichtigkeit, Lebenslust und Leidenschaft gilt. Offensichtlich müssen die Methoden noch stark verfeinert werden, wenn man das Glück in verschiedenen Gesellschaften messen will.

Die Daten der World Values Survey kann man ohne Weiteres so korrigieren, dass afrikanische und lateinamerikanische Staaten in der Liste nach unten rücken, während die Spitzenpositionen an andere Länder gehen, die nicht in dem Ruf eines besonders hohen Glücksniveaus stehen. Statt die Staaten anhand des Anteils »sehr glücklicher« Menschen zu vergleichen, entwickelten manche Wissenschaftler eine Formel, mit der Länder bestraft werden, wenn viele ihrer Bewohner sich in die Rubriken »nicht sehr glücklich« und »überhaupt nicht glücklich« einordneten. Wie sich herausstellt, findet man in Gesellschaften mit dem höchsten Prozentsatz »sehr glücklicher« Menschen auch einen größeren Anteil jener, die in die »unglücklichen« Rubriken gehören. Dabei spielt extreme Armut sicher eine Rolle, wichtig ist aber auch, dass die Menschen in vielen nicht westlich geprägten Ländern sich weniger stigmatisiert fühlen, wenn sie zugeben, dass sie nicht glücklich sind. Bei Anwendung der »Unglücksformel« rückte Island an die Spitze, gefolgt von mehreren nordeuropäischen Staaten wie Dänemark, Schweden, den Niederlanden und Norwegen. Zur Spitzengruppe gehören dann außerdem die Schweiz, Irland, Australien und Großbritannien. Venezuela fällt auf den zehnten Platz zurück und Nigeria belegt Rang 37.

Obwohl allen westlichen Konsumkulturen mehr oder weniger die gleichen Wertsysteme zugrunde liegen, ist es nicht ganz fair, sie zusammenzufassen und davon auszugehen, dass alle die gleichen Aussichten auf Glück bieten. Man könnte beispielsweise Haarspalterei betreiben und fragen, warum die Menschen in Island anscheinend geringfügig glücklicher sind als in den Vereinigten Staaten oder anderen Industrienationen. Erstens sollte man festhalten, dass die Lobeshymnen, die auf Berichte über Island als glücklichstes Land der Welt folgten, wenig später durch andere Statistiken verhagelt wurden: Die Presse berichtete, dass Island auch weltweit eines der Länder mit dem höchsten Verbrauch an Antidepressiva ist. Das bestätigte die Vermutung mancher Autoren, dass man es hier mit einem von mehreren depressions- und selbstmordgefährdeten nordeuropäischen Staaten zu tun hat, der bestenfalls auf der Liste für die emotional unangenehmsten Regionen der Erde stehen sollte. Tatsächlich stehen die Bewohner nordeuropäischer Staaten in dem Ruf, besonders ernste Menschen zu sein, die emotional gehemmt sind, solange sie keinen Alkohol getrunken haben, und die auf Effizienz und Pünktlichkeit besonders großen Wert legen. Dies ist zwar so falsch und irreführend wie alle Klischeevorstellungen, es spricht aber auch dagegen, gerade diese Menschen zu den glücklichsten der Welt zu zählen.

Geht man in Island durch die Straßen größerer und kleinerer Städte, so stolpert man nicht gerade über äußere Anzeichen für Glück, wie man es in Teilen Polynesiens oder Afrikas mit ihrer höchst sozialen Form des Glücks erleben würde. Manche Isländer geben selbst an, sie würden am liebsten an ihrer Arbeit und ihren handwerklichen Fähigkeiten gemessen, nicht aber an ihren sozialen und persönlichen Eigenschaften. Andere erklären, es sei ihrem Glück zuträglich, dass die Bevölkerung zahlenmäßig gering, homogen, relativ jung und auf einer Insel beheimatet sei. Nach manchen Umfragen haben sie den höchsten Lebensstandard der Welt. Der Bildungsstandard ist hoch, Analphabeten gibt es nicht. Die meisten Isländer sprechen mehrere Sprachen, sind gut informiert und reisen viel. Kurz gesagt, haben sie eine Menge, worüber sie glücklich sein können.

Zu den Autoren, die sich mit Islands Titel als »glücklichstes Land der Welt« beschäftigt und ihn in Beziehung zu der höchst widersprüchlichen Geschichte und dem Nationalcharakter des Landes gesetzt haben, gehört Aida Sigmundsdottir. Sie macht darauf aufmerksam, dass sich in Island eine besondere Form des Kapitalismus entwickelt hat: Die Menschen fühlen sich nach wie vor stark der sozialen Gerechtigkeit verpflichtet und legen Wert auf Gemeinschaft und Zusammenhalt. Interessanterweise weist sie darauf hin, dass eine Neigung zu Exzessen besteht. Einer davon war lange Zeit der Alkohol. In jüngerer Zeit, so Sigmundsdottir, haben die Isländer eine zunehmend fanatische Einstellung zu Arbeit und Konsum. Im Zusammenhang mit dem stark zunehmenden Materialismus stellt sie fest, dass Isländer geradezu zwanghaft Geld ausgeben und darauf aus sind, immer neue technische Spielereien und Moden ihr Eigen zu nennen. Stets an der Spitze der neuesten Konsumtrends zu stehen, ist zum nationalen Zeitvertreib geworden, der die Isländer zu immer längeren Arbeitszeiten antreibt.

Mittlerweile wächst aber auch in der isländischen Gesellschaft die Erkenntnis, dass die immer stärkere Hinwendung zu Arbeit und Konsum das Wohlbefinden der Menschen gefährdet. Die Unternehmen rechnen inzwischen damit, dass ihre – insbesondere männlichen – Mitarbeiter praktisch rund um die Uhr zur Verfügung stehen. Das führte zu neuen familiären Konflikten und stressbedingten persönlichen Problemen. Sigmundsdottir hat die Hoffnung, dass man Schritte zur Umkehr dieses Trends unternehmen kann, bevor er das Glück der Menschen weiter untergräbt. Aber was sich derzeit mit dem Glück in Island abspielt, ist in vielerlei Hinsicht und in unterschiedlichem Ausmaß typisch für alle Industrienationen, die das Glück nach dem Kriterium des Erfolges definieren. Es hat auf der Insel nur ein bisschen länger gedauert, bis die Auswirkungen sichtbar wurden.

KAPITEL 16

# Berge des Glücks

In den meisten modernen Industrienationen haben wir es zwar mit einem relativ hohen Glücksniveau zu tun, aber erst wenn wir die kleine tibetanische Nation Ladakh kennenlernen, wird uns klar, dass wir bisher nur emotionale Brotkrumen zusammengeklaubt haben. Wer sich ernsthaft mit dem Glück beschäftigen will, sollte mit dem Buch *Faszination Ladakh* von Helena Norberg-Hodge anfangen, das aus erster Hand die Situation in dem Land vor 1980 beschreibt. Es ist einer der vollständigsten Berichte über eine Gesellschaft, die ich als glücklich bezeichnen würde. Nach 1980 haben tief greifende Wandlungen ihr bereits einen großen Teil ihrer Magie genommen, und es besteht kein Zweifel, dass die Ladakhis heute weniger glücklich sind als vor dem Beginn von Erschließung und Tourismus. Aber diese Tragödie kann auch dazu beitragen, dass wir das Glück und seine Zerbrechlichkeit besser verstehen.

Norberg-Hodge studierte fast 20 Jahre lang die Bevölkerung von Ladakh. Sie beschreibt zutiefst glückliche, zufriedene Menschen, die in nahezu vollkommener Einheit mit ihrer unwirtlichen Umgebung lebten. Bevor sie diese faszinierende Gesellschaft kennenlernte, war sie der Ansicht gewesen, Glück werde vorwiegend von genetischen und biologischen Faktoren gesteuert. Aber wie sie in ihrem Buch berichtet, lernte sie während ihres Aufenthaltes in Ladakh, dass die Kultur für die Qualität des Gefühlslebens von viel grundsätzlicherer Bedeutung ist.

Einen wichtigen Beitrag zum außergewöhnlichen Wohlbefinden dieser Menschen leistete eine Gesellschaftsstruktur, in der man gegenüber Kindern und alten Menschen tiefen Respekt empfand; es herrschte ein gesundes Gemeinschaftsgefühl, und es gab keine Kriminalität, keinen Machtmissbrauch, praktisch keine Gewalt oder Aggressionen und keine Armut; vieles wurde geteilt, und eine tief verwurzelte Toleranz verhinderte die meisten gesellschaftlichen Konflikte. Wenn man die Menschen fragte, warum sie sich nie über ihre Nachbarn ärgerten oder von ihnen frustriert waren, erhielt man in der Regel die Antwort: »Wir leben einfach miteinander, das ist alles.«

Wenn doch einmal zwischenmenschliche Spannungen drohten, griff ein Dritter als »spontaner Vermittler« ein und regelte die Angelegenheit, bevor sie sich hochschaukelte. Kinder hatten schon als Fünfjährige gelernt, sich einzumischen und Streitigkeiten zwischen anderen Kindern zu schlichten. Gesellschaftliche Eintracht, Höflichkeit, Mitgefühl, Freundlichkeit, Mitleid, Teilen und Erleuchtung – das waren die Werte, denen die größte Bedeutung beigemessen wurde. Die schlimmste Beleidigung bestand darin, wenn man einen anderen als »jemand, der schnell zornig wird« bezeichnete. Ein Mangel an Stolz galt als Tugend. Nach der Beschreibung von Norberg-Hodge brauchten die Menschen keine zusätzliche Selbstbestätigung, weil ihr Respekt so tief verwurzelt war, dass er nicht infrage gestellt wurde.

Als wichtigster Feind des Glücks galt nach der buddhistischen Tradition das individuelle Ego. Die Namen, die man Kindern gab, spielten häufig auf den Sieg über das böse eigene Ich an. Im Cham-Tanz, einem wichtigen alljährlichen Ereignis im spirituellen Kalender der Ladakhis, wurde das Ego auf dramatische Weise symbolisch getötet.

Ihre Arbeit erledigten diese vorwiegend bäuerlichen Menschen meist gemeinsam, und zwar entweder als große, organisierte Gemeinschaft oder in kleineren, weniger formellen Gruppen, die als *chutso* bezeichnet wurden. Weidetiere wurden gemeinsam gehalten. Jeder besaß sein eigenes Stück Land, aber Privateigentum wurde geteilt, wenn es – insbesondere zur Erntezeit – anderen zum Vorteil gereichte. Auch Zugtiere und Werkzeuge wurden gemeinsam genutzt. Konkurrenz war in dieser Gesellschaft praktisch bedeutungslos. Ihre gesamte Wirtschaft gründete sich auf Kooperation, die sowohl formell als auch formlos organisiert wurde.

Während der viermonatigen Wachstums- und Erntezeit war die Arbeit zwar häufig sehr anstrengend, die Menschen hatten ihr gegenüber aber eine lässige Einstellung und führten sie in einem so gemütlichen Tempo aus, dass Menschen aller Altersstufen mithalten konnten. Bei der Arbeit wurde immer gesungen, und zwar insbesondere ein Lied, dessen Text man mit »mach' es einfach, einfach ist es« übersetzen kann. Die Tätigkeiten wurden mit Lachen und Spielen vermischt. In der Kultur von Ladakh bestand zwischen Arbeit und Spiel keine eindeutige Trennung.

In den restlichen acht Monaten des Jahres waren nur geringfügige Arbeiten notwendig. Sie beschränken sich auf das tägliche Kochen, Wasserholen und die Fütterung der Tiere. Es blieb viel Zeit für die Familie und für gemeinschaftliche Aktivitäten, insbesondere auch für den traditionellen winterlichen Zeitvertreib des Geschichtenerzählens, das junge und alte Menschen gleichermaßen mit allen Aspekten der traditionellen Kultur bekannt machte. In den Familien wurde häufig gemeinsam gesungen; viele Lieder waren dabei spiritueller Natur und bekräftigten die buddhistischen Vorstellungen von Weisheit, Ehrlichkeit und Respekt vor der Natur. Ebenso wurden während dieses langen Abschnitts des Jahres in kurzer Folge alle möglichen Feste gefeiert. Bei den meisten davon spielten Musik, Schauspiel und Tanz eine herausragende Rolle.

Der Impuls zu teilen wurde schon in sehr jungen Jahren sichtbar. Man konnte zusehen, wie ein Kind einen Keks in kleine Stücke brach, um sie an Freunde und Geschwister zu verteilen. Norberg-Hodge berichtet über mehrere Fälle, in denen zwei Kinder sich einen Teller mit Essen teilen sollten und sich beide weigerten, das beste Stück zu nehmen, damit der andere es essen konnte. Die Tradition des Teilens war für die Menschen eine üppige Quelle von Glück und Sicherheit, aber auch ein Mittel, um Anerkennung auszudrücken und zu empfangen.

Die Kinder waren verwöhnt: Sie wuchsen mit unbegrenzter, bedingungsloser Zuneigung und ständigem Körperkontakt auf. Mütter und Kinder waren nie getrennt. Auch andere Mitglieder der Familie oder der Dorfgemeinschaft waren immer zur Stelle und halfen, das Kind zu füttern, zu liebkosen und mit ihm zu spielen. Schon kleine Kinder nahmen an allen Aktivitäten der Erwachsenen teil, auch an Festen, die sich bis spät in die Nacht hinzogen. Die Vorstellung, ein Kind zu einer bestimmten Zeit ins Bett zu bringen, war diesen Menschen völlig fremd. Männer und Frauen beteten die Kinder geradezu an. Selbst halbwüchsigen Jungen war es nicht peinlich, um die Kinder herumzuscharwenzeln. In Ladakh war die männliche Identität der heranwachsenden Jungen durch offen zur Schau gestellte Zärtlichkeit nicht gefährdet.

Einmal erzählte Norberg-Hodge einer Mutter in Ladakh, wie die Frauen im Westen ihre kleinen Kinder eine Zeit lang allein lassen. Daraufhin wurde die Frau tief traurig und bettelte: »Bitte, *atche* Helena, wenn Sie Kinder haben, was auch immer Sie tun, behandeln sie ihr Baby nicht so. Wenn Sie ein glückliches Baby haben wollen, machen Sie es so wie wir.« Allen Berichten zufolge wuchsen die glücklichen Babys von Ladakh zu glücklichen Erwachsenen heran. Die verwöhnten Ladakhi-Kinder neigten nicht zum Narzissmus, sondern sie entwickelten sehr schnell einen eigenen Sinn für soziale Verantwortung, der sie dazu veranlasste, sich schon im Alter von fünf oder sechs Jahren selbst um andere zu kümmern.

Die Mädchen wuchsen zu starken, selbstsicheren, würdigen, lebensfrohen Frauen heran. In ihren Beziehungen zu Männern waren sie selbstbewusst und entspannt. Menschen beiderlei Geschlechts entwickelten sich zu Generalisten, die sich in den verschiedensten Rollen zurechtfanden. Zwischen den Geschlechterrollen gab es nur geringfügige Unterschiede, und ebenso erwuchsen daraus nur geringfügige Spannungen. Durch die gesamte Gesellschaft zog sich ein unverkennbares Gefühl der Gleichberechtigung. Es gab keine »Neidobjekte«, und niemand erlebte Vorbehalte wegen seines Ranges oder seiner gesellschaftlichen Stellung. Selbst die Behörden bestanden aus Bewohnern der Gegend oder Gruppen, die nicht als eine Art Aufseher galten, sondern als Freunde.

Anfangs hatte Nornerg-Hodge den Eindruck, die Lebenslust und die ständig gute Laune der Bewohner von Ladakh seien ein wenig zu schön, um wahr zu sein: »Anfangs konnte ich nicht recht glauben, dass die Ladakhis so glücklich wären wie sie schienen. Ich brauchte lange, bevor ich akzeptieren konnte: Das Lächeln, das ich sah, war echt.« Im Laufe der Zeit lernte sie jedoch die besonderen kulturellen Rahmenbedingungen schätzen, die für ein derart hohes Glückspotenzial sorgten. Darüber schrieb sie: »Die Ladakhis besitzen eine unbezähmbare Lebensfreude. Ihr Sinn für Freude scheint so fest in ihnen verankert zu sein, dass äußere Umstände ihn nicht erschüttern können. Man kann in Ladakh nicht sein, ohne von dem ansteckenden Gelächter überwältigt zu werden.«

Und weiter: »Ich bin niemals Menschen begegnet, die emotional so gesund und sicher scheinen wie die Ladakhis.«

Die im Folgenden zitierte Passage liefert einige Aufschlüsse darüber, welch ausgezeichnete Harmonie in vielen Bereichen ihres Lebens herrschte; sie spricht von einem Glück, das durch das ganze Spektrum der Bedürfnisse von Menschen und Umwelt im Gleichgewicht gehalten wurde: »Die Ladakhis gehören zu ihrem Platz auf der Erde. Sie sind mit diesem Platz verbunden durch die täglichen vertrauten Begegnungen, durch die Kenntnis der nächsten Umgebung mit ihren wechselnden Jahreszeiten, mit den Bedürfnissen und Grenzen. Sie sind sich ihrer Lebenszusammenhänge bewusst, der Bewegung der Sterne, der Sonne, des Mondes, deren Rhythmus vertraut ist und ihre täglichen Tätigkeiten bestimmt.«

Auch der Körper war für die Ladakhis eine Quelle von Wohlbefinden, Lebensfreude und Lust. Fast alle waren sportlich, Über- oder Untergewicht hatte so gut wie niemand. Fettleibigkeit war völlig unbekannt. Männer und Frauen waren kräftig und arbeiteten bis kurz vor ihrem Tod. Die Säuglingssterblichkeit war insbesondere in dem harten Winter relativ hoch, aber nach den schwierigen ersten Lebensjahren erfreuten sich die Menschen eines bemerkenswert guten allgemeinen Gesundheitszustandes. Begünstigt wurde die körperliche Gesundheit durch eine entspannte Lebensweise mit wenig Stress und einem ausgeglichenen Gemütszustand. Die Ernährung enthielt nach heutigen Maßstäben viel zu viel Salz und Cholesterin, und doch litten sie offensichtlich nicht an Herzkrankheiten und anderen Folgen, die dies im Westen hat.

Die seelische Gesundheit der Ladakhis hatte kaum ihresgleichen: Anzeichen für die im Westen so häufigen Neurosen, Depressionen und Angsterkrankungen waren nicht zu erkennen. Die postnatalen Depressionen gab es nicht. Die Menschen erfreuten sich einer inneren Zufriedenheit, die durch äußere Ereignisse nicht zerstört werden konnte. Die engen Bindungen zwischen den Menschen führten dazu, dass sie unter praktisch allen Bedingungen glücklich, ruhig und ausgeglichen waren. Selbst Notlagen, beispielsweise wenn ein großer Teil der Ernte verloren ging, wurden leicht überwunden und entwickelten sich häufig sogar zu einem Anlass für Späße. Norberg-Hodge gelangte zu dem Schluss, Familien in kleinen Lebensgemeinschaften seien die beste Voraussetzung für ausgeglichene, freie, selbstständige, glückliche Menschen: »Eine gesunde Gesellschaft fördert enge soziale Bindungen und wechselseitige Abhängigkeiten, die jeder Person ein Netz bedingungsloser emotionaler Unterstützung gewähren ... Paradoxerweise fand ich die Ladakhis weniger emotional abhängig, als wir es in den Industriegesellschaften sind.«

Dass die Ladakhis durch ihre Kultur vor emotionalen Schmerzen geschützt waren, zeigte sich auch im Zusammenhang mit körperlichen Schmerzen. Als Norberg-Hodge eines Tages zusammen mit einer einheimischen Frau barfuß durch einen vom Schnee gespeisten Gebirgsbach watete, stellte sie zu ihrem Erstaunen fest, dass das eiskalte Wasser ihrer Begleiterin nicht das Geringste auszumachen schien. Als Norberg-Hodge daraufhin sinngemäß rief: »Hm, findest du das nicht kalt?«, hatte die Frau keine Ahnung, was sie mit dieser

Frage überhaupt meinte. Das Wasser war einfach ein Teil ihrer Realität und erforderte als solcher keine kritische Bewertung. Außerdem war sie nicht durch die ständige Vermeidung von Schmerzen schmerzempfindlich geworden.

Welcher Respekt in den Ladakhis verwurzelt war, zeigte sich daran, wie mitfühlend sie mit allen Lebewesen umgingen. Untereinander hielten sie sich mit absoluten Beurteilungen zurück und betonten stets, jede Meinung sei ausschließlich ihre eigene. Fragte man einen Ladakhi, ob der Himmel gewaltig sei, so erhielt man wahrscheinlich eine Antwort nach dem Motto »Ja, so scheint es mir«. Sehr deutlich wurde diese mangelnde Anmaßung in ihrer Verehrung für Tiere.

In Ladakh wurde schon Kindern von klein auf beigebracht, dass niemand das Recht hat, auch nur einem Insekt das Leben zu nehmen, wenn es nicht unbedingt notwendig war. Deshalb suchten sie sich als Nahrungslieferanten nur die größten Tiere aus, denn die Tötung eines einzelnen Lebewesens war mitfühlender, als wenn man viele Leben vernichtet hätte, wie es beispielsweise bei einem Teller voller kleiner Fische der Fall ist. Bei besonderen Gelegenheiten, beispielsweise bei einer Hochzeit, arbeitete niemand auf dem Feld, damit nicht versehentlich ein Insekt oder ein anderes unschuldiges Lebewesen getötet wurde, denn so etwas galt als schlechtes Omen. Musste man ein Tier töten, so wurde zuvor um Vergebung gebetet, und die Menschen äußerten den Wunsch, das Tier möge schnell ins Jenseits eingehen.

Während die Ladakhis also schon sehr sparsam waren, wenn es um die Tötung von Lebewesen ging, herrschte in anderen Lebensbereichen eine mindestens ebenso große Genügsamkeit. Einfaches Leben und ein Sinn für die Naturerhaltung waren für sie eine Quelle der Freude und spirituellen Bereicherung. In der konsumorientierten Industriegesellschaft verbinden wir mit Genügsamkeit negative Assoziationen, statt daran zu denken, dass der Begriff das Wort »genug« beinhaltet. Auch in der Frage, was wir uns unter Glück vorstellen, hat der Begriff der Genügsamkeit jede Bedeutung verloren.

Die Soziologin Elise Boulding, Autorin des Buches *Cultures of Peace*, weist jedoch darauf hin, dass die Konsumethik unseren Aussichten auf Glück in Wirklichkeit einen Bärendienst erwiesen hat, weil sie den Wert einer solchen Bewusstseinshaltung diskreditiert: »*Frugality* (Genügsamkeit) ist eines der schönsten, erfreulichsten Wörter der englischen Sprache, und doch sind wir kulturell weit davon entfernt, es zu verstehen und uns darüber zu freuen. Die Konsumgesellschaft vermittelt uns das Gefühl, Glück bestehe darin, Dinge zu besitzen; dagegen hat sie uns nicht gelehrt, welches Glück es bedeutet, Dinge nicht zu besitzen.«

In der Gesellschaft von Ladakh galt jede Form von Verschwendung als hässlich und grausam. Sie war nicht nur ein Zeichen von Dummheit, sondern auch eine Beleidigung für das Leben. Leben war für die Ladakhis in vielerlei Hinsicht ein Gebet, und darin war die Genügsamkeit eine wichtige Stimme und auch ein Faktor für das Überleben. Die Ladakhis siebten sogar ihr Spülwasser, um kleine Nahrungsbrocken aufzufangen, die man den Tieren geben konnte. So etwas ging über die Überlebensnotwendigkeiten hinaus. Es war ein Ausfluss ihrer Überzeugung, dass die Vermeidung von Abfällen ein Zeichen des Respekts vor dem Leben darstellte, aber auch eine Geste der Freundlichkeit, wie sie von der buddhistischen Religion gepredigt wurde, die sich durch ihr gesamtes Alltagsleben zog.

Wir lächeln vielleicht über die Vorstellung, winzige Nahrungsbrocken zu retten, aber die Ladakhis erlebten selbst dies mit ihrem Sinn für Schönheit. Berichte über Abfall und die Geringschätzung von Ressourcen in den Industrieländern waren für sie völlig unverständlich. Sie nahmen an, es müsse sich um einen Scherz handeln. In einem gewissen Sinn hatten die Ladakhis das erreicht, was manche Visionäre heute als spirituell begründetes »nachhaltiges Glück« bezeichnen und das nach ihrer Vorstellung irgendwann an die Stelle des planlosen Glücks der heutigen Konsumkultur treten muss.

Die tiefe Spiritualität der Ladakhis und die Stärke ihrer sozialen Verbundenheit bewirkten, dass den Rückschlägen des

Lebens die Schärfe genommen wurde. Selbst den Tod überwanden sie leichter als die Menschen in den Industrieländern, wo er zu einem Feind geworden ist, der uns unseren wertvollsten Besitz wegnimmt: uns selbst. Seltsamerweise wurde die Religion in Ladakh mit einer Lässigkeit praktiziert, die ihrer hohen Stellung Hohn zu sprechen schien. Selbst bei einem Besuch des Dalai Lama waren die Menschen nicht derart aufgeregt, wie sie es im Westen bei einer Visite des Papstes gewesen wären. Das lag daran, dass die Religion nicht von ihrem übrigen Leben getrennt war, sodass sie nicht das Bedürfnis empfanden, ihr mit besonderer Theatralik Ausdruck zu verleihen. Religion war nicht in eine Abteilung eingeordnet, die eine Stunde pro Woche aus Melodrama und gesellschaftlicher Verpflichtung bestand, sondern sie zog sich auf subtile Weise durch alle Tätigkeiten von Körper und Geist. Die regelmäßige Meditation war bei einfachen Menschen viel unauffälliger und formloser als die stereotypen Praktiken, die wir im Westen unter diesem Namen kennen. Alles wurde einfach gehalten.

### Schlüssel zum Glück

Einfachheit ist die höchste Form der Verfeinerung.
*Leonardo da Vinci*

Die gesamte Konstellation der kulturellen Werte schien bei den Ladakhis in ihrer Fähigkeit zusammenzufließen, die Dinge so zu nehmen, wie sie waren. Während wir uns von destabilisierenden Komplikationen magnetisch angezogen fühlen, war Einfachheit ein Teil ihrer kollektiven Weisheit. In unserem modernen Streben nach mehr und besser unterschätzen wir häufig, welche Intelligenz es erfordert, einfach zu bleiben. Darauf machte Leonardo da Vinci aufmerksam, als er die Einfachheit als höchste Form der Verfeinerung bezeichnete. Auch E. F. Schumacher beschreibt in seinem Buch *Small is Beautiful*, wie jeder Dummkopf die Dinge größer, komplizierter und gewalttätiger machen kann. Dagegen erfordert es eine geniale Begabung und viel Mut, sich in die umgekehrte Richtung zu bewegen.

Die Katastrophe begann Anfang der Achtzigerjahre des 20. Jahrhunderts, als Ladakh endgültig in die Fänge des Konsumkapitalismus geriet. Seither wurde das Leben der Menschen auch dort immer schneller, anstrengender, komplizierter, konkurrenzorientierter und selbstbezogener. Die Kriminalität erhob mit Macht ihr Haupt. Norberg-Hodge schreibt zu Recht, die moderne westliche Kultur sehe von außen besser aus, als sie sich von innen anfühlt. Aber das mussten die Ladakhis erst selbst erfahren. Nachdem sie Digitaluhren und Fünf-Minuten-Terrinen kennengelernt haben, fühlten sie sich plötzlich im Vergleich dazu arm. Ein Glas Coca-Cola war plötzlich erstrebenswerter als der traditionelle Preiselbeersaft. Enge, überteuerte Jeans fühlten sich besser an als die bequemen Baumwollsaris und die warmen Flanellmäntel. Zum ersten Mal wurde ihre Weltsicht durch Geld und falsche Bedürfnisse geprägt.

Die Regisseure der ersten Entwicklungsstadien in Ladakh machten sich Anfang der Achtzigerjahre Sorgen, der dortigen Kultur könne die psychologische Infrastruktur fehlen, sodass möglicherweise nicht genügend Habgier für eine wachsende Konsumwirtschaft entstand. Im Jahr 1981 erklärte beispielsweise der oberste Entwicklungsbeamte von Ladakh: »Wenn Ladakh sich überhaupt entwickeln soll, müssen wir herausfinden, wie wir diese Menschen habgieriger machen können. Anders kann man sie nicht motivieren.« Aber die Förderer der Habgier triumphierten, und die Habgierwirtschaft machte sich breit. Eine Frau aus der Region legte mit folgenden Worten Zeugnis für den mörderischen Gott ab: »Es ist schrecklich, alle werden so habgierig. Früher war Geld nie wichtig, aber jetzt denken die Leute an nichts anderes mehr.« Die neuen Themen der heutigen Zeit sind Arbeitslosigkeit, die wachsende Kluft zwischen Arm und Reich, der Zusammenbruch des Familienlebens, Umweltverschmutzung, Zersiedelung und unkontrollierte Bautätigkeit. Das alles sind Begleiterscheinungen der üblichen Nutzeffekte von Fortschritt, Technologie und Bildung.

Die Ladakhis sind ein Beispiel für eine Gesellschaft, die uns zwingt, unsere grundlegenden Vorstellungen von Fortschritt, Entwicklung und ihren Auswirkungen auf das Wohlbefinden der Menschen infrage zu stellen. Der Wirtschaftswissenschaftler Ted Trainer nennt die Ladakhis in seinem Buch *What Does Development Mean?* als Beispiel für eine »überlegene Kultur«, in der »notorisch glückliche Menschen« keinerlei Bedürfnis nach Fernsehen, Computern, Autos, Supermärkten, höherem Einkommen oder einer Steigerung des Bruttoinlandsprodukts hatten. Ohne alle diese Fallstricke, so fügt er hinzu, gediehen sie in einer hervorragend entwickelten Kultur, die nicht nur ein reichhaltiges soziales und spirituelles Leben bot, sondern auch eine effiziente, nachhaltige Lebensmittelproduktion und eine entspannte Lebensweise mit üppiger Freizeit für die kleinen Freuden des Alltagslebens. Heute behauptet manch einer, es sei zu spät, aber mittlerweile versucht man in Ladakh mit vielen Projekten dem kulturellen und ökologischen Verfall entgegenzuwirken, der so vielen dieser schönen Menschen das Lächeln vom Gesicht gewischt hat.

Die Kollision zwischen Glück und Modernisierung, die in Ladakh stattgefunden hat, könnte noch den Stoff für viele Bücher liefern. Das Thema soll hier nicht weiter vertieft werden, aber am Ende des Buches von Norberg-Hodge fasst ein kurzer Abschnitt die Tragödie von Ladakh sehr zutreffend zusammen. Während der ersten Jahre ihres Aufenthaltes in Ladakh kamen kleine Kinder, die sie nie zuvor gesehen hatte, zu ihr und drückten ihr Aprikosen in die Hand. Es war einfach eine Geste des Teilens und der Freundlichkeit. Heute dagegen kommen Kinder im gleichen Alter in zerlumpter westlicher Kleidung zu ihr, strecken die leeren Hände aus und hoffen auf ein Trinkgeld. Das Glänzen ist aus ihren Augen verschwunden.

Ladakh war vor 1980 in mehrfacher Hinsicht ein Paradies, und es bot eines der besten Rezepte für emotionales und geistiges Wohlbefinden. Als es den Sündenfall in seiner modernen Version erlebte, begab es sich in jene Gefangenschaft, die zu dem glanzlosen Glück führt, von dem nahezu jeder von uns sein Lied singen kann. Ladakh war aus irgendeinem Grund besonders anfällig für die Kräfte der Modernisierung, und der Niedergang ging schnell vonstatten. Aber es gibt noch einige andere »glückliche Gesellschaften«, und die konnten den Verlust der Glücks, der auf den Kontakt mit dem lächelnden Mörder folgt, teilweise hinauszögern.

KAPITEL 17

# Ozeane des Glücks

Einige besonders glückliche Menschen leben heute in den Dörfern des »Glücksdreiecks«, das von den Samoa-, Fidschi- und Tongainseln gebildet wird. Insbesondere Samoa wird schon seit Jahrhunderten als Gesellschaft des Glücks und der Freude gepriesen. Ich möchte mich hier auf Samoa beschränken, meine Aussagen gelten zum größten Teil aber auch für Fidschi und Tonga, die vieles mit Samoa gemeinsam haben und ebenfalls für ihre glücklichen Menschen bekannt sind.

Meine erste Bekanntschaft mit Menschen aus dem Glücksdreieck machte ich auf einer Reise nach Fidschi. Als ich ankam, mietete ich ein Auto und fuhr in sintflutartigem Regen zu einem abgelegenen Ort auf der Hauptinsel. Da ich nichts mehr sehen konnte, hielt ich am Straßenrand an, wo mich sofort eine Gruppe von Frauen und Kindern begrüßte. Sie lachten und machten Witze, während sie Papayas von einem großen Haufen verkauften. Ich kurbelte das Fenster ein Stück weit herunter, und sofort schlug der Regen herein, aber ich dachte, ich würde ihnen einen Gefallen tun, wenn ich ein paar Früchte kaufte. Im Laufe unserer Unterhaltung versuchte ich zu begreifen, warum sie so überaus glücklich waren. Als ich weiterfahren wollte, sagte ich: »Schreckliches Wetter, oder?« Darauf erwiderte eine der Frauen: »Sega na Lega.«

Ein Stück weiter verstärkte sich der Regen noch mehr, und ich fuhr vor einer Brücke, die einen kleinen, aber reißend angeschwollenen Fluss überquerte, an den Straßenrand. Ich machte mir mittlerweile wirklich Sorgen wegen der Straßenverhältnisse und fragte mich, ob ich es bis zum Abend nach Raki Raki schaffen würde. Dann erhaschte ich zu meinem

Entsetzen einen kurzen Blick auf einen kleinen Jungen, der mit rasender Geschwindigkeit den Fluss hinuntergetrieben wurde. Ich sprang aus dem Wagen, aber dann hörte ich schon lautes Lachen: Eine ganze Gruppe übermütiger Kinder ließ sich den Fluss hinuntertreiben, wobei sich jeder an einem unregelmäßig geformten Stück Styropor festhielt. Kurz danach stand ein Mann neben mir, und ich fragte als Erstes: »Ist das nicht gefährlich?« Daraufhin kicherte er und erwiderte:«Sega na Lega.« Später erfuhr ich, dass dieser Satz ein allumfassendes kulturelles Motto darstellt; er bedeutet so viel wie »kein Problem«. Seit jener ersten Begegnung haben mich meine Erfahrungen mit den Dorfbewohnern der Fidschi-Inseln zweifelsfrei davon überzeugt, dass sie sich des Glücks in einem Ausmaß und einer Qualität erfreuen, die in der westlichen Welt verloren gegangen sind. Noch mehr gilt das vermutlich für die Bewohner von Samoa, die seit jeher für ihr ungeheures Glück bekannt sind.

Schon die ersten Missionare, die in den Dreißigerjahren des 19. Jahrhunderts nach Samoa kamen, spielten in ihren Tagebüchern auf das auffällige Glück der gesunden »Heiden« an, die in malerischen Behausungen zwischen Brotfruchtbäumen und Kokospalmen lebten. Der Missionar John Stair, der sich von 1838 bis 1845 auf Samoa aufhielt, war besonders beeindruckt von dem großen Bedürfnis der Menschen nach Zusammenarbeit und von ihrer Vorliebe für einfache Dinge, die dazu führte, dass die Einheimischen »zutiefst verblüfft über die europäischen Komplikationen« waren. Der einzige Aspekt im Leben der Samoaner, den Stair übermäßig kompliziert fand, waren die ausgefeilten Regeln für den zwischenmenschlichen Umgang, die einen unabänderlichen Bestandteil des Alltagslebens darstellten. Er selbst nahm an, dies müsse für die Einheimischen »überaus lästig und bedrückend« gewesen sein, in Wirklichkeit beobachtete er aber ein Sozialsystem, dem es bis auf den heutigen Tag sehr gut gelingt, das Glück gleichmäßig auf die gesamte Gesellschaft zu verteilen.

Manchmal wird scherzhaft gesagt, man habe in Samoa nie das Problem, den Häuptling oder »Alii« zu finden. Das Problem besteht eher darin, jemanden zu finden, der nicht irgendeine Art von Häuptling ist. Man bringt einander in alltäglichen Unterhaltungen ein üppiges Maß an Respekt entgegen, und die Menschen sprechen sich gegenseitig als »Alii« an, was so viel wie »Herr«, »Fürst« oder »Edelmann« bedeuten kann. Sogar Kinder legen sich gegenseitig solche Titel bei. Sprache und Sitten eignen sich nicht für die Vorstellung von Untergebenen oder von Menschen, die aus der Gemeinschaft ausgeschlossen werden. Dieses unveräußerliche Recht dazuzugehören spielt für das Gefühl des gemeinsamen Glücks, auf dass die Samoaner so stolz sind, sicher eine wichtige Rolle.

Der Schriftsteller Robert Louis Stevenson verliebte sich in das Glück und die Barmherzigkeit der Samoaner, und schließlich lebte er bis zu seinem Tod 1894 unter ihnen. Bei den Einheimischen war er als Tusitala (»Geschichtenerzähler«) bekannt. Stevenson berichtet an vielen Stellen über ihre außergewöhnliche Fähigkeit, alle Aspekte des Lebens zu genießen, und gab den Samoanern den Spitznamen »glückliches Volk«. Häufig wird Samoa sogar als »Motu o fiafiaga« bezeichnet, als »Insel des Glücks«. Andere nennen es »Land ohne Sorgen«. Es dauert nie lange, bis man »Aua le popole ae fiafia« oder »don't worry, be happy« hört – dies war schon das Motto der Samoaner, lange bevor die Worte im Westen populär wurden.

Stevensons Ansichten über das Glück wurden offenbar durch seinen Kontakt mit den Samoanern geprägt. Er sagte einmal: »Keine andere Pflicht unterschätzen wir so stark wie die Pflicht, glücklich zu sein. Wenn wir glücklich sind, tun wir der ganzen Welt etwas Gutes.« Damit versteht er das Glück, das sich in der Gesellschaft Samoas so üppig verbreitet, als eine Art soziale Verpflichtung, die der ganzen »Familie« einen Nutzen bringt.

Wenn man Samoaner bittet, ihr hohes Maß an kollektivem Glück zu erklären, steht immer sofort das Wort »aiga« (»Familie«) im Raum. Ein Sprichwort der Inselbewohner besagt sinngemäß: »Es gibt keinen anderen Platz auf der Welt als die Familie.« »Aiga« ist für die Samoaner von herausragender psychologischer Bedeutung. Es ist eine umfassende Kraft, die als Quelle von Lebenssinn, Kontinuität, Zugehörigkeitsgefühl und Sicherheit erlebt wird. Die starke kulturelle Betonung des Glücks gründet sich letztlich darauf, dass man eine glückliche »aiga« oder Familie hat.

Auf Samoa ist die Familie eine viel tiefer verwurzelte, umfassendere Institutionen als ihr dürftiges Gegenstück, das in der Konsumkultur an einem seidenen Faden hängt. Der Begriff ist vielschichtig: Aiga ist einerseits die unmittelbare Großfamilie, andererseits aber auch das nu'u (Dorf) und die Gemeinschaft aller Samoaner auf der Insel und in anderen Ländern. Kinder können schon in jungen Jahren die »gafa« beschreiben, die Genealogie ihrer Familie auf mütterlicher und väterlicher Seite. Sie werden sehr schnell mit Geschichten und Legenden vertraut gemacht, die mit der Familie, dem nu'u und der samoanischen Nation zu tun haben. Diese traditionellen Erzählungen, die man »fagogo« nennt, werden in der Regel nachts erzählt und sind von Gesängen begleitet. Sie gelten als wichtiges Mittel, mit dem den Kindern eine ethische Sensibilität eingepflanzt wird.

In diese Struktur der Großfamilien haben Elemente von Konkurrenz oder Habgier bisher kaum Eingang gefunden. Man teilt sogar mit Menschen, die nicht unmittelbar zur Familie gehören. Ein guter Fischzug wird beispielsweise häufig auch an andere Mitglieder der Gemeinschaft verteilt, wobei zuerst diejenigen bedacht werden, die einen besonderen Bedarf haben.

Auch wenn man sich im Ausland aufhält, ist man nicht aus der Familie ausgeschlossen, selbst wenn die Entfernung groß ist. In Neuseeland, wo eine große samoanische Minderheit lebt, ist es allgemein üblich, quer durch das ganze Land zu reisen, um am Begräbnis eines verstorbenen Samoaners teilzunehmen, auch wenn man über die betreffende Person nicht mehr weiß, als dass sie zur weltweiten samoanischen aiga gehört hat.

Wenn ein Samoaner durch ein Dorf geht, wo man ihn nicht kennt, hört er meist sehr schnell die Worte »sau e ai« oder »s'us'u mai e taumafa«. Das Erste ist die formelle, das Zweite die formlose Einladung »Komm' und iss mit uns«. Sie wird Fremden und Freunden gegenüber gleichermaßen ausgesprochen. Mir haben Samoaner erzählt, dies könne so häufig geschehen, dass man in jedem Haus nur wenig zu sich nehmen darf, damit man nicht satt ist und einen anderen beleidigt, weil man von seinem Essen nichts mehr nehmen kann.

Glück gilt in Samoa als großes Ereignis. Einer alten Tradition zufolge erhalten Kinder ihren Namen nach solchen Ereignissen, und deshalb stellt man fest, dass ziemlich viele Menschen in Samoa den Namen Fiafia tragen, was nichts anderes als »glücklich« bedeutet. Wenn Samoaner das Glück beschreiben, hört es sich nicht nach dem persönlichen Glück einzelner Personen an, an das wir im Westen denken. Sie meinen damit eher eine Art gemeinsame Feier.

Einer der Samoaner, die ich über ihren Vorsprung in Sachen Glück befragte, war der Reverend Sa'ai'u Ale Palelei, ein methodistischer Geistlicher, der die einzigartigen Grundlagen des samoanischen Glücks ausgezeichnet einschätzen konnte. Er berichtete mir, wie die Bewohner der Insel sehr häufig gruppenweise zusammenkommen, um sich gegenseitig glücklich zu machen. Darin liegt wahrscheinlich der Schlüssel zum Glück der Samoaner: Das eigene Glück ist unauflöslich verknüpft mit dem Glück der anderen oder mit der Möglichkeit, andere glücklich zu machen.

In der Kultur selbst haben sich formelle Gruppenaktivitäten entwickelt, beispielsweise der »Faa Tau Pati« oder »Klatschtanz«, der ursprünglich ein Mittel war, um sich gegenseitig aufzuheitern. Wie der Reverend Pelelei betonte, sind Samoaner jederzeit bereit, ihr Haus auf den Kopf zu stellen oder den Garten verwüsten zu lassen, solange eine Besuchergruppe dabei glücklich ist und ihre Freude hat. Aber solche Gruppenfeste haben nicht den gleichen Beigeschmack wie eine Party in der modernen abendländischen Kultur, bei der betrunkene

Bekannte irgendwann in Schauspielerei und Exhibitionismus verfallen. Sie erinnern vielmehr an eine spirituelle Erweckung, die viel mit Freude und Dankbarkeit zu tun hat.

An dieser Stelle liegt ein weiterer Schlüssel zum Verständnis des Glücks der Samoaner. Es ist nicht nur untrennbar mit Familie und Gemeinschaft verbunden, sondern man kann es auch von der Religion nicht trennen. Fragt man Samoaner, welcher Anteil der Bevölkerung bei ihnen religiös ist und regelmäßig in die Kirche geht, so erhält man immer die gleiche Antwort: »Alle.« Das mag ein wenig übertrieben klingen, aber es stimmt. Die Religion ist nach Aussagen der Samoaner der Kitt, der alle Institutionen und Praktiken zusammenhält, so dass ihre besondere sozial-spirituelle Version des Glücks möglich wird. Viele von ihnen sind übereinstimmend der Ansicht, dass sie ohne ihre starke religiöse Überzeugung weder Motu noch fiafiaga wären.

Im Jahr 1963 wurde die berühmte Anthropologin Margaret Mead gefragt: »Haben Sie irgendeine Gesellschaft kennengelernt, in der die Menschen offenkundig deutlich glücklicher sind als in anderen Gesellschaften?« Darauf antwortete sie: »Eine glückliche Gesellschaft müsste so aussehen wie in Samoa.« Ihr Buch *Kindheit und Jugend in Samoa* wurde zwar kritisiert, weil sie mit ihren nicht gerade vorbildlichen Forschungsmethoden zu dem Schluss gelangte, die Samoaner würden als Jugendliche anders als im Westen nicht an Stress und sexuellen Blockaden leiden, aber sie hatte sicher recht mit ihrem Eindruck, dass Samoa als Gesellschaft unverhältnismäßig starke positive Gefühle hervorbringt. Noch heute ist deutlich zu erkennen, was Mead meinte, als sie von der »angenehm milden Lebensweise« sprach und eine Gesellschaft beschrieb, die »Wert auf ein anmutiges, leichtes, unbestimmtes Gefühlsleben legt und eine entspannte Abhängigkeit von zuverlässigen sozialen Umgangsformen pflegt«. Aufgrund solcher Beobachtungen war sie überzeugt, dass die Kultur Samoas dem Glück, der Zufriedenheit und »einem Höchstmaß an geistiger Gesundheit ihrer Mitglieder« zuträglich war.

Manchmal wurde die Frage gestellt, warum die Menschen auf Samoa anders als die Bewohner von Ladakh und viele andere Opfer von Fortschritt, Entwicklung und Technologie auch angesichts der Modernisierung relativ glücklich bleiben konnten. Interessanterweise hatte Margaret Mead bereits in den Zwanzigerjahren des 20. Jahrhunderts festgestellt, dass es in der Kultur der Samoaner offensichtlich eine Weisheit gab, mit deren Hilfe sie die schädlichen Elemente anderer Kulturen ausfiltern konnten und sich nur jene zu eigen machten, die ihrem eigenen Leben nützten. Am Ende ihres Buches schreibt Mead, die Samoaner hätten sich nur solche Elemente unserer Kultur angeeignet, die ihr eigenes Leben angenehmer und ihre Kultur flexibler machten, und den Gottesbegriff hätten sie ohne die Lehre von der Erbsünde übernommen.

Anfang der Achtzigerjahre des 20. Jahrhunderts war die Kultur Samoas ernsthaft bedroht: Die Massenmedien erzeugten ein anderes Bewusstsein für alle Dinge, die »palangi« waren und von den Weißen kamen. »Palangi« ist auch heute noch ein Thema, mit dem sich die Samoaner auseinandersetzen müssen, aber in ihrer Kultur ist anscheinend etwas in Gang gekommen, was manchmal als »reaktionär« bezeichnet wird: Die Menschen vergleichen kulturelle Angebote, die von außen kommen, kritisch vor dem Hintergrund ihres Nutzens oder ihrer Nutzlosigkeit für die samoanische Gesellschaft. In den Industrieländern halten wir uns in der Regel für »hoch entwickelt«, aber auch wir geraten immer wieder unter Druck durch eine Entwicklung, die weitreichende Auswirkungen auf unser Glück hat. Meist hatten wir dazu eine passive, unkritische Einstellung. Möglicherweise können wir aber viel daraus lernen, wie beispielsweise die Bevölkerung Samoas sich aus dem Schlechten das Gute heraussucht und alles ablehnt, was ihren Aussichten auf fiafiaga im Wege steht.

KAPITEL 18

# Die Zukunft des Glücks

In den kommenden Jahren werden wir etwas Wichtiges lernen und lehren müssen: Es gibt verschiedene Formen von Glück, die man anhand ihrer Qualität beurteilen kann. Die Konsumkultur bereitet die Menschen nicht darauf vor, nach einem konstruktiven Glück zu streben, das ihnen etwas gibt und sie in der Welt wichtiger macht. Von dem falschen Glück ausgefüllt zu sein, ist schlimmer, als überhaupt kein Glück zu besitzen, denn dieses falsche Glück muss erst einmal verlernt werden, bevor man sich weiterentwickeln und zu einem wertvollen Glück gelangen kann. Im Konsumzeitalter leben wir wie die Diebe: Wir stehlen unser Glück auf eine Weise, die nicht nachhaltig ist – weder für den Einzelnen noch für die physische Umwelt, auf die wir mit unserem Leben angewiesen sind.

Auch wenn es den meisten Menschen noch nicht klar ist: Was das Konsumentenglück angeht, sind wir am Ende des Weges angelangt; es ist ein oberflächliches Glück, das die Menschen von ihrem grundlegenden Wesen entfremdet hat. Wir befinden uns in einem Meer von Glück, das sofort austrocknen würde, wenn wir den Stöpsel in Form von Fernsehgeräten und Einkaufspassagen herausziehen oder wenn wir uns die Arbeit wegnehmen, die so viele Menschen emotional ernährt. Wir sind in der Menschheitsgeschichte an einem entscheidenden Punkt angelangt: Die Menschen von morgen müssen das Glück auf gesündere Weise finden als heute.

Der berühmte humanistische Psychologe Carl Rogers schrieb im höheren Alter, wie wichtig es sei, ein »Mensch von morgen« zu werden, um zu einem Glück zu gelangen, das dem Glück der Konsumgesellschaft überlegen ist. Interessanterweise erklärte er, man werde das Glück von morgen vermutlich ganz anders erleben als das heutige Glück. Der Mensch von morgen hält sich selbst vielleicht nicht einmal für besonders glücklich, weil er eine wachstumsorientierte Sichtweise für das Leben hat und ein gutes Leben nicht für einen Endzustand der Zufriedenheit oder des Nervenkitzels hält, sondern für einen fortlaufenden Prozess.

Das Glück des Menschen von morgen ist nach Rogers' Überzeugung das Produkt einer ständigen Bewegung in Richtung von Fürsorge, Authentizität, Ganzheit, Intimität und Aufgeschlossenheit. Es stellt sich auch ein, wenn man die Ehrfurcht vor der Natur kultiviert, sich über die geringe Bedeutung materieller Dinge klar wird, eine gesunde Skepsis gegenüber der Technik und Wissenschaft als Vorboten des Glücks entwickelt und die eigene spirituelle Sensibilität erweitert. Aber ein solches Glück ist in seinen Augen nur möglich, wenn der Einzelne die höchste Autorität in sich selbst sucht und zu einem Gegner von Institutionen wird. Damit ist letztlich gesagt, dass echtes Glück in der heutigen Welt eine Form des Protestes darstellt. Es ist bei Weitem nicht nur eine intellektuelle Alltagsentscheidung, sondern eine revolutionäre Reaktion, die vom Menschen verlangt, Zweifel zu hegen und die Normen seiner umgebenden Kultur infrage zu stellen.

Unter gesunden kulturellen Voraussetzungen wäre es nicht notwendig, ein sogenanntes »bewusstes Leben« zu führen und sich aktiv gegen Bedrohungen für das emotionale Wohlergehen zur Wehr zu setzen. Aber heute spricht eine wachsende Minderheit von der Notwendigkeit, sich selbst und die eigenen Kinder vor der Gesellschaft zu schützen, um auf diese Weise ein erfüllendes Glück zu finden. Glück auf diese Weise zu erlangen, erfordert ein gerüttelt Maß an Entschlossenheit, wie es immer verlangt wird, wenn man in einer kranken Gesellschaft gesund bleiben will. Dennoch kann der Schutz vor der Gesellschaft für Menschen, die hochwertiges Glück anstreben, immer nur eine kurzfristige Lösung sein.

## Schlüssel zum Glück

Glück ist wie die Paläste in Märchen,
deren Eingang von Drachen bewacht wird:
Wir müssen kämpfen, um es zu erobern.
*Alexandre Dumas*

Diese Worte des französischen Dramatikers und Romanciers Alexandre Dumas stammen aus dem 19. Jahrhundert, aber sie waren nie aktueller als heute. Man kann den Drachen der Konsumkultur nicht töten, indem man sich seinen Normen unterwirft. Glück setzt in der heutigen Zeit ein Stück Anormalität voraus, auch wenn das bedeutet, dass man selbst spürt, wie anders man ist.

«Milieustörung« – das hört sich nicht gerade nach einer zutreffenden Beschreibung für das Glück an. Aber es ist klug, sich nicht den Normen zu fügen, die uns vom echten Glück fernhalten. Eine Gesellschaft, in der materielle Dinge die Herrschaft über die Menschen gewinnen können, hat einen tödlichen Fehler und ist blinden Gehorsams nicht würdig. Erich Fromm beschrieb in seinem Buch *Die Furcht vor der Freiheit*, welcher Ungehorsam vom Menschen verlangt wird, wenn die Gesellschaft nach den Maßstäben unserer grundlegenden Menschlichkeit krank ist. Dann, so Fromm, werden die Menschen nicht dadurch gesund, dass sie sich an die Gesellschaft anpassen, sondern die Gesellschaft muss sich an die Menschen anpassen. Solange die Gesellschaft sich nicht als Projekt der Menschen neu erfindet, sondern nur eine wirtschaftliche Institution darstellt, werden Glück und geistige Gesundheit davon abhängen, dass wir uns gegen die Normalität zur Wehr setzen.

Eine große Stärke der radikalen Konsumkultur ist die Fähigkeit, neuen Reichtum hervorzubringen, aber genau das wird auch sehr schnell zu unserer größten Schwäche. Das Wirtschaftswachstum ist nicht von einem angemessenen Wachstum der Klugheit begleitet, die uns sagen würde, wie wir den Wohlstand sinnvoll nutzen. Ohne diese Klugheit können sich mit der Vermehrung des Wohlstandes sehr schnell auch die bereits vorhandenen Probleme vermehren, die uns im Konsumzeitalter quälen. Viele Menschen ertrinken vor Durst in einem Süßwassersee, und paradoxerweise ist es häufig gerade ihr Reichtum, der sie in die Tiefe zieht. Was sie wirklich brauchen, ist eine neue Art, reich zu sein.

In den vergangenen Jahren hat der kleine tibetanische Staat Bhutan der übrigen Welt mit symbolischen Gesten gezeigt, wie schädlich sich radikales Konsumdenken auf die Qualität des gesellschaftlichen und spirituellen Lebens sowie auf die Gesundheit der weltweiten Ökosysteme auswirkt. Dort folgte man nicht der üblichen Gewohnheit, das Glück der Menschen mit ökonomischen Maßstäben zu messen, sondern man machte das »Bruttoglücksprodukt« zum offiziellen Maß für Gesundheit und Wohlergehen der Gesellschaft. Dies veranlasste mehrere Autoren dazu, das Glück neu zu bewerten und als kulturelles Produkt zu betrachten, das sich durch umfassende gesellschaftliche und politische Veränderungen beeinflussen lässt.

Ed Diener und Martin Seligman, zwei angesehene Experten auf dem Gebiet der Glückstheorie, vertreten die Ansicht, moderne kapitalistische Gesellschaften sollten die derzeitigen, wirtschaftlich begründeten Methoden zur Definition des sogenannten guten Lebens neu überdenken. In der Zeitschrift *Psychological Science in the Public Interest* dringen sie in einem Artikel mit der Überschrift »Beyond Money: Toward an Economy of Well-Being« (»Jenseits des Geldes: auf dem Weg zu einer Wirtschaft des Wohlbefindens«) darauf, Staaten und Politiker sollten neue Maßstäbe für das persönliche Wohlbefinden einführen, die als Maß für die Grundbedürfnisse des Menschen in Konkurrenz zum Dow-Jones-Index, Leitzinsen, Konsumklimaindizes und der Rolle des Geldes treten sollten. Was wir brauchen, so Diener und Seligman, sind neue Beurteilungskriterien für seelische Gesundheit, zwischenmenschliche Beziehungen, zwischenmenschliches Vertrauen, Gemeinschaftssinn, Lebensmotivation, Vorbeugung gegen Langeweile,

Lebenssinn und Lebensziele sowie das umfassende Gefühl, dass das Leben ein lohnendes Erlebnis ist.

Solche Visionen sind von größter Bedeutung in einer Zeit, in der wirtschaftliche Kräfte im Begriff stehen, alle anderen Daseinsgründe zu überschatten. Aber die Regierungen sind die größten Akteure in der Verschwörung der Glücksverhinderer. Sie haben gewaltige Investitionen in die Habgierwirtschaft und das konsumorientierte »Glück« gesteckt. Deshalb werden politische Veränderungen, die auf ein menschenfreundliches Glück abzielen, mit ziemlicher Sicherheit auf erbitterten Widerstand stoßen. Damit liegt der Schwarze Peter wieder beim Einzelnen, der sein Glück auf dem Weg über die Rebellion suchen muss.

Hier und da bilden sich mittlerweile Gruppen mit dem Ziel, die Normen der Konsumkultur aktiv infrage zu stellen. Manche davon verfolgen einen Kurs der »Kulturverweigerung«; er zielt auf die Medien, die uns mit ihrer erbarmungslosen Flut von Botschaften ständig sagen, wir sollten das Glück durch die Befriedigung falscher Bedürfnisse finden. Kalle Lasn schreibt beispielsweise in seinem Buch *Culture Jamming*, Glück sei in den Vereinigten Staaten nahezu unmöglich geworden, weil diese kein Staat mehr seien, sondern eine Billion-Dollar-Handelsmarke. Und er fügt hinzu: Da echtes Glück eine ethische Grundlage haben muss, ist es noch schwieriger zu erreichen, weil der Konsumkapitalismus von seinem Wesen her unethisch ist – eine Ansicht, die auch in den Äußerungen anderer besorgter Gesellschaftsforscher widerhallt.

Wenn man sagt, dass die derzeitigen Lebens- und Glücksformeln nicht nachhaltig sind, ergibt sich daraus automatisch die Folgerung, dass sich die totale Katastrophe nur durch kulturellen Wandel vermeiden lässt. Aktivisten, die auf einen solchen Wandel hinarbeiten, spielen eine kleine, aber nützliche Rolle: Sie beschleunigen die unvermeidlichen Korrekturen, denen die selbstzerstörerische Konstruktion unserer Kultur unterworfen werden muss. Die Regierungen der Industriestaaten haben bisher viel zu zögerlich die Gesetzesänderungen in Angriff genommen, die dazu beitragen würden, den ständigen Anstieg der gesellschaftlichen und ökologischen Probleme sowie der seelischen Gesundheitsstörungen aufzuhalten. Um nur ein kleines Beispiel zu nennen: Sie waren bisher nicht in der Lage, der ständig wachsenden Zahl verschwenderischer, umweltschädlicher allradgetriebener Geländewagen auf unseren Straßen etwas entgegenzusetzen. Die Folge ist, dass Milliarden Tonnen Erdöl vergeudet werden. Ständig werden Umweltschutzgesetze gelockert, damit die Ölkonzerne noch die letzten urtümlichen Wildnisgebiete ausbeuten können.

Das heutige Glück der Konsumenten ist zu einem beträchtlichen Teil vom Öl abhängig. Den Ölhahn auch nur um 25 Prozent zu schließen, würde für das Wohlbefinden und die »Lebenszufriedenheit« der Menschen einen schweren Schlag bedeuten. Aber paradoxerweise sieht manch einer im Ende des Ölglücks eine positive Entwicklung, weil es eine neue Form von Glück mit sich bringen könnte, die stärker unseren menschlichen Eigenschaften entspricht. Die Argumentation dabei lautet: Da es für den Umgang mit der bevorstehenden weltweiten Ölkrise keine politischen und wirtschaftlichen Mechanismen gibt, wird eine beispiellose wirtschaftliche Depression die Menschen aus ihren allradgetriebenen Autos und Verkehrsstaus reißen und auf die Bürgersteige oder auf das Fahrrad zwingen. Man wird wieder miteinander sprechen und Geschichten erzählen, weil die arbeitssüchtigen Massen gezwungen sind, zum normalen Rhythmus der zwischenmenschlichen Beziehungen zurückzukehren.

Aus den Ruinen, die nach dieser gewaltigen Umwälzung übrig bleiben, könnte eine einfachere, weniger arbeitsorientierte Lebensweise erwachsen, die gerade wegen ihrer »Armut« dem Glück dienlicher ist. Eine langsamere, ölfreie Welt könnte sogar zur kollektiven Ausrede für den Aufstieg einer Ethik des Müßiggangs werden, die an die Stelle der erbarmungslosen Arbeitsethik tritt. Dies wäre möglicherweise zumindest teilweise die Verwirklichung der idealen Gesellschaft, die Bertrand Russell in seinem Werk *Lob des*

*Müßiggangs* beschreibt. Nach seiner Ansicht führt der Weg zu Glück und Wohlstand über eine organisierte Verminderung der Arbeit. Welche Bereitschaft zu kreativem Müßiggang sich in den modernen Menschen angestaut hat, erkennt man an der ungeheuren Beliebtheit des kürzlich erschienenen Buches *Anleitung zum Müßiggang* von Tom Hodgkinson. Darin setzt er sich für einen allgemeinen Lebensstandard ein, bei dem jeder durch Nichtstun glücklich sein kann. Auf einem solchen Fundament lässt sich ein Leben voller Fantasie, Liebe und Spiel aufbauen.

Ein Autor, der sich schon seit Jahren mit dem Zusammenhang zwischen Erdöl und Konsumentenglück beschäftigt, ist Jan Lundberg, ein früherer Analyst aus der Ölbranche, der das Sustainable Energy Institute gründete. Derzeit leitet er eine internationale Gruppe, die sich für kulturellen Wandel einsetzt (www.culturchange.org). Lundberg erkannte, dass vieles von dem, was wir heute Glück nennen, durch das bevorstehende, relativ plötzliche Ende der fossilen Brennstoffe zerstört werden wird. Derzeit befinden wir uns in dem Stadium des Leugnens, das dem Zusammenbruch vorausgeht: Die Menschen haben zwar ein wenig Angst, klammern sich aber noch an materielle Hoffnungen und technische Illusionen, um daraus ihre emotionale Unterstützung zu beziehen. Da wir auf den Übergang zu einer erdölfreien Welt nicht vorbereitet sind, prophezeit er eine beträchtliche Zeitspanne mit extremen Konflikten und kultureller Orientierungslosigkeit.

Die heutige Form des Glücks ist in Lundbergs Augen mehr oder weniger überholt, denn vieles davon spielt sich vor dem Hintergrund der Konsumausgaben und einer bedrückend beherrschenden Rolle des Erdöls ab. In seinem Aufsatz »The Awakening of the Downtrodden« (»Das Erwachen der Unterdrückten«) vergleicht er uns mit Tieren, die in die Ecke gedrängt wurden, sodass ihnen als Ausweg nur die »rebellische Vision« bleibt. Diese, so Lundberg, kann uns wieder mit der Freiheit und einer menschlicheren Daseinsweise in Kontakt bringen, selbst wenn das bedeutet, dass wir in mancherlei

Hinsicht zu den Lebensformen unserer jagenden und sammelnden Vorfahren zurückkehren müssen.

Das Alternativ-»Ökotopia«, das den Prophezeiungen mancher Zukunftsforscher zufolge in einer Welt ohne Öl an die Stelle des Konsumentenglücks treten soll, würde uns eher in jene Regionen und zu jenen Freuden führen, die sich einstellen, wenn die Natur zur wichtigsten Quelle des Lebenssinnes wird. Eine solche humane Umwälzung ist aber unmöglich, wenn unser Planet so überbevölkert ist wie zurzeit. Die Überbevölkerung ist die größte Gefahr für das Wohlergehen der Menschen und für die Aussichten auf zukünftiges Glück. Das Ende der von fossilen Brennstoffen geprägten historischen Phase würde einen Prozess der gesellschaftlichen Evolution in Gang setzen, durch den sich die Zahl der Menschen, die auf der Erde leben, drastisch vermindert.

Bisher wächst die Weltbevölkerung mit mörderischer Geschwindigkeit. In den kommenden zehn Jahren soll sie den Voraussagen zufolge noch einmal um fast eine Milliarde Menschen zunehmen. Aber Vorboten dessen, was vor uns liegt, sind bereits zu erkennen: In einigen Regionen, insbesondere in den Staaten Europas, schrumpft die Bevölkerung. Das ist eine positive Entwicklung, aber wir sind derart in einer wirtschaftlichen Definition unseres Wohlergehens gefangen, dass die Regierungen sich Gedanken darüber machen, wie man den Trend umkehren kann. Die deutsche Regierung erklärte es beispielsweise zu einem ihrer wichtigsten Ziele, die Menschen zu motivieren, damit sie mehr Kinder bekommen und die Wirtschaft retten. Aber das ist vollkommen nutzlos, denn stromlinienförmige Familien werden in Zukunft die Regel sein. Damit wird auch das Glück selbst zwangsläufig einfacher und stromlinienförmiger.

Am Ende seines Buches *Darwinian Happiness* zeichnet Bjørn Grinde ebenfalls eine utopische Vision des zukünftigen Glücks, die vor allem von einem Bevölkerungsrückgang ausgeht. In seinen Augen stehen zwei genetisch bedingte Veranlagungen der »paradiesischen Gesellschaft«, die sich ideal für das Glück der Menschen eignet, im Wege: Fortpflanzung und Egoismus. Aber Grinde macht sich ernste Sorgen, unsere moderne Gesellschaft könne im Begriff stehen, unseren gesamten Planeten zu einer »biologischen Müllkippe« zu machen, die der Hölle stärker ähnelt als dem Paradies. Er vergleicht die heutigen Gesellschaften mit einem Zoo und vertritt die Ansicht, man könne nicht zu einem wahrhaft menschlichen Glück gelangen, wenn man sich den derzeitigen kulturellen Zoowärtern unterordnet, die für den fortgesetzten gesellschaftlichen Zusammenbruch verantwortlich sind. Unter anderem betonte er, wie wichtig es ist, dass wir uns stärker auf unseren freien Willen verlassen und uns bemühen, zu uns selbst und zu einem »darwinistischen«, lebensspendenden Glück zurückzufinden.

Die Zukunftsforscher, nach deren Prophezeiungen das Glück der Menschen keine andere Wahl hat, als grüner und nachhaltiger zu werden, nennen manchmal die traditionelle Kultur der Mennoniten als Vorbild für das Glück von morgen. Die Mennoniten, zu denen als besonderer Zweig auch die Amish gehören, lehnen Fortschritt und Modernisierung ab. Diese Gruppen fanden in den vergangenen Jahren bei Psychologen und Glücksforschern große Aufmerksamkeit. Wie sich herausstellte, findet man bei Mennoniten der »Old Order« regelmäßig eine besonders niedrige Häufigkeit von Depressionen, Selbstmorden, Suchterkrankungen, Ehekonflikten und Ehescheidungen. Im Jahr 2002 untersuchten Wissenschaftler des Canadian Institute for Health Information die körperliche Gesundheit traditionell-mennonitischer Kinder; dabei stellte sich heraus, dass sowohl Jungen als auch Mädchen deutlich fitter, schlanker und kräftiger waren als Kinder, die in der normalen kanadischen Kultur aufgewachsen waren. Der Unterschied in der Kalorienaufnahme zwischen der traditionellen Lebensweise der Mennoniten und der modernen Kanadier entsprach den Berechnungen zufolge einer Körperfettmenge von 19 Kilogramm pro Kopf und Jahrzehnt.

Im Gegensatz zur Ökonomie der Habgier, in der das Bewahren als Gefahr gilt, beruht die Wirtschaft der Mennoniten genau auf dieser Grundlage. Jede Art von Verschwendung wird ausdrücklich abgelehnt. Die Umweltverschmutzung pro Kopf summiert sich nur auf einen geringen Anteil dessen, was ein moderner Konsument verursacht. Geiz und Konkurrenzkonflikte gibt es so gut wie nicht.

Mennonitenfamilien sind umfangreiche Sippen, die eng zusammenhalten und allen Mitgliedern unabhängig vom Alter eine große Sicherheit geben. Die Gemeinschaft kümmert sich in Krisenzeiten um alle ihre Mitglieder und macht damit eine Versicherungswirtschaft sinnlos. Armut, Verbrechen und Gewalt sind unbekannt. Indem die Mennoniten das Land in den Mittelpunkt ihrer Bemühungen stellen, vermeiden sie die emotionalen Schäden, die von entmenschlichten Unternehmen, Fabriken, technologischem Aufwand und dem Erklimmen von Karriereleitern ausgehen. Die Kinder entgehen dem Schicksal, durch Fast Food und passive Computerspiele dick zu werden und geistig abzustumpfen. Schulbildung wird lokal und in kleinem Maßstab vermittelt, was den Kindern jene abgestumpfte Form des Lernens erspart, die nur darauf angelegt ist, geeignete Klone für den Wettbewerb zu erzeugen. Die gesamte Tätigkeit der traditionellen Mennonitengesellschaften spielt sich unter dem Dach einer Spiritualität ab, die ihrer bescheidenen, nachhaltigen und ethisch begründeten Lebensweise ein Fundament gibt.

Was also geistige Gesundheit, körperliches Wohlbefinden und die Sorge um unseren Planeten angeht, sind die Mennoniten mit Sicherheit überlegen, aber sind sie auch glücklich? Nach Ansicht der Wissenschaftler ist das der Fall. Mennoniten berichten regelmäßig über ein sehr hohes Glücksniveau. Schlagzeilen machten sie auch, als sich herausstellte, dass sie mit dem Leben ebenso zufrieden sind wie die Überflieger in der »Forbes 400«-Liste der reichsten Menschen. Natürlich besteht ein himmelweiter Unterschied zwischen ihrem bescheidenen Glück und ihrer Zufriedenheit auf der einen Seite und dem der gefeierten Wirtschaftslenker auf der anderen, deren Gefühlswelt sich vor allem an falschen Gewinnen orientiert. Persönlicher Nutzen fehlt im Glücksbegriff der traditionellen Mennoniten fast völlig.

Ich selbst gewann bei meinen Begegnungen mit traditionellen Mennoniten in der kanadischen Provinz Ontario und im US-Bundesstaat Indiana den Eindruck, dass sie sich eines ruhigen, aber stabilen Glücks erfreuen, das den modernen, konsumorientierten Menschen völlig abgeht. Zusammen mit meiner Frau, deren Vater Mennonit war, unterhielt ich mich manchmal mit Angehörigen der örtlichen Mennonitengemeinde über ihre Lebensweise und ihre Weltanschauung. Bevor ich sie besser kennenlernte, nahm ich wie die meisten Menschen an, sie hätten naive Ansichten. Das erwies sich als völlig falsch. Allerdings eignet sich ihr Leben ausgezeichnet dazu, sich einen Zustand der Arglosigkeit und Neugier zu erhalten, der die Tür zu Freude und Staunen offen hält. In dieser Hinsicht sind sie sehr fortschrittlich.

Als ich das Glück der Mennoniten schätzen lernte, entdeckte ich auch einige andere Merkmale, die als Ursache ihres außergewöhnlich großen emotionalen Wohlbefindens genannt wurden. Unter anderem waren das Großzügigkeit und eine tiefe Bereitschaft, anderen zu dienen. Mit ihrer Ehrerbietung für das Land praktizieren sie eine Sparsamkeit, die wie bei den Ladakhis zum Quell eines praktischen und spirituellen Lebenssinnes wird. Unklar ist, wie lange Mennoniten und Amish sich noch der Welt des Konsumdenkens entziehen können, die sie zu einer Touristenattraktion machen will. Von Habgier getriebene Immobilienentwicklung und Investitionen haben dazu geführt, dass die Bodenpreise explodiert sind, sodass manche von ihnen gezwungen waren, ihr Geld mit verschiedenen Formen von Heimarbeit und kleinen Unternehmen zu verdienen.

Unter »Nachhaltigkeit« versteht man einer groben Definition zufolge einen Umgang mit der Umwelt, der für die Gesundheit, das Wohlbefinden und das Glück aller Menschen einschließlich der zukünftigen Generationen förderlich ist. Um sie zu erreichen, müssen wohl zwangsläufig gewisse Opfer gebracht werden. Optimisten berufen sich auf die »Biophiliehypothese« und halten es für nicht übermäßig schwierig, den Übergang vom destruktiven Konsumentenglück zu einem Bewusstsein zu vollziehen, das auch aus langfristig-ökologischer Sicht gesund ist.

»Biophilie« bedeutet wörtlich »Lebensliebe«. Der Biophiliehypothese zufolge können Menschen, die sich einmal von ihrer natürlichen Umwelt entfernt haben, über viele Generationen hinweg in einer künstlichen Lebensweise verharren, die letztlich auf der Ebene des Individuums und der Spezies zerstörerisch wirkt. Wenn das geschieht – was nach meiner Überzeugung heute der Fall ist –, haben die Deutschen keine Möglichkeit mehr, den Kontakt zu ihren überlebenswichtigen Gefühlen herzustellen, in denen der Schlüssel zum Glück liegt. Dagegen weisen jene, die eine Zukunft der glücklichen Lebensliebhaber prophezeien, auf neue Untersuchungen hin: Danach können dramatische Veränderungen eintreten, wenn Personen, die an verschiedenen Symptomen des »Syndroms des modernen Menschen« (zum Beispiel Stress, Angst, chronische Erschöpfung, Aggressivität, Depressionen und so weiter) leiden, über längere Zeit einem unberührten natürlichen Umfeld ausgesetzt werden oder auf andere Weise ihre verkümmerten menschlichen Gefühle wiederherstellen.

Einen wichtigen Beitrag zu diesem Konzept des »nachhaltigen Glücks« leistete Catherine O'Brien vom kanadischen Centre for Sustainable Transportation. Wie wichtig er ist, zeigte sich kürzlich, als sie sich zur Zukunft des Glücks äußerte: »Wenn unsere Vorstellung vom Glück sich zu einer reiferen Ebene weiterentwickelt hat, werden wir begreifen, dass Glück die Gelegenheit darstellt, eine sanftere, stärker von Mitgefühl geprägte Welt zu schaffen, in der unser Glück nicht mehr davon abhängt, andere Menschen, die Umwelt und zukünftige Generationen auszubeuten. Das setzt voraus, dass wir über den fehlgeleiteten Gedanken hinwegkommen, man könne Glück durch Konsum herstellen, und dass wir stattdessen nach nachhaltigem Glück streben.«

Das wichtigste Hindernis dafür, dass unser Glück erwachsen wird und stärker unserem Wesen sowie unseren Lebensnotwendigkeiten entspricht, ist Angst. Die meisten von uns sind Opfer einer Angstkultur, die uns überzeugt hat, wir würden emotionalen Mangel leiden, wenn wir nicht während unseres gesamten Lebens ständig konsumieren.

### Schlüssel zum Glück

Glück ist eine Form von Mut.
*Holbrook Jackson*

Der britische Historiker Holbrook Jackson hatte recht: Es erfordert wirklich Mut, in der heutigen Welt wahrhaft glücklich zu sein. Als Konsumenten werden wir durch Angst geprägt und gesteuert. Sie zu überwinden, ist entscheidend, wenn wir ein Glück erlangen wollen, das mehr als nur ein Konsumprodukt ist. Aber wie nicht anders zu erwarten, fürchten sich die meisten Menschen davor, ein Leben zu führen, das echtes Glück mit sich bringen würde. Es gilt als zu gefährlich und zu ungewöhnlich. Die Mehrheit lebt lieber in dem Vertrauen, ein zuverlässiger Diener zu sein, statt sich auf einen Weg zu echterem Glück zu begeben.

In mehreren Studien wurde untersucht, warum Menschen sich eine materielle Einstellung zu eigen machen und sich für eine Lebensweise entscheiden, die durch Überarbeitung und übermäßigen Konsum geprägt ist. Die meisten Befunde bestätigen, dass Angst dabei einer der wichtigsten Gründe ist. Insbesondere berichten die Menschen, es sei ihnen peinlich und sie würden sich ausgeschlossen oder ängstlich fühlen, wenn sie sich nicht dem starken Druck beugen, der sie nach ihrer eigenen Einschätzung auf diesen Weg zwingt. Vielfach begreifen sie durchaus, dass hinter der gesamten heutigen Kultur der Gedanke steht, den Menschen das Glück vorzugaukeln, sodass sie ihm nachlaufen wie der Esel, dem man eine Möhre vor den Kopf gebunden hat, ohne dass ein wirkliches Ziel in Sicht wäre. Sie erkennen, warum Arbeitssüchtige selbst dann, wenn sie ihren Beruf gern ausüben, so schlecht dran sind. Aber als kulturelle Wesen fürchten sie nichts so sehr wie das Gefühl, sie könnten nach den vorhandenen kulturellen Maßstäben ein Versager sein. Viele Menschen, die sich wie die Sklaven mit Einkaufen und Konsum in einem vorgetäuschten Glück bewegen, haben einfach Angst, ihre kulturelle Prägung abzulegen.

Eine der besten Definitionen von Glück ist die nachfolgend zitierte von der britischen Romanschriftstellerin Margaret Storm Jameson. Sie fängt nicht nur die entscheidenden Bestandteile des Glücks ein, sondern spielt auch darauf an, dass man Risiken eingehen muss, um es zu erreichen.

Schlüssel zum Glück

Glück erwächst aus der Fähigkeit, tief zu fühlen,
sich einfach zu freuen, frei zu denken,
das Leben zu riskieren, gebraucht zu werden.
*Margaret Storm Jameson*

In einer klassischen Episode der Comedy-Serie *Seinfeld* begeistert sich die Gestalt George Costanza für die Idee, er werde glücklicher sein, wenn er alles umgekehrt macht. Er probiert es aus, und zu seiner Verblüffung funktioniert es. Eigentlich experimentierte er dabei mit dem Nonkonformismus. Manche desillusionierten Menschen haben tatsächlich entdeckt, dass der Weg des Widerspruches ein großes Glückspotenzial beinhaltet.

G. K. Chesterton hielt sich selbst für einen Kulturverweigerer: »Ich verdanke meinen Erfolg der Tatsache, dass ich mir respektvoll die allerbesten Ratschläge angehört und dann genau das Gegenteil getan habe.« Ein Nonkonformist war er auch, wenn es um das Glück ging. Chesterton verfügte über eine außergewöhnliche Fähigkeit, dem ganz normalen Leben mit kindlichem Staunen zu begegnen und dies zur Grundlage der »tiefsten Lebensphilosophie« zu machen, wie er selbst es nannte. Allen Behauptungen, man könne das Glück in einer Welt des materiellen Erwerbs und des kalkulierten Nervenkitzels finden, stand er ganz und gar skeptisch gegenüber.

Chesterton erkannte in sich selbst diese Eigenschaft, die zwar allen gängigen Vorstellungen darüber, wie man das Glück finden kann, völlig widersprach, ihm aber das Glück eines Kindes verschaffte: »Ich glaube, kein anderer außer mir hat eine derart wilde Freude daran, wenn die Dinge sie selbst sind. Die erstaunliche Nassheit des Wassers erregt und berauscht mich: die Feurigkeit des Feuers, die Stählernheit des Stahls, die unaussprechliche Schlammigkeit des Schlamms. Genauso geht es mir mit Menschen.« Das einfache Wunder des Lebens enthält alles, was für wahres Glück nötig ist.

Nonkonformismus ist zwar keine vollkommene Lösung, aber dem Glück kommt man höchstwahrscheinlich näher, wenn man sich reflexhaft entgegen der Richtung unserer heutigen kulturellen Strömungen bewegt. Wenn wir beispielsweise hören, wir sollten etwas »kaufen«, geben wir etwas weg. »Konzentrier' dich« oder »Bleib' am Ball« sollte bedeuten: Nimm dir mehr Freizeit und geh' verschütteten Leidenschaften nach. »Du hast es dir verdient« oder »Seien Sie die Nummer eins« sollten wir verstehen als »Halte dich zurück und werde zum Vorbild für ein verletzliches Kind«. »Einkaufen bis zum Umfallen« bedeutet, dass wir uns ein ruhiges Plätzchen zum stillen Nachdenken suchen. »Du brauchst ein größeres Auto« bedeutet ein gutes gebrauchtes Fahrrad. »Die ist doch eine Versagerin« heißt, dass ich sie kennenlernen möchte. »Werden Sie ein Profi« heißt: Widme dein Leben einer Liebhaberei und tue Dinge einfach deshalb, weil du sie gern tust. Vielleicht sollten wir der psychischen Unberechenbarkeit der Konsumkultur Rechnung tragen, indem wir unserem inneren Glück auf diese Weise eine – wenn auch entgegengesetzte – klare Richtung vorgeben.

Manche Zukunftsforscher sind nicht der Ansicht, wir müssten unsere Kultur und ihre Normen vollkommen umstülpen, um glücklich zu werden und unser eigenes Überleben zu sichern. Nach ihren Vermutungen wird der weitere technische Fortschritt zu einem »transhumanen Glück« führen, das mit unserem natürlichen Wesen nichts mehr zu tun hat. Die World

Transhumanist Association definiert den Transhumanismus als »Philosophie, die sich dafür einsetzt, mithilfe der Technik unsere biologischen Beschränkungen zu überwinden und den Zustand der Menschen zu verändern«. Manche Transhumanisten stellen sich eine Neurotechnologie vor, mit deren Hilfe wir die Lustzentren des Gehirns manipulieren und so die Qualität der Gefühle verbessern können, sodass wir in einem endlosen Zustand des Glücks gefangen bleiben. Dieses virtuelle Glück wird nach ihren Vorstellungen so verstärkt, dass wir das Menschsein hinter uns lassen und beispielsweise Alterung, Krankheiten und Gebrechlichkeit ausmerzen können.

Selbst wenn dieses Techno-Glück Wirklichkeit werden sollte, wäre es kein Glück im traditionellen Sinn des Wortes mehr. Losgelöst von negativen Gefühlen und den Phasen des Nicht-Glücks, die das Glück erst hervorbringen, wäre es ein eindimensionales Erlebnis ohne jeden übergeordneten Sinn. Das Letzte, was wir brauchen könnten, wäre ein Glück, das noch bedeutungsloser ist als heute.

Wie man aus Umfragen unter US-amerikanischen Studenten weiß, haben bis zu 60 Prozent von ihnen das Gefühl, sich in einem »existenziellen Vakuum« zu befinden, ein Befund, der häufig auf die gemeinsamen Auswirkungen von Konsumdenken und Narzissmus zurückgeführt wird. Unter jungen Europäern ist der Prozentsatz nicht ganz so hoch, aber er nimmt auch hier zu, und gleichzeitig wird der Konsum weiterhin immer stärker zum Mittelpunkt des Lebenssinnes. Deshalb müssen wir unsere Erziehungsmethoden so verändern, dass es nicht nur darum geht, »es zu schaffen«, sondern dass einem sinnvollen Leben ein größerer Wert beigemessen wird. Im Rahmen dieser Aufgabe müssen die »großen Fragen« wieder in die Lehrpläne aufgenommen werden, denn ein Glück, das diese großen Fragen vermeidet, hat den Namen nicht verdient.

Ein Teil dieser Aufgabe besteht auch in der Förderung dessen, was der kanadische Psychologe Richard Bucke schon 1902 in einem Buch als »kosmisches Bewusstsein« bezeichnete. Dazu gehören eine weitgefasste Weltsicht und ein starkes Bewusstsein für die Einheit des eigenen Ich mit dem Universum. Wie der fernöstliche Begriff der Erleuchtung, so verschafft uns auch das kosmische Bewusstsein eine Art von Glück, die aus intellektueller Erkenntnis, verstärkter ethischer Sensibilität und einem auf Mitgefühl und Liebe gegründeten Leben erwächst. Eine ganz ähnliche Ansicht vertreten auch diejenigen, die eine stärkere Betonung des »sinnvollen Glücks« fordern: Wahres Glück hängt von einer Lebensphilosophie ab, die uns das Gefühl wiedergibt, spirituell mit der Welt und allen ihren Geschöpfen verbunden zu sein.

Der Kulturpsychologe Anthony Marsella schreibt in seinem Aufsatz »In Search of Meaning: Some Thoughts on Belief, Doubt and Well-being« (»Auf der Suche nach Sinn: einige Gedanken über Glauben, Zweifel und Wohlbefinden«), Glaubenssysteme und Weltanschauungen mit spiritueller Dimension könnten neue Bewusstseinsebenen eröffnen und den Menschen helfen, durch ein Gefühl für Staunen, Rätsel, Ehrfurcht und Transzendenz heranzureifen. Dies schafft die Möglichkeit, den »Sinnbildungsprozess« über die derzeitigen Systeme hinaus, die im Sumpf von Materialismus und Konsum stecken, reifen zu lassen. Unter anderem spricht Marsella von der großen Bedeutung des Zweifels: Wir müssen die Überzeugungen und Werte, die uns durch die kulturelle Indoktrination eingepflanzt wurden, kritisch hinterfragen.

Aber was kann der Einzelne tun, wenn er mit der Realität konfronticrt wird, dass das eigene Glück sich auf ungesunde, auf niedriger Ebene angesiedelte kulturelle Überzeugungen und Annahmen gründet? Von solchen Menschen verlangt man sehr viel, wenn sie ein Glück finden sollen, das im direkten Gegensatz zu den herrschenden Göttern von Geld, Erfolg und persönlichem Vergnügen steht.

### Schlüssel zum Glück

Glück ist eine Illusion, wenn dazu nicht gehört,
einen anderen glücklich zu machen.
*Juan Zapatero*

Nachdem die Menschen heute immer selbstbezogener und stärker auf ihre persönlichen Ansprüche fixiert sind, gebe ich meinen Psychotherapieklienten immer häufiger den Rat, sich in irgendeiner Form ehrenamtlich zu betätigen. Dahinter steht der Gedanke, dass ihr Geist sich weniger auf sie selbst richtet, während gleichzeitig Glück und Wohlergehen anderer gefördert werden. In einer ganzen Reihe wissenschaftlicher Untersuchungen hat sich sogar gezeigt, dass ehrenamtliche Arbeit das Glück verstärkt und den Menschen ein nachhaltigeres Gefühl von Zweck und Zusammengehörigkeit vermittelt. Außerdem vermindert es die beunruhigende Einsamkeit, die das Kernstück des Konsumerlebnisses bildet.

Wenn man Glück finden will, besteht eines der besten Mittel darin, sich für eine Sache zu engagieren, die größer ist als man selbst. Den Wert der Selbstaufopferung kennenzulernen, ist eine wichtige Erfahrung, und die fehlt in der Bildung, die junge Menschen heute erhalten. Selbst wenn man sich nicht unaufhörlich glücklich fühlt, ist es immer möglich, anderen Glück zu bringen, und das fällt letztlich auf den Gebenden zurück. Manchmal wird gesagt, am glücklichsten seien jene Menschen, die anderen den Samen des Glücks einpflanzen, selbst wenn sie ihn selbst nicht heranwachsen sehen.

Der Autor Charles Gow schrieb einmal: »Viele Menschen sind äußerst glücklich und gleichzeitig für die Gesellschaft völlig wertlos.« Darin beschreibt er sehr gut einen großen Teil des Glücks, das wir heute erleben. Es mag noch so extrem sein, immer fehlt ihm die Menschlichkeit, und deshalb erreicht es nicht die Ebene, auf der es einen Menschen aufrechterhält und eine Daseinsberechtigung darstellt. Wir können nur hoffen, dass wir uns in Zukunft gemeinsam daran erinnern werden, dass das Leben nicht nur aus Glück besteht. Es ist eine aufmunternde Beobachtung, dass manche Visionäre unter den Pädagogen bereits neue Ansätze fordern, die wesentlich größeren Wert auf die Charakterbildung legen. Ohne innere Substanz ist der Mensch dazu verurteilt, nach jedem banalen Glück zu suchen, das in den witzlosen, die Gefühle verseuchenden Werten unserer Zeit liegt.

Es ist traurig, aber wahr: Wir leben in einer Welt, welche die Menschen zu allen möglichen negativen Dingen disponiert. Sie sind deprimiert, gestresst, gehetzt, materialistisch, unzufrieden, habgierig, unnötig kompliziert, narzisstisch, gelangweilt und gleichgültig, ängstlich, einsam, entfremdet, aggressiv, spirituell ausgehungert und eigennützig; es mangelt ihnen an Berührungen, Spiel, Tanz und Schlaf; sie sind intellektuell abgestumpft, abgeschnitten von Neugier und Kreativität, weit entfernt von der Natur, verzweifelt auf der Suche nach Intimität, abgekapselt von Familie und Freunden, existenziell verwirrt, körperlich schwerfällig und durch Schulden versklavt. Nahezu alle Aspekte der modernen Lebensweise vermindern unsere Aussichten auf sinnvolles Glück.

Angesichts dieser gesellschaftlichen, kulturellen, spirituellen und ökologischen Katastrophe können die Menschen sich nicht der unbewussten Angst entziehen, niemals glücklich zu sein. Da ist es einfach zu erwarten, dass sie einen Ausgleich schaffen, indem sie sich mit Smileys und tausend anderen Glücksbeweisen umgeben. In Wirklichkeit jedoch liegt ein tief empfundenes Glück nach meiner Überzeugung außerhalb der Reichweite der meisten Menschen, die sich in der Konsumkultur zu Hause fühlen. Das Streben nach Glück ist zur Suche nach einer neuen psychischen und kulturellen Heimat geworden. Glück mag ein bedrohter Geisteszustand sein, zumindest aber ist es eine erneuerbare Ressource, die ein Comeback erleben kann, wenn wir als Gesellschaft wieder entdecken, was es heißt, menschenwürdig zu leben.

Eberhard Straub

# Vom Nichtstun

## Leben in einer Welt ohne Arbeit

Broschur. 136 Seiten.

Noch nie in der Geschichte der Menschheit wurde so viel gearbeitet wie seit dem 19. Jahrhundert. Inzwischen aber sieht es so aus, als sei der modernen Welt die Arbeit ausgegangen. Die »Freizeitgesellschaft« wird wohl das Merkmal der Zukunft sein. Eberhard Straub plädiert auf scharfsinnige und unterhaltsame Weise dafür, dass unsere Gesellschaft zur Muße zurückfinden muss, zu einem neuen Zeitverständnis, das im alten – im antiken wie im christlichen – Sinne dem Menschen Zeit lässt, jenseits von den Zwängen der Arbeit zur Freiheit, zur Seelenruhe und zu einem geglückten Leben zurückzufinden.

»Diese gelassene Streitschrift wappnet für Dutzende Momente betriebsamer Rastlosigkeit.« *Süddeutsche Zeitung*

»Straubs kleines, weises Buch taugt als Anleitung zur Weltverbesserung.« *Berliner Zeitung*

wjs

Sieglinde Geisel

# Irrfahrer und Weltenbummler

## Wie das Reisen uns verändert

Gebunden. 246 Seiten.

Goethe reiste noch kaum anders als die alten Griechen und Römer. Mit der Erfindung der Eisenbahn aber begann die Welt zu schrumpfen. Seitdem prägen Bewegung und Fortbewegung, Abfahrt und Ankunft, Reisen durch Raum und Zeit das Gesicht der Moderne.
Doch längst zeigen sich auch die Widersprüche des Reisens: Wer schnell vorankommen will, muss stillsitzen. Je mehr Menschen vorankommen wollen, desto größer wird der Stau, und die Hoffnung auf gesteigerte Bewegung erweist sich nicht selten als trügerisch. Tritt die mobile Gesellschaft also trotz der Beschleunigung auf der Stelle? Neigt die Mobilität gar dazu, sich selber aufzuheben? Sieglinde Geisel, selbst mehr Weltenbummlerin als Irrfahrende, hat ein kurzweiliges, pointiertes Buch geschrieben, das jedem Reisenden ins Gepäck gelegt werden sollte.

»Ein unterhaltsamer und nachdenklich stimmender Essay, passend zur Reisezeit.« *Rheinischer Merkur*

wjs

Andreas Schlieper

# Der Traum vom besseren Menschen

## Ein Streifzug durch die Geschichte unserer Hoffnungen

Gebunden. 394 Seiten.

In seinem glanzvollen Buch erzählt Andreas Schlieper von den Ideen und Visionen, die sich die Menschen von sich selbst gemacht haben, und lässt die Welt jener Denker aufleben, die sich um Fragen und Antworten bemüht haben – von Platon und Anselm von Canterbury über Rousseau und Feuerbach bis zu Nietzsche und Freud. Jeder von ihnen war voller Hoffnung, die Wahrheit gefunden zu haben. Und doch sind ihre Antworten nur ein weiterer Meilenstein auf dem endlos scheinenden Weg durch das Labyrinth der Kultur.
Daran wird auch die Naturwissenschaft nichts ändern. Denn die Frage nach dem perfekten Menschen kann nicht technisch, sondern allenfalls gesellschaftlich beantwortet werden. Zum Träumen bleibt also noch reichlich Gelegenheit. Und vielleicht – so die These des Autors – geht es ja gar nicht darum, ein besserer Mensch zu sein, sondern um das lebenslange Abenteuer, ein besserer Mensch zu werden.